シリーズ〉主体としての子どもが育つ

監修 ▶ 無藤 隆　　編著 ▶ 古賀松香

保育内容「人間関係」

Health
▶ Human Relationships
Environment
Language
Expression

北大路書房

「主体としての子どもが育つ」
シリーズ刊行にあたって

　本シリーズとして目指すところは，子どもが生まれながらに主体であり，同時にそこから主体として育っていくことを援助する場として幼児教育施設（園）がつくられたということを鮮明にすることです。そのための工夫として，動画を提示して，事例をいくつもの視点から検討して考え討議することを紙面で試みました。

　そこでの検討の視点として三要領・指針の理論的な枠組みを明確にしました。子どもの生まれながらの主体的あり方はその潜在可能性においてです。子どもという存在はこの世界に生まれ，新たな活動を開始し，その基点となることを通して周りの世界と相互の交渉を行います。それが生きることです。その家庭での育ちから，その後，園に通い，そこで多くの時間を過ごすようになる中で，自分の力を存分に発揮して遊ぶ楽しさを経験します。そこでの出会いと面白さから環境への関わりが多様に生まれ，その中から自分が追究し，仲間たちと取り組んでいきたいことがいくつも日々生まれていきます。幼児教育・保育とはその過程を子どもが豊かに経験することを援助することであり，その今の楽しさから未来へと生きる力を養うことなのです。

　保育するとは大きく３つのことを配慮することです。第一に子どもの主体的なあり方を豊かに多様に展開するようにするのですが，その具体的なあり方が資質・能力の三つの柱であり，その関わりが向かう先が内容としての５つの領域になります。それを統合して年長児に育つ具体的な姿として整理したのが幼児期の終わりまでに育ってほしい姿です。第二はそれが環境での出会いを通して実現していくということです。そこでの面白さ，不思議さ，魅惑に目覚め，もっと関わりたくなっていく。その過程で資質・能力が発揮され豊かな経験となっていきます。第三はそれが遊びということなのです。試行錯誤することが広く奨励され，そこから自分が選んで追究していくことが可能になる場所が園なのです。そのために環境構成や直接的関わりや見守りを通して援助するのが保育者の仕事です。

　保育の仕事は子どもの主体的なあり方を根幹に据えて，様々な活動を総合的に追究できるよう，資質・能力の育ちとその活動の内容への深まりを進めていくことです。そのためのいわば紙面実習を実現することを目指してこのシリーズを編纂したのです。

2024 年 3 月

監修者　無藤　隆（白梅学園大学）

はじめに

　「こどもまんなか社会」という言葉が社会に向けて発信され，子どもは生まれながらにして権利主体であること，乳幼児期は生涯にわたるウェルビーイングの基盤となる最も重要な時期であることが，2023年12月，国のビジョンとして示されました（こども家庭庁「幼児期までのこどもの育ちに係る基本的なビジョン（はじめの100か月の育ちビジョン）」2023年）。普段から保育に関わる私たちからすると，当たり前のように感じることが，今改めて社会に発信されなくてはならない状況があります。虐待を受けている子ども，医療的ケアが必要な子ども，言語的な支援が必要な子ども等，置かれた環境や発達状況によって，特別な支援を必要としている子どもを想像すると分かりやすいかもしれません。しかし，そういった子どもたちだけでなく，幼い頃からスマートフォンで子守りされている子ども，歩きたいのにベビーカーに乗せられて移動する子ども，遊びたくても毎日の習いごとで疲れている子ども等，挙げればきりがないほど，子どもが子どもであろうとすることを奪われているように感じる情景が，身の回りにあふれています。そういったすべての子どもたちの育ちを考えるとき，保育界に期待されることは多くあると思うのです。

　本シリーズは，子どもが主体的に生きることを支える保育者を養成しようと，企画段階から編著者間で話し合ってつくられました。そして，人間関係領域は，子どもが人と共に在ることで育つ道筋に関する理論を分かりやすく提示することと，その育ちを支える質の高い保育実践を提示することで，理論と実践をつなぐ充実した内容のテキストを目指して編纂しました。

　第Ⅰ部は，乳幼児の人間関係の育ちに関わる現代的な課題を踏まえた上で，「幼児期の終わりまでに育ってほしい姿」のうち，「自立心」「協同性」「道徳性・規範意識の芽生え」「社会生活との関わり」に焦点を当てています。それぞれの育ちに関連する理論的内容について，近年の研究動向を踏まえ，それぞれの執筆者が関わる実践現場での事例と共に解説しています。第Ⅱ部は，その理論的な理解を保育実践につなぐために，具体的な事例をもとに実践を考える内容で構成しています。いずれにおいても，乳幼児期の人間関係に関わる育ちについて，身近な問題として考えやすくなるよう，演習課題があります。演習課題に取り組み，具体的に考えることを通じて，主体としての子どもが育つ保育の理論と実践をより深く理解し，子どもの世界の面白さ，保育の奥深さを感じていただけたらと願っています。

　すべての子どもが，その子らしく十分に生きることを通して，仲間と共にこの世界の楽しみをたくさん見つけ，創り出していけますように。

2024年3月

編著者　古賀松香

本書の特徴と使い方

　本書は,「主体としての子どもが育つ」シリーズの, 保育内容「人間関係」を学ぶ巻です。本シリーズは「主体」をキーワードに, 次のような意図をもってつくられています。

・「子どもの主体性を育む／主体性を身に付けさせる」のではなく,「主体としての子どもの育ちを支える」保育のあり方を考える。

・学習者もまた「主体」となって保育を学ぶ。

これらの意図を具体化するために, 次のような構成のもと, 様々な工夫を設けています。

序　章

　序章は, 第1節から第3節はシリーズ共通, 第4節は各巻オリジナルの内容です。1つの保育事例(動画)を軸に展開していきます。

　第1節では, 事例を何度か視聴しながら, 保育の専門家としておさえておきたい「保育を見る視点」について学びます。第2節では, 事例に携わっていた保育者が実際に子どもたちに対してどのように感じ, 関わっていたのか, 保育の記録を通して見ていきます。第3節では, 事例を5領域「健康」「人間関係」「環境」「言葉」「表現」の視点から読み取ります。第4節では, その巻で学ぶ領域の視点から, 第3節での読み取りをさらに掘り下げていきます。

　5領域は独立した視点ではなく, 相互に関連し合っています。それらの視点を通して子どもの姿を多面的に捉えることで, 総合的な育ちが見えてくるでしょう。

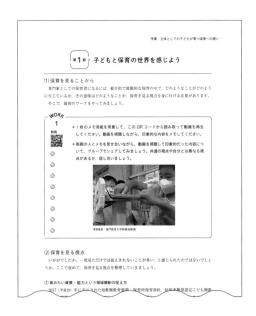

第1章〜第13章

　領域「人間関係」の専門的事項を学ぶ第Ⅰ部（第1〜5章），指導法を学ぶ第Ⅱ部（第6〜13章）で構成されています。

THINK（考えてみよう）

　最初に，各章で学ぶ内容にまつわる問いがあります。どの問いにも，明確な正解はありません。自身が子どもだった頃を思い出したり，自身と子どもの生活を比較したり，事例や写真から子どもたちの思いを想像したりなど，保育をまずは"自分ごと"として考えることから始めます。

> **THINK**
> 考えてみよう
>
> **子どもの身体になってみる**
>
>
> 1．この写真は，ある幼稚園での子どもたちの様子です。この写真を見て，感じること，読み取れることを話し合ってみましょう。
> 2．この写真と同じポーズを周りの人ととってみましょう。身を寄せてみて感じたことを語り合ってみましょう。
>
> カラー写真
>
> **ヒント**
> ・子どもたちの身体に着目してみましょう。
> ・一人一人の姿勢，身体のあいよう，何を見て，何を聞き，どんな話をしているのか，イメージを働かせましょう。
> ・子どもたち同士の関係性に着目しましょう。
> 　友達との距離感，同じものを見つめているときの心持ち，その場の雰囲気など，想像しながら考えてみましょう。

> 第3章　気持ちを調整しようとする
>
> **第1節　自分の気持ちと他者の気持ちの理解**
>
> **(1) 自己理解と他者理解**
> 　私たちは自分の容姿や性格，得意なことなど，自分について理解（自己理解）をし，自分とは異なる他者についての理解（他者理解）をしています。子どもはどのようにしてそれが分かるようになっていくのでしょうか？　まず，子どもは生まれたときから，自分の身体による刺激と外界からの刺激を区別できるといわれており，次第に自分の身体に触れたり眺めたりなどして，自分の身体と周りの環境の区別がより明確になっていきます。
> 　子どもが鏡に映った姿を自分であると認識できる「鏡像認知」は，大体1歳半頃から，多くの子どもが2歳を越える頃には可能になり，3歳頃になると写真やビデオに映った過去の自己像を自分であると識別できるようになります。そのような自分の姿についてだけではなく，1歳代後半から3歳にかけて，自分や他者の行動，好み，能力など（例：いつも面白いことを言う，ピンクが好き）の共通性と違いに着目して自分や他者に関する一般的知識や理解が築かれていき，4歳頃になると過去から現在，未来に至るまで時間的に連続した自分（例：これ前はできなかった〔今はまだ大きいズボンも自分が〕大人になったら小さいよね）を認識するようになります。

> **第2節　自己発揮と自己抑制の調和のとれた発達**
>
> **(1) 自己を発揮できる経験の重要性**
> 　幼稚園教育要領では，「人間関係」の内容の取扱いについて，「集団の生活の中で，幼児が自己を発揮し，教師や他の幼児に認められる体験をし，自分のよさや特徴に気付き，自信をもって行動できるようにすること」と記されています。上述したように，子どもにとってまずは，自分の意欲喜怒哀楽すべての気持ちや行動，ありのままの自分を認められることが重要です。「やってみたい」「自分でやりたい」気持ちを抱き，やってみたら「できた！」という自己発揮する経験を通して，充実感や達成感と共に「自分はすごい！」と自信をもつことができます。それらを基盤にして，他者の気持ちの理解や，他者との肯定的・共感的なやりとりも促され，のちの「協同性」へもつながっていくのです。
>
> **(2) 遊びにおける自己発揮と自己抑制**
> 　他の子どもと一緒に遊ぶためには，何をどのようにやりたいのか，自分の思いや意見を相手に伝えることが必要です。それにより，自分のやりたいことを実現し，自己発揮することができます。同時に，自分の意見を主張するばかりではなく，他者の気持ちにも目を傾ける必要があります。もし意見の食い違いが生じた場合，時に我慢や妥協（自己抑制）したりすることも求められるでしょう。反対に，本当は嫌なことがあっ

側注・QRコード

　側注では，重要な用語・人物，引用・参考資料や補足説明などを掲載しています。

　幼稚園教育要領や保育所保育指針，各種法令等といった重要な関連資料や，動画・カラー写真をQRコードからアクセスして見ることができます。[*]

----

[*]QRコードで示す情報はウェブ上のものであるため，今後URLや内容が変更される可能性があります。また，動画や写真の無断複製・拡散は，著作権法により禁じられています。

　保育について具体的に考え，学べるように，WORK（ミニワーク）やEPISODE（事例）等を随所に設けています。

章末問題・文献紹介

　学んだ内容を振り返り，より深く理解するための演習問題を掲載しています。個人で行うことのできるものや，グループ等で対話して行うものがあります。

　あわせて，学びの発展におすすめの本や資料を紹介しています。

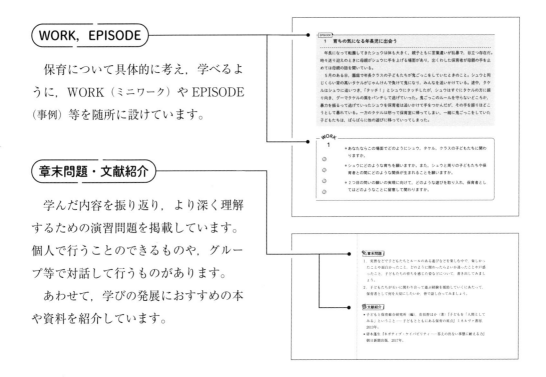

TOPICS

いくつかの章の後ろには，章の内容と関わりの深いテーマのコラムを掲載しています。

終　章

　領域「人間関係」の振り返りと，本シリーズの重要なキーワード・概念である「主体」についての論考を通じて，これからの幼児教育・保育の展望を考えます。

目　　次

v

序 章

主体としての
子どもが育つ
保育への誘い

本章では，ある保育場面の映像を大きな手がかりとして，主体としての子どもが育つ保育のイメージを共有した後，総合的な保育を専門的に見る視点について学びます。育みたい資質・能力，保育内容 5 領域，幼児期の終わりまでに育ってほしい姿，環境を通して行う保育の基本について理解するとともに，領域「人間関係」の視点から事例の理解を深めることを通して，この領域のもつ特徴について知ることを目指します。

みなさんは，「主体としての子どもが育つ保育」と聞いて，どのような内容を思い浮かべますか。例えば，絵本の読み聞かせについて考えてみてください。子どもに対して絵本を読み聞かせるとき，“いかに静かに座っていられるようにするか”を考え，そのためにまず手遊びをし，そこから絵本を取り出す，という構想で，「主体としての子どもが育つ保育」になるでしょうか。子どもが主体であるなら，「絵本を読みたい」「お話を聞きたい」という思いが子どもの中に湧いてくることが出発点です。

では，保育者は何もせず，子どもの中に絵本を読みたい思いが湧き起こるまで待っていればよいでしょうか。そうではありません。保育者は子どもの育ちを願って，意図をもって関わる専門家です。例えば，3歳児の4月のはじめに，自ら絵本に親しんでほしいと願うとき，保育者は何を大切に考える必要があるでしょうか。

> **空間構成**：3歳児がまだ慣れない保育室で，ゆっくり絵本を読むとしたらどこに絵本のコーナーをつくるか。子どもの動線や視界を考慮する。
> **物的環境構成**：手にとりやすい高さの棚や関心のもちやすい本の置き方，カーペットや畳，ミニソファーやクッション，テーブルといった家具類の配置等。
> **教材研究**：この時期に触れてほしい絵本（絵，写真，言葉，ストーリー，図鑑）。
> **保育の計画や構想**：個別の読み聞かせ／集団での読み聞かせの場のつくり方，他の活動や時間帯と保育の流れとの関係，保育者の位置等。
> **子ども理解と予測**：今日までの子どもの姿，子ども同士の関係性，絵本の好み等，具体的に予想される姿。
> **保育技術**：実際に絵本を読み聞かせるスキル。
> **子どもとの関係**：温かい信頼関係，楽しみを共有し合う関係。

こういった保育の要素を分析的に捉えることは重要ですが，この一つ一つは独立したものとして存在するのではありません。主体としての子どもを大切にした保育では，子どもたちは園に来ると，それぞれにいろいろなものを見たり触ったり感じたりして，動いています。その動きの中で，これらの要素は常に関わり合い，影響し合っています。例えば，Aちゃんが2歳の頃大好きだった車の絵本を，表紙が見えるように置いておくと，Aちゃんにとっては他の様々な絵本より，まずはその車の絵本が目に飛び込んでくるかもしれません。3歳児入園のBちゃんは，周りの子どもたちがどんなふうに絵本を扱っているか，絵本コーナーで過ごしているか，様子を見ているかもしれません。Cちゃんがにこやかにゆったり絵本をめくっているときと，いざこざの後むしゃくしゃしているDちゃんが絵本を次々棚から引き出しているときと，その時々の子どもによって異なる絵本の意味が生じています。主体としての子どもが育つ保育は，子どもの思いが絡み合う中で展開する複雑なものです。

本シリーズでは，主体としての子どもが育つ保育を実践するために必要になる，専門的な知識と指導法について学びます。

第1節 子どもと保育の世界を感じよう

(1) 保育を見ることから

　専門家としての保育者になるには，総合的で流動的な保育の中で，どのようなことがどのように生じているか，その意味はどのようなことか，保育を見る視点を身に付ける必要があります。

　そこで，最初のワークをやってみましょう。

WORK
1

動画

- 1枚のメモ用紙を用意して，このQRコードから読み取って動画を再生してください。動画を視聴しながら，印象的な内容をメモしてください。

- 周囲の人とメモを見せ合いながら，動画を視聴して印象的だった内容について，グループでシェアしてみましょう。共通の視点や自分とは異なる視点があるか，話し合いましょう。

事例提供：鳴門教育大学附属幼稚園

(2) 保育を見る視点

　いかがでしたか。一度見ただけでは捉えきれないことが多い，と感じられたのではないでしょうか。ここで改めて，保育を見る視点を整理していきましょう。

① 育みたい資質・能力という領域横断の捉え方

　2017（平成29）年に告示された幼稚園教育要領，保育所保育指針，幼保連携型認定こども園教育・保育要領（以下，要領・指針）では，これからの変化の激しい社会の中で子どもたちが生きていくために必要な資質・能力を提示し，幼児教育施設はその資質・能力を育むように努めること

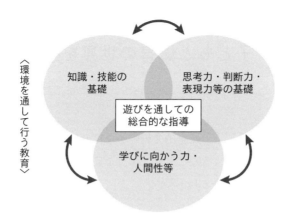

図序‐1　幼児教育における資質・能力と保育の関係のイメージ
出典：文部科学省「幼稚園，小学校，中学校，高等学校及び特別支援学校の学習指導要領等の改善及び
必要な方策等について（答申）別添資料」2016年より抜粋し筆者作成

が明記されました。その資質・能力は，豊かな体験を通じて，感じたり，気付いたり，分かったり，できるようになったりする「知識及び技能の基礎」，気付いたことや，できるようになったことなどを使い，考えたり，試したり，工夫したり，表現したりする「思考力，判断力，表現力等の基礎」，心情，意欲，態度が育つ中で，よりよい生活を営もうとする「学びに向かう力，人間性等」の３つで示されています。これらの資質・能力は相互に関連し合い，分かちがたいものであるので，遊びを通した総合的な指導の中で一体的に育むものです（図序‐1）。また，この資質・能力は，小学校以降においても長期的に発達するものとして理解することも重要です。

　しかし，「資質・能力は遊びを通した総合的な指導で一体的に育むのであるから，とにかく遊んでいればよい」というのでは，子どもの育ちを捉えた適時的確な保育を行うことは難しいでしょう。そこで，子どもの姿（実態）を捉えていく必要があります。

　実際の保育場面で見られる子どもの姿を想像してみましょう。例えば，先ほどの２歳の頃から車の絵本が好きなＡちゃんは，朝登園してくると，まずは大好きな車の絵本を棚から取り出し，保育者のところに行き「これ読んで」と差し出します。その姿からは，自分の好きなものがはっきりとあり，園に来たらやりたいことが自分で分かり，絵本を選び取り，読んでほしいと思いを言葉で伝えたり，行為で表現したりすることができ，新しい保育室や担任保育者と安定した生活や関係を築いていこうとしている育ちが感じられます。このＡちゃんの育ちを資質・能力で捉えてみると，絵本棚の場所や使い方，担任保育者など基本的な園生活に関する知識があり，自分で絵本を取り出すことができる技能があります。また，自分の気持ちを言葉にして表現したり絵本を差し出したりして，思いを伝える表現力があります。さらには自分の好きなものや担任保育者をよりどころとして安定した情緒を保つことができていたり，車という社会にあるものへの関心をもっていたりと，学びに向かう力，人間性等の育ちも見てとれます。この資質・能力の捉えは，領域や小学校以降の教科を横断する捉え方です。子どもの資質・能力とは，様々な生活や遊

びの中で発揮されているものと理解していくとよいでしょう。

② 保育内容 5 領域

　では，この資質・能力はどのように育まれるのでしょうか。園生活の中で，子どもは，心身を総合的に働かせながら，人やもの，こと等に関わっていきます[*1]。その心身の発達を支え，促していくためには，保育者が発達を捉える視点と共に，発達にふさわしい経験の内容を理解しておく必要があります。

　ここで，要領・指針の第 2 章を見てみましょう[*2]。そこには保育の「ねらい」と「内容」が示されています。「ねらい」とは，乳幼児期に育みたい資質・能力を，主体としての子どもが生活する姿から捉えたものです。まずは 5 領域それぞれ 3 つ記載されているねらいを読んでみてください。次に，「内容」とは，ねらいに向けて保育者が子どもの発達の実情を踏まえながら指導，援助し，子どもが身に付けていくことが望まれるものとして示されています。どのようなことが書かれているか，目を通してみましょう。この「ねらい」「内容」は，子どもの発達の側面から，「健康」「人間関係」「環境」「言葉」「表現」の 5 つの領域にまとめられ，また，0 歳の時期にあたる乳児保育では，発達が未分化な実態に即して，「健やかに伸び伸びと育つ」「身近な人と気持ちが通じ合う」「身近なものと関わり感性が育つ」という 3 つの視点から示されています（図序 - 2）。

　子どもの発達は，常に長期的な視野をもち，相互に関連し合う資質・能力の育ちとして見ていくことが重要です。一方で，それを育む日常的な保育においては，具体的な子どもの姿から育ちを読み取り，5 領域のねらいと内容に基づいた保育を構成していくことが求められます。例えば先ほどの A ちゃんの今にふさわしい保育を考えてみると，担任保育者は，A ちゃんが次の日も保育者との関係を基盤としながら安心して過ごすこと，その中で少しずつ友達と一緒の場を楽しめるようにすることをねらって，A ちゃんが朝絵本を持ってきたときには，A ちゃんを自分の片方の膝に座らせて読み始めてみようとか，読みながら，少し離れたところで見ている B ちゃんと目を合わせて，もう片方の膝に笑顔で誘ってみようとか，考えるかもしれません。このことは，領域「人間関係」のねらい(2)[*3]や内容(1)[*4]，領域「言葉」のねらい(3)[*5]，内容(9)[*6]との関連が強く感

＊1　人やものが環境としてあるだけでなく，それらが関わり合い生み出されている具体的な状況や出来事を指す。

＊2　文部科学省『幼稚園教育要領』，厚生労働省『保育所保育指針』，内閣府・文部科学省・厚生労働省『幼保連携型認定こども園教育・保育要領』フレーベル館，2017年。ウェブ上では下記 QR コードより閲覧可能。

＊3　身近な人と親しみ，関わりを深め，工夫したり，協力したりして一緒に活動する楽しさを味わい，愛情や信頼感をもつ（文部科学省，2017）。なお，ここでは幼稚園教育要領の文言を記載しているが，保育所保育指針および幼保連携型認定こども園教育・保育要領も確認すること。

幼稚園教育要領　　　　保育所保育指針　　　　幼保連携型認定こども園
　　　　　　　　　　　　　　　　　　　　　教育・保育要領

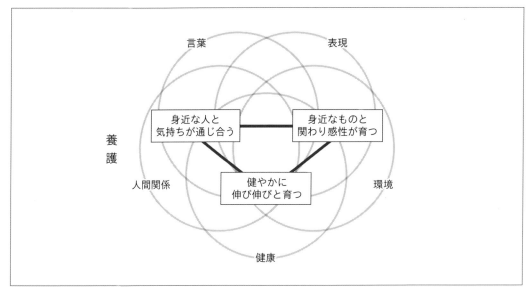

図序 - 2　0歳児の保育内容と5領域の関係のイメージ

出典：厚生労働省「0歳児の保育内容の記載のイメージ」（「保育所保育指針の改定に関する議論のとりまとめ」内資料）2016年より抜粋し筆者作成

じられる実践ですが，他の項目とも関連をもっています。こういった子どもの姿の見取りと保育内容5領域に基づく実践の積み重ねがあって，子どもの育ちと保育の充実がつくられていきます。

　保育内容5領域の「ねらい」「内容」に目を通して，先ほど見た動画を思い起こしてください。動画で見た子どもたちの姿と関連が強く感じられるものはありましたか。また，細かく捉えていくと，遊びには5領域のどれもが含まれていることが分かるでしょう。保育とは総合的なものですが，専門家としてその内容を考える際に，5領域の視点をもつことで捉えやすくなります。

③ 幼児期の終わりまでに育ってほしい姿（10の姿）

　このように子どもの姿は日常的にそして具体的に捉え，育ちのプロセスとして長期的に見ていくことになります。Aちゃんの育ち，Bちゃんの育ち，AちゃんとBちゃんの関係の育ち，クラスの子どもたちの育ちというように，遊びや生活の中で多面的に捉えていきます。日常的な捉えは詳細で個別具体的なものになりますが，子どもの育ちのプロセスを捉えるには，時々俯瞰的に捉えていくことも重要です。資質・能力は領域横断的に育ちを俯瞰して見る視点ですが，保育内容5領域との関連性をもった育ちのプロセスを俯瞰して見る視点として示されたのが，「幼児期の終わりまでに育ってほしい姿」です（図序 - 3）。10項目示されていることから「10の姿」等

＊4　先生や友達と共に過ごすことの喜びを味わう（文部科学省，2017）。
＊5　日常生活に必要な言葉が分かるようになるとともに，絵本や物語などに親しみ，言葉に対する感覚を豊かにし，先生や友達と心を通わせる（文部科学省，2017）。
＊6　絵本や物語などに親しみ，興味をもって聞き，想像する楽しさを味わう（文部科学省，2017）。

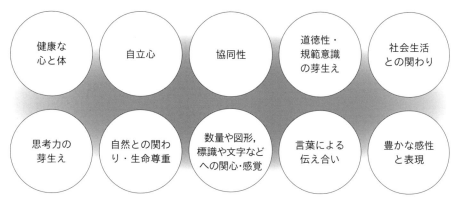

図序‐3　幼児期の終わりまでに育ってほしい姿
出典：文部科学省「幼児教育部会における審議の取りまとめ」2016年を一部改変

と呼ばれることもあります。「姿」というのは，具体的な実態です。具体的な実態は，当然ながら子どもの発達のプロセスにおける一時点で示すことになります。それを「幼児期の終わり」（5歳児後半）という時点で示したものです。保育者は日々，今日の子どもの姿を昨日までの姿とつなげて捉え，育ちのプロセスとして理解しています。「幼児期の終わりまでに育ってほしい姿」は，目の前の子どもの姿を時々照らし合わせることで，乳幼児期の子どもの育ちを長期的なねらいや方向性をもって考えられるように，また，5領域の保育内容との関連性をもって考えられるようにしたものです。

　先ほどのAちゃんはまだ3歳4月時点ですが，幼児期の終わりまでに育ってほしい姿「自立心」の「身近な環境に主体的に関わり様々な活動を楽しむ」という部分や，「言葉による伝え合い」の「先生や友達と心を通わせる中で，絵本や物語などに親しみながら」という部分の育ちが見えてきます。子どもの育ちは総合的で相互関連的ですから，「健康な心と体」にある「自分のやりたいことに向かって心と体を十分に働かせ」という内容や，「社会生活との関わり」にある「園／所内外の様々な環境に関わる中で，遊びや生活に必要な情報を取り入れ」という内容，また，「思考力の芽生え」にある「物の性質や仕組みなどを感じ取ったり」という内容など，他の項目との関連も見えてくるかもしれません。子どもの育ちの見取りに正解はありませんので，いろいろな角度から捉え直してみることが大切です。この「幼児期の終わりまでに育ってほしい姿」を手がかりに，個々の保育者が子どもの今の育ちを長期的な育ちの視点から捉え直すことも重要ですし，これを保育者間の共通の視点とすることで，学年を超えて話し合ったり，園を超えて話し合ったり，小学校以上の教師と話し合ったりすることもしやすくなります。みなさんも，「幼児期の終わりまでに育ってほしい姿」で示されている内容と，具体的な事例を行き来しながら話し合ってみてください。自分とは異なる見方に出会い，子どもの見方が広がるのではないでしょうか。

④ 環境を通して行う保育と重視する3つの事項

　ここまで資質・能力という育ちを俯瞰して見る視点，資質・能力を育む保育内容5領域，すなわち乳幼児期に経験してほしいねらいと内容，その経験を通して育まれる育ちのプロセスを俯瞰して見る「幼児期の終わりまでに育ってほしい姿」と，子どもの育ちや経験を捉える視点について見てきました。ここでは改めて，それらをどのような保育によって促すのか，保育の原理を確認します。

　生まれて間もない子どもは生理的に不快なときに泣きます。身近な大人は，その様子に「どうしたの？」と寄っていき，抱き上げたり，おむつを見たりします。そういった相互のやりとりを毎日積み重ねていると，数か月後には，大人が来てくれることを期待して，呼ぶように泣く姿が見られるようになります。また，最初は不随意に動いている手も，次第に握ったり開いたりすることができるようになり，偶然ものに手が当たって音が出ると，もう一度同じように手を動かしてみたりするようになります。このように，子どもは生まれた直後から自分の身体を通して周囲の環境と直接的・具体的に関わり，学んでいます。そういった乳幼児期の発達的特徴を踏まえると，発達を促す保育の方法としては，環境を通して行うことが基本となります。

　環境と一言で言っても，その中には，子どもを取り巻く人やもの，生じていること，自然環境，音環境，言語や文化的な環境等，多様な要素があります。子どもの今日の具体的な姿がどのような具体的な環境との関わりで生じていたか，丁寧に捉える必要があります。明日，さらに子どもが関心をもって関わることを生み出すような環境はどのようなものか考え，工夫していくことが，子どもの遊びの充実につながるからです。そこでは，保育者が例えば3歳児の4月頃に出会ってほしい絵本を考える等して，教育的な意図を環境に含ませて構成するのですが，そのアイデアの元となるのは，子どもの今の姿から見出される育ちや関心です。その育ちや関心が一層引き出されるような明日の環境を，保育者が意図的に考えるのです。

　また，保育者も大切な環境です。子どもは登園してきたら，保育者が意図的に構成した環境と関わり出します。保育者が予想していた姿もあれば，思ってもみない姿もあるかもしれません。その具体的な姿から，子どもがどこに面白さを感じているのかを見取り，意欲的に子どもが関わっている姿を大切にしながら関わっていきます。それと共に，保育者が子どもに出会ってほしいと願ったねらいや内容を頭の片隅に置いて，子どもが自ら意欲をもって取り組むために必要な援助を行うことが重要になります。

　その際，重視する事項が3つあります。それは，「乳幼児期にふさわしい生活の展開」，「遊びを通しての総合的な指導」，そして「一人一人の発達の特性に応じた指導」です。「環境を通して行う」というのは，具体的に考えたときに非常に幅の広いものです。それは決して何でもよいというのではありません。乳幼児期へのふさわしさを考えたときには，身近な人，保護者や保育者を中心とした周囲の大人に安心して関わることができる，信頼関係が基盤となります。その基盤が築かれ，次第に安心して過ごすことができるようになると，周囲の環境に目が向くようになり，自ら関わってみたいと感じ，直接物に触れていくようになります。さらには，自分と同じような

存在，周囲の子どもに気付き，関心を寄せ合うようになり，関わりが生まれていきます。そういった基本的な安心・安定を基盤として，子どもが自ら動き出す中で周囲の人やもの，ことと直接的に触れていくことが，乳幼児期にふさわしい生活のあり方として重要です。

　また，乳幼児期にふさわしい生活においては，遊びが中心となります。子どもは生活そのものが遊びといってもいいほど，一日中様々に遊んでいます。○○遊びと名の付くようなものばかりでなく，想像と現実，生活と遊びが入り混じったような，あらゆる行為に遊びが入り込んでいます。そうやって子どもが思ったようにその時々に関わることは，周囲の様々な環境との具体的な関わりを試しているということでもあります。ふとやってみたことを通して，その環境の特徴を感じる，大切な経験です。重要なことは，遊びの中で子どもが自ら様々な思いをもって動き，関わりを楽しみ，もっとこうしたいという次の意欲が内側から生まれてくることです。そうであるからこそ，子どもはその関わりの中で様々なことに気付いたり，考えたり，試したり，工夫したりしていくようになります。主体としての子どもが育つというのは，子どもが自ら遊ぶということを通して可能になるのです。

　そして，もう一点重要なのは，乳幼児期の発達は一人一人異なり，その背景も多様なことを踏まえなくてはならないということです。3歳児4月の絵本の読み聞かせのことを考えてみても，Aちゃん，Bちゃん，Cちゃん，Dちゃんそれぞれに異なる姿があります。どの姿も否定することなく温かく受け止め，その姿に応じた，さらに関心が湧いてくる援助や環境構成を考えていくことが大切になります。Aちゃんの絵本との関わりは受け止めて一緒に絵本を読むけれど，少し離れたところで見ているBちゃんはそのまま何日も置いておかれるのではBちゃんの発達保障が危うくなります。すべての子ども，一人一人の子どもの姿に応じて関わることが求められます。

(3) 視点をもって保育を見よう

　では，これらの保育を見る視点を意識して，もう一度動画を見てみましょう。

─ WORK ─

2

動画

○今度は，メモ用紙の上部に自分で意識して見る視点をあらかじめ書き出します。その上で動画を視聴しメモをとりましょう。

○視聴後，ワーク1の視聴時と異なり，新たに見えてきたことについて，考察してまとめましょう。

○周囲の人とメモを見せ合いながら，どういう視点で見ることで何が新たに見えてきたか，話し合いましょう。共通の視点や，さらに新たに気付いたことをメモしましょう。

第2節 このとき保育者は……

　では，みなさんが視聴した動画で実際に保育をしていた保育者は，どのように感じ，関わっていたのでしょうか。保育の記録を読んでみましょう。

EPISODE 1　ハンドルが回る車

5歳児　2021（令和3）年8月24日〜9月2日　記録：杉山健人

8月24日（火）〜9月1日（水）：前日までの様子

　夏休みが明け，登園してきたユウタは「ハンドルをつくりたい」と言う。三角形に切った木片を合わせて丸いハンドルにし，くるくる回るようにしたいらしい。彼のアイデアに保育者は驚いた。彼はテレビやYouTubeをはじめ様々なメディアからの情報を得て，それを自分でも再現してみたいと思い立つと，とことん集中するタイプだ。保育者は彼のアイデアが実現するための材料調達と技術的支援を引き受けた。万力で固定すると技巧が利く。ユウタは一つ一つノコギリで切っていった。疲れてくると手伝う友達も現れた。ユウタは切れた木片をパズルのように組み合わせながら「まだまだ足りんな」「ここはもっと細い三角がいいな」と考えている。毎日少しずつ切り貯めていった三角のパーツを構成すると，ドーナツのような丸い形のハンドルが完成した。次にユウタは，「回したら自動的に戻るようにしたい」と考えるようになった。保育者と試行錯誤し，ゴムを使ってみることにした。ハンドルには4点で平ゴムを付けている。真ん中に打ち付けた軸の先にゴムを引っかけているので回したハンドルはゴム動力で反転して戻ってくる仕組みだ。試作品ができると，ユウタはハンドルを回して，実際にゴムの反動で元に戻るのを確認すると納得した様子だった。

9月2日（木）：動画撮影の当日

　登園後，車のハンドルの土台になるようにと，保育者の用意した支柱と大きめの板と，アクセルやブレーキになりそうな台形の木片を見たユウタは，「使う！　使う！」と言って喜んだ。リュウノスケが「この釘を使った方がいいんじゃない」と長い釘を持ってきた。ハンドルを付ける支柱を板に固定するためだ。「よく知ってるね」と保育者はリュウノスケを称え，板をひっくり返して支柱をのせ，釘を支柱に刺すよう助言した。仲間たちと支柱の位置を確認しながら微調整していった。位置が定まると，ユウタはトントンとリズムよく釘を打ち付けていき，支柱と板がしっかり固定されていることを確認した。次にハンドルの軸と支柱を固定する作業に移った。さっきの釘よりも小さい釘が必要であることをユウタは知って

いた。ハンドルの軸は細長いためだ。木工台の角のところにハンドルと支柱が引っかかるように固定させて，「強く打つと木が割れるかもしれんけんな」と言いながら，保育者もハンドルと支柱を注意深く支えていた。ユウタは，時々，金槌を持つ腕をぐるぐる回したり，深呼吸したりしながら，さっきよりも慎重に釘を打ち付けていた。仲間たちも固唾（かたず）を呑（の）んでその様子を見守った。ユ

ウタは，何回かハンドルを回しながら，首をかしげている。ハンドルは戻るものの，（ゴムが10時10分の方向に）元通りまっすぐ戻らないことが不満らしい。保育者が「ゴムがまっすぐ戻ってほしいんよな。どうしたらいいんだろう」と一緒に考えようとした。すると，ユウタは何かひらめいたらしく，長くて平らな板をハンドルの上にのせて回してみせた。するとハンドル軸の上側の2点のゴムの位置が固定されたまま回るので，ユウタの思い通りにゴムがまっすぐ戻った。保育者はとりあえずの実験成功を見届けると実用的な板の長さが気になり，「このままの長さの板でいける？」と聞いた。ユウタは木工箱の中からハガキサイズの板を見つけ出し，その板を上に釘で打ち付けることにした。

　ハンドルと支柱と平らな板がちゃんと固定されているか，下からも横からものぞき込みながら確認していたが，今度は支柱と平らな板の間の隙間が気に入らないらしい。仲間たちが箱の中から適当な木片を探し出す。支柱との隙間に木片を合わせながら，「これ小さいよ！」「これならちょうどいい！」と適当なものを見つけている。ハンドルと支柱を固定するよりももっと難しいらしい。やがて，ユウタは，保育者を探して，釘がはみ出てしまったことを訴えに来た。するとその話を聞いたフウタが助っ人の名乗りを上げた。保育者が板の上を金槌で固定すると，はみ出た釘を下から金槌で打ち，釘抜きを持ってきて，押し出された釘を引き抜き，まっすぐに釘を打ち直した。もう片方の隙間はユウタが代わって打ち，また釘がはみ出てしまったが，自分たちだけで同じやり方で対処した。土台や支柱も少し緩んできたのでさらに釘で補強し，ついに納得のハンドルが完成した。外から保育者が戻ると，ユウタはハンドルがちょうど収まるように，段ボールでボンネット付きの車体をつくっているところだった。ハンドルの台には，アクセルやブレーキが付いており，「ユウタ」という名前もマジックで書かれてあった。

カラー写真

　この保育者の記録から，保育者が子どもの視線や表情，息づかい，ちょっとした動き，声色や言葉等，行為の端々を逃さずに感じ取り，細やかにその意味を読み取っていることがわかります。ワーク1，2でとった自分のメモと見比べて，見逃していたところや読み取りの違い等を見つけて，保育者のもつ大切な視点について，さらに考えてみてください。

第3節 5領域の視点で見てみよう

　このハンドルの事例を見ると分かるように，遊びとは総合的で多様な要素を含んだものです。だからこそ，保育者は，幼児の育とうとしている姿を的確に捉え，今必要な援助の内容や程度を判断し，具体的に援助したり，環境を構成したりする必要があります。そのとき，総合的な遊びを5領域の視点で捉えることが，保育を構成する際の助けになります。

　では，5領域の視点から，ハンドルの事例を見るというのは，どのようなことでしょう。各領域からの読み取りを例示してみます。

〈領域「健康」の視点から〉

　遊びは，心と体を動かす場面です。ユウタは，車のハンドルをつくりたいと願い，取り組みます。金槌でたたく，体を傾けて眺める等，対象に働きかける体の動きや，木片を一緒に探す等，仲間と協力・共同した行動が出現します。さらに，慎重に行動しようと深呼吸する等，自身に向き合う姿も見られます。このような姿から，健康な心と体の育ちを読み取ることができます。

　一方，保育者や仲間はユウタの願いを理解して認め，一緒に考えたり手伝ったり見守ったりします。ユウタもみんなの意見に耳を傾けてアドバイスを受け入れています。また，うまくいかなかったときには，修正する，新たなアイデアを思いつく，先の展開を予測する等の思考力の芽生えが育つ姿が見られます。

　さらに，保育者が位置を確認するように伝えた後に自分で何度も確かめ，釘の先が出ていたときはやり直しています。「納得のハンドル」を完成させることにとどまらず，完成後に取り組むであろう遊びの安全性にも気を配り，見通して行ったと考えられます。これらは，しなやかな体や心の育ちの一つであると捉えられます。

〈領域「人間関係」の視点から〉

　園生活は，保育者との信頼関係を基盤としています。「ハンドルを最後まで戻したい」と，ユウタは保育者を見ます。保育者はユウタの思いや考えを丁寧に聞き，難しいところを共に考えていきます。「どうしたらいいやろう」と一緒に悩み考える保育者を，隣の子どもも見ています。これまでに築かれた保育者への信頼関係が，この場面の基盤にあることが分かります。

　また，遊びの中には，子どもの思いが表れます。ユウタは目標となるハンドルのイメージをもち，それに向かってやり遂げようとします。ハンドルの戻る位置にこだわり，難しくてもやり直し修正する様子に，自立心の育ちが見られます。

　そんなユウタの周りには仲間たちがいます。その仲間たちはハンドルをつくり上げたいという目標を共有し，一人一人が主体として関わっています。友達の視線の先にあるものを共に見て，

12

困りを自分事として考え，関わり，また，ユウタもその友達の考えを聞き，受け止め，さらに関わるという相互のやりとりがあります。そこに，目標へ向かう協同性の育ちが見えてきます。

〈領域「環境」の視点から〉

ユウタのハンドルづくりでは，自分なりの興味や関心に沿って探究心を発揮し，試行錯誤する姿が見られます。自分の思い描くハンドルの実現のため板を探し，釘を打つその姿は，真剣そのものです。ハンドルづくりの過程で，ユウタは保育者や他の幼児と共に考え続けています。このような，自分なりに考え，子ども同士が刺激し合う姿は領域「環境」が目指す姿の一つです。

動画の中では，木片の形，ハンドルの回転，釘の長さ，釘を打つ角度，板の幅や厚み，隙間の空間など，ハンドルづくりを通して様々な，数量や図形に関わる体験が展開されています。それらは，ハンドルづくりの過程を通して，必要感に裏付けられた形で体験されています。その具体的な体験を通して，ユウタたちは数量や図形への関心，感覚を豊かにしています。

また，ユウタたちは板や釘，金槌や釘抜きなど，様々な材料や道具を使いこなすことを通して，物事の法則性にも気付いています。その気付きをさらに次の作業に生かすという循環が幼児の活動とそれによる学びを豊かにしています。

〈領域「言葉」の視点から〉

この事例では，「言葉による伝え合い」が多く見られます。言葉を伝え合うことの基盤には，信頼関係を築いた保育者や仲間と気持ちが通じ合う心地よさがあり，その上で，話す，聞く，伝え合う関わりが生まれます。目に見えない思いや考えは，言葉にすることで，保育者や仲間と共有することができます。思いの実現のための道筋も，言葉にすることで見通すことができます。

ユウタには「ハンドルをつくりたい」強い思いがあり，それを信頼する保育者に伝えて一緒に取り組み，仲間も参加しながら，困難な課題に粘り強く取り組んでいます。ユウタは「回したら自動的に戻るようにしたい」と伝えたり，周りの仲間が「この釘を使った方がいいんじゃない」と提案したり，保育者のアドバイスを真剣に聞いて試したりして，みんなで協力して取り組んでいます。一度思いが実現しても次の課題（ハンドルがまっすぐに戻ってほしい）が生まれ，さらに考えて工夫しています。完成したハンドルを用いた段ボールの車には，「ユウタ」と名前の文字が書かれ，その誇らしい喜びが感じられます。

〈領域「表現」の視点から〉

当たり前に回るハンドル，その仕組みはどうなっているんだろう！　面白いこと，不思議なこと，美しいものなど，心動かすことへの出会いが表現のエネルギーになります。憧れを形にしたいという思いがイメージを描き，その強い願いは発想をつなぎ，アイデア・工夫を創出します。回るハンドルへのユウタの思いは，頭の中のイメージを形にしていきます。三角形の木片を組み合わせてドーナツ型をつくり出す発想，イメージに向かってつくり，つくり替えていく思考力や

集中力の様子から，憧れを自分の手で再現したいという強い思いに加え，日頃から身の回りのものをつぶさに観察していることが想像されます。

　ユウタの気持ちは金槌の音にも表れています。リズミカルな「タタタタタン」，慎重な「トットッ……」，悩めるときの「全休符！」。一方，見守る保育者の声の表情にも，驚きや共感，賛同，励ましといった多様な感情が読み取れます。その場にいると，足音や動きのリズムにも，気持ちの表れを感じることでしょう。表現が人・モノ・コトをつなぎ，表現が表現を生み出していくのです。

　このようにそれぞれの領域から保育を見てみると，さらに子どもの育とうとしている姿の細部がよく見えてきたり，そこに必要な援助や環境が考えられたりします。遊びが子どもにとってさらに楽しく，「もっとこうしたい」が湧いてくるものになるには，保育者が子どもの育ちや経験を読み取る視点をもち，それを深める手立てについて学んでいくことが大切になります。

第4節 領域「人間関係」の視点から深める

　ハンドルの事例を領域「人間関係」と関わりの深い「幼児期の終わりまでに育ってほしい姿」である自立心，協同性，道徳性・規範意識の芽生え，社会生活との関わりを視点として，さらに読み込んでいきましょう。

　大人は日常生活で車を運転しながらも，なぜハンドルが元の位置に戻るのか，その仕組みはどのようなものか，考えもしないまま使っている人がほとんどかもしれません。ユウタは，大人でも難しいとひるんでしまいそうなことを目標のイメージとしてしっかりもち，自分でそれをつくろうと取り組んでいきます。自立心というのは「自分の力で行う」ということが重要だと思ってしまいがちですが，ユウタの姿からは，それが決して自分だけの力で行うことではないことがわかります。自分の実現したいこととその難しさを，信頼する保育者や友達に共有しながら，それぞれの考えを受け入れたり，自分の考えを表現して受け止めてもらったりしています。ユウタは友達や保育者が自分のハンドルに関わることを受け入れながらも，常にハンドルの正面に立ち，ものに関わり続けます。ハンドルが思ったような角度で止まらず，ゴムの位置を変えて留め直すことにした後，いったん保育者に金槌を手渡しますが，あと少しというところで，ユウタの手が金槌の方に動きます。保育者はその動きを感じ取り，すぐに金槌をユウタに渡すと，ユウタはそれを受け取って釘を打ち込んでいきます。すべてを自分一人で行うのではなく，難しくてもやり遂げたいと願い，願いを共にする周りの友達や大人の力を借りながら，自分の力を発揮して粘り強く取り組んでいくユウタの姿は，これから様々な難しいことに出会いながらも関わって乗り越えて生きていくことにつながっているように見えます。

　また，ユウタがつくりたいハンドルのイメージと目の前のハンドルとのズレは，何度もハンドルを回す様子やまなざし，首をかしげる仕草，そして言葉で表現されていきます。それを保育者が「超えてるよなあ」「ちょっと行きすぎてるね」「それをここでピタッと止めたいん？」と手振りと言葉を加えて応えることで，周りの子どもたちもユウタの願いを理解して一緒に考え出します。ユウタのハンドルでありながら，その目標となるイメージや願いが共有され，アイデアを出したり，隙間を埋める板を探したり，釘を抜いたり協力し合っていきます。全員が全員，ずっと関わり続けているわけではなく，その時々の状況に引き込まれるように，共に飛び出してしまった釘を見たり，どうすればいいか考えたり，考えは出たもののうまくいかず保育者に手助けしてもらったりします。そうする中で，それぞれが考えたことやできることが生かされています。そのことを保育者は言葉にして，「フウちゃんこういうこと？　さっき教えてくれたん」「ナイスアイデア」と声をかけ，ユウタのハンドルにフウタの考えが生かされていることを伝えて，友達と一緒に取り組むことが問題解決の一助となることが実感できるように支えています。ユウタはフウタが板の下から釘を打ち上げてくれる様子を見ながら，一瞬フウタの持った金槌に手を伸ばしますがすぐに手を引っ込め，釘抜きを持って待ち構えました。フウタが釘を打ち上げてくれた後，ユウタはすかさずハンドルの正面に入り込み，釘抜きを差し入れます。フウタはユウタの釘抜きに手を伸ばしつつ見ていますが，ユウタが釘を抜き終えると「とれた」と笑顔を見せます。お互いを受け入れ合いながら，慎重に釘を抜く難しい作業をやり遂げるのです。

　そして，このとき抜いた釘が1回目は飛んでいきます。釘が便利なものであると同時に危ないものでもあること，その使い方やしまい方にはルールがあることが分かっている子どもたちは，一緒にその釘の行方を見ています。そして，みんなが安全に遊ぶ場を守るために，2回目は慎重に釘を抜き，今度は釘が飛んでいかなかったことを「飛ばんかった」と保育者に伝えています。そういった姿から，ユウタたちが楽しく遊ぶために大切なことを理解し，実現していく価値が分かっている様子が伝わってきます。道徳性・規範意識の芽生えは，ともすると大人がルールとして教え込むものだと思われてしまうところがありますが，重要なことは，子どもたち自身が遊びを十分に楽しむために大切なことが実感をもって分かることです。ユウタたちは，釘や金槌など，使い方を間違えると大変なことにもなる道具を，自分たちの願いの追究のために正しく使おうとし，また，少し危険なことが起きると，次の行動を修正しようとし，互いに気を付け合っています。道具の使い方，場の共有の仕方，友達の大切にしているものへの触れ方等，ルールを守る必要感は，遊びを楽しむ上での前提となっているのです。

　「ハンドルを切った後，手を離すとハンドルが元に戻る」ということは，ユウタだけでなく周りの子どもたちも家庭や地域での生活で知っている興味深いことの一つだったのでしょう。それぞれが経験している社会生活との関わりが，ユウタの強い願いによって寄せ集まり，より本物らしいハンドルにしていこうと工夫が生まれています。ユウタのハンドルを回す腕の動きは，まさに社会生活との関わりを感じながら遊ぶ姿のように見えます。

　このハンドルの事例に表れている子どもたちと保育者の姿に，5歳児組の秋口まで積み重ねら

れてきた関係の育ちが感じられます。お互いがどういう特徴をもっているかが分かっていて，どこまで支えるか，手を出すか，何ができ，どこからが難しいか，その場そのときで絶妙な折り合いで動き合っています。園生活における関わりの蓄積によって，それぞれが自分の好きなこと・得意なことを生かし，難しいことを助け合いながら，より楽しく面白い方向を探究する力と関係が育まれているのです。

第Ⅰ部

保育内容「人間関係」の
専門的事項

第 **1** 章

現代社会を
生きる子ども

本章では，領域「人間関係」の背景となる考え方や，重要だとされる概念について理解していきます。社会の急速な変化は，乳幼児期の子どもたちが育つ環境や求められるものも変化させてきました。これからの未来を生きる子どもたちについて考えるとき必要な，「育みたい資質・能力」「社会情動的スキル」「エージェンシー」といった概念について考えます。そして，「人と関わる力」が育つのに何が必要なのか考えましょう。

変わり続ける世界の中で

　今年生まれた子どもたちが，20年後の社会で幸せに充実した生活ができるために，必要になることにはどんなことがあるでしょうか。

（ヒント）

　自分が小学校に入学した頃と，今の幼児期の子どもたちとを比べてみましょう。友達との遊びや会話で流行していたことは何ですか？　グループ等で比較してみましょう。また，自分たちが子どもの頃に大きなニュースや社会問題になっていたことは何でしょうか。調べてみましょう。

第1節　幼児を取り巻く現代社会と人との関わり

(1) 急速な社会の変化と子ども

　あなたの地域では，乳幼児期の子どもたちはどこで何をして遊んでいるでしょうか。5歳の子どもならどうでしょうか。何が流行していますか。子どもたちが手にしているデジタル機器は，あなたが子どもだった15年ほど前と，どのような違いがあるでしょうか。移動手段や通信など技術はどのように変化しているでしょうか。近年，地球温暖化の影響もあって気候が変化しています。この速さで変化し続けると20年後は，どのような生活になるでしょうか。

　とはいっても，まだ生まれていない技術やシステムを予測するのはとても難しいことです。経済開発協力機構（OECD）の報告書等では，国際的な教育の課題として，将来多くの子どもたちが，今は存在しない仕事に就き，発明されていない技術や想像もつかない社会的課題に向き合うだろうと述べています（OECD, 2022）[1]。

　世界中で，都市への人口集中が進んでいます。日本も例外ではなく，親の世代が都市化の中で育ちました。都市の人の移動が多い地域では人間関係の希薄化が課題といわれます。人がたくさん住んでいても，保護者の遠距離通勤や転居等の要因が重なると，地域で人間関係を築いていくのが難しくなります。少子化は，子どもを通した地域の結び付きも希薄にしています。特に過疎地域では人口減少が顕著になり，コミュニティの維持が困難になっています。

　さらに，グローバル化が進み，海外の出来事が，直接・間接的にすぐに国内の社会や経済に影響を与えるようになりました。グローバルな人の移動が増加し，海外で生活する日本人や，日本で生活する外国にルーツをもつ人が増加しています。多様な言語や文化を背景にもつ家族が日本の社会を豊かにするとともに，解決できていない課題もあります[2]。

　デジタル技術の進化も著しく，20世紀末頃からのインターネットや個人用コンピュータの普及によって，人と人との関わりに，デジタルメディアという新しいモードが加わりました。新しい技術を活用できる人と，できない人の間の情報格差が問題になっています。その裏には経済的な格差の課題があるとされています。

　急速に変化し続ける社会の中でも変わらないのは，人間は他者と共に

[1]　OECD. (2022). *Building the Future of Education.*

[2]　以下の資料を参照。外国人児童生徒等の教育の充実に関する有識者会議「外国人児童生徒等の教育の充実について（報告）」2020年。

生きる社会的な存在であるということです。少なくとも現在の日本で生活するためには，他の人の力がなければ生活に必要なものを得ることはできません。生活に必要なスキルは，他者との関わりを通して学びます。

　社会が変化していく中で，人と関わりながら成長する機会をどのように保障していくか，人と関わる力の基盤をつくる幼児期ではどういった経験が大切なのかを考えていきましょう。

(2) 育みたい資質・能力

① 幼稚園教育要領の前文に表れる理念

　こうした社会の動きを背景にしながら，幼稚園教育要領，保育所保育指針，幼保連携型認定こども園教育・保育要領（以下要領・指針）などが，定期的に改訂（定）されてきました。2017（平成29）年に，3つの要領・指針が同時に改訂（定）されました。このときの改訂（定）の理念を明確にし，社会で共有されることを目的として，幼稚園教育要領に「前文」が設けられました。この前文では，教育基本法に規定する教育の目的や目標を前提とした上で，幼児期の教育は「生涯にわたる人格形成の基礎を培う重要なものである」として，人の人生の中にある様々な学びの場面の基礎をつくるものと位置付け，次のように述べています。

　　一人一人の幼児が，将来，自分のよさや可能性を認識するとともに，あらゆる他者を価値のある存在として尊重し，多様な人々と協働しながら様々な社会的変化を乗り越え，豊かな人生を切り拓き，持続可能な社会の創り手となることができるようにするための基礎を培う[3]

（下線筆者）

ここで述べられていることは，前項(1)の議論と関係しています。人は自分を大切に考えることができ，成長し変化していく存在として自分を捉えることができるようになって初めて，他者も同じように大切にできるようになっていきます。その他者にはいろいろな人がいます。自分の出会う様々な人を尊重し，その人たちと，関わり，話し合い，協働していく力を育んでいきたいと，要領では述べています。

　予測できない社会の変化を乗り越えるには，個人の力や努力，既存の知識だけでは十分ではありません。他者と協力し協働で様々な課題を乗り越えて新しい可能性を切り拓いていく力が求められています。新たな出来事や環境に適応したり，新たな可能性を想像したり，創造したりす

＊3　文部科学省「幼稚園教育要領」2017年。

る力，粘り強さ，自分にない様々な強みをもった人と協力する力が必要とされているのです。

② 高校までの育ちを見通している「育みたい資質・能力」

前の①で示した理念は，保育所保育指針や幼保連携型認定こども園教育・保育要領でも共有されています。その理念を踏まえて示されているのが，育みたい資質・能力です。

学校ではすでに社会にある知識や概念，技能を次の世代に伝えていく仕組みとして伝統的に見なされてきたこともあり，効率よく定められた内容を伝えていくことが重視されていました。しかし，知識伝達型の学校モデルでは，予測できない未来で「社会的変化を乗り越え，豊かな人生を切り拓」く（文部科学省，2017）には十分ではありません。同じ資質・能力は，小学校から高校の学習指導要領の中でも各教科や特別活動を通して目指すべきものとして定められています。つまり，幼児期から高校を卒業するまで，大切な柱として貫かれているのです（図1-1）。

③ 幼児期の教育において育みたい資質・能力

これらの資質・能力は互いに重なり合い関わり合っています。幼児期の場合で考えると，一つの遊びや生活の流れの中で，常に三つの資質・能力が育つ機会が含まれているものと考えられます。この三つの資質・能力には序章でも触れていますが，さらにくわしく考えていきましょう。

心情，意欲，態度が育つ中で，よりよい生活を営もうとし，自己実現に向かう資質・能力として「学びに向かう力，人間性等」があります。何かを学ぼうとする気持ちの基盤には，情緒の安定や自分の可能性を信じる気持ちがあります。自分を大切にすることができなければ，相手の気持ちを思いやったり，折り合いをつけようとしたりする気持ちは育たないでしょう。身の回りのものに興味・関心をもったり，その美しさや面白さを感じたり，対象をもっと知りたいと思い探究する心も，学びに向かう力・人間性等に関わります。

「知識及び技能の基礎」は，遊びや生活において様々な体験をする中で，感じたり，分かったり，できるようになったりすることで身に付いていくものです。知識や技能には様々な種類のものがあります。身体感覚や様々な動きの習得，身の回りの物事の法則性や関連性に気づいていくこと，生活習慣，衣服の着脱や衛生に関すること，製作活動などで使用する素材の特性を知ること等，いろいろなものがあります。

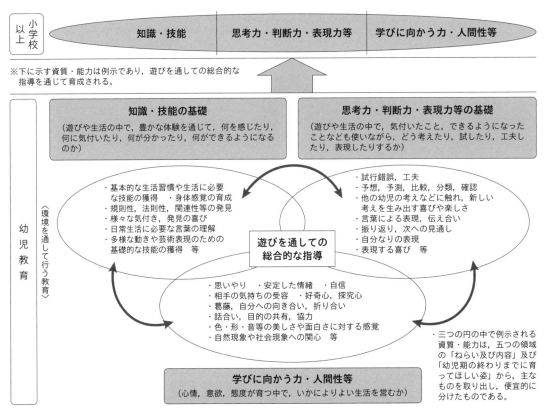

図1-1　幼児期の教育において育みたい資質・能力の相互関係と小学校以上の教育へのつながり

出典：文部科学省「幼児教育部会における審議の取りまとめ」2016年。

　　こうした知識や技能は，学び手である子ども自身が新しいことに挑戦したり，知っていることを使って工夫したりするとき，さらに広がりをもち深まっていきます。それが「思考力，判断力，表現力等の基礎」です。知識や技能は身に付けて終わりというものではありません。遊びや生活の中で，やりたいことを実現するために，考えたり，試したり，工夫したり，イメージを表現したりする。そのプロセスで，うまくいかないときに試行錯誤したり，他の子どもや保育者に助けを求めたり，他の子どもの考えに触れて新しい考えをもったりします。

　　そして，考えたり学んだりする営みを支えているのが，本項で最初に挙げた「学びに向かう力，人間性等」です。この学びに向かう力と関連付けられる概念として，「社会情動的スキル」について次に見ていきましょう。

⑶ 社会情動的スキルへの注目

① 社会情動的スキルと認知的スキル

　「社会情動的スキル」は，欧米で重視されてきたスキルで，認知的スキルではないものという意味で「非認知スキル」ともいいます。他にソフトスキル，社会情動的能力とも呼ばれます。様々なスキルの集合体として説明されることが多く，意欲，忍耐力，自制心，粘り強さ，物事に向かう心的態度，逆境に打ち勝つ力，創造性など，幅広い特性が含まれています。

　社会情動的スキルと対照的に捉えられることの多い「認知的スキル」は，規則性や法則性に気づく力，分類，脳内の処理速度や記憶といった基礎的認知能力，知識・思考・経験を獲得する精神的能力，そして獲得されている知識を抽出し，推測し，概念としてまとまりのある物事として捉える力と考えられます（池迫・宮本，2015）。[4]

　社会情動的スキルは，目標の達成に向かう力（忍耐力，自己抑制，目標への情熱，意欲，興味を持続する力，自己制御，自己効力感等），他者と協働する社会性に関わる力（社会的スキル，協調性，信頼，共感，敬意，思いやり等），そして情動をコントロールする力（自己調整力，自尊心，楽観性，自信等）を含んでいます（OECD, 2015[5]；池迫・宮本，2015[4]）。

　これらの概念は，どちらも多くの要素を含んでいます。⑵で扱った，要領・指針の資質・能力の定義に影響を与えていると考えられます。「知識及び技能の基礎」や「思考力，判断力，表現力等の基礎」は認知的スキルにあたりますし，「学びに向かう力，人間性等」は社会情動的スキルにあたります。これら資質・能力は相互に関連し，それぞれの育ちが他の側面の育ちを支えています。

　また，社会情動的スキルと認知的スキルも，相互に関連しながら育ちを支えています（図1-2）。以前は知識を増やし知的な作業を繰り返すことに目が向けられていました。しかし，欧米で行われた大規模長期縦断研究[6]の結果等から，社会情動的スキルが後の知的な発達や学業上の成功，将来のウェルビーイングにつながるとわかってきています（OECD, 2021）。[7]

② 社会情動的スキルを育む環境

　社会情動的スキルは，練習して身に付けるものではありません。また，特定の活動をすれば育つというものでもありません。認知的スキルとも関連して，何かを知ったりできるようになったりするプロセスの中で，

＊4　池迫浩子・宮本晃司，ベネッセ教育総合研究所（訳）「家庭，学校，地域社会における社会情動的スキルの育成──国際的エビデンスのまとめと日本の教育実践・研究に対する示唆」2015年。

2023年1月30日閲覧

＊5　OECD. (2015). *Starting Strong IV : Monitoring Quality in Early Childhood Education and Care.* OECD Publishing.

＊6　大規模長期縦断研究　数年から数十年の期間，多くの人を個別に追跡してデータを取り続けることで，人生の特定の時期の要因がその後どのように影響していくかを捉えようとする研究手法。

＊7　OECD. (2021). *Caring, Sharing, Daring : Social-Emotional Development at Age Five.*

2022年7月27日閲覧

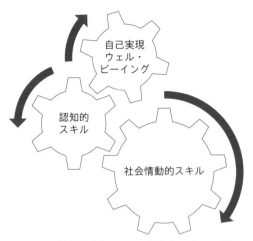

図1-2　社会情動的スキルと認知的スキルの関係
出典：筆者作成

＊8　ベネッセ教育総合研究所「幼児期から中学生の家庭教育調査・縦断調査」2023年。

：2024年3月20日閲覧

＊9　ベネッセ教育総合研究所「幼児期の家庭教育国際調査──4か国の保護者を対象に」2018年。

：2023年1月20日閲覧

つまり，日々の生活や遊びの中で，育まれていくものです。

　影響が大きいのは，養育者の養育態度や考え方です。国内の研究では，保護者から見た子どもの育ちを質問紙調査で追跡する大規模な調査が行われています（ベネッセ教育総合研究所，2023）。保護者の「子どもの意欲を大切にする」「思考を促す」傾向と，子どもの「がんばる力」の高さに関連がありました。日本・中国・インドネシア・フィンランドの4か国の保護者の養育態度と社会情動的スキルの関わりを検討した研究では，子どものやりたいことを尊重する養育態度と子どもの好奇心やがんばる力の間に，ゆるやかではありますが相関があったそうです（ベネッセ教育総合研究所，2018）。

　子どもたちは，保護者をはじめとする身近な大人との関わりを重ねる中で，どのような行動が期待されているかを読み取り，自分の中へ取り込んでいくと考えられます。周囲の人を心から信頼することができ情緒が安定した状態で過ごせているか，自分の気持ちにたっぷり共感してもらいながら，自分の気持ちや考えを伝え，分かってもらう経験を重ねているかといった環境が，社会情動的スキルの発達に肯定的な影響があると考えられます。

　さらに，いろいろな大人との関わりと共に，同年齢や少し年上・年下の子どもたちを含めて，いろいろな人と出会い関わる経験ができる環境が大切です。子ども同士の関わりでは，思うようにいかないことがあったり，異なる考えに出会ったりします。お互いの気持ちに共感し合う嬉しさを味わったり，励ましを受けて粘り強く何かをやり遂げたりする経

験をすることもあります。こうした経験は，ゆったりした時間の中で，思う存分自分が選んだことに取り組み，工夫してやり遂げる経験ができる環境の中で育まれていきます。

第2節　現代社会の中で人と関わる力を育てるために

(1) 人と関わる力とは何か

① 人と関わる力の基盤

　人と関わる力の基盤は，周りの人や周りのコミュニティに受け入れられている感覚（所属感）から生まれます。幼稚園教育要領解説では，

> 　自分が保護者や周囲の人々に温かく見守られているという安定感から生まれる人に対する信頼感をもつこと，さらに，その信頼感に支えられて自分自身の生活を確立していくことによって培われる。[10]

と説明されています。できるようになっていくプロセスではうまくいかないこと，思ったようにならないことがたくさんあります。いらだったり，がっかりしたり，様々な感情を経験するとき，そこにありのままの自分を受け入れて，支えてくれる人の存在が必要です。できるように練習しようとするモチベーションや，こうしたいという希望や憧れをもつ背景にも，人との関わりがあります。同時に，いつかできるようになるという自己効力感や自己調整力（うまくいかないときの自分の気持ちを調整する力）などの様々な要素が集まって人と関わる力になっていきます。

　こうした感覚や力は時間をかけて身に付けていくものです。乳幼児期で完成するものではなく，生涯を通して育っていく力として，長い目で考えます。

② 自分も相手も大切にする力

　私が私であってよいという感覚をもっていることで，私の前にいるあなたが私とは異なる感覚や考えをもっていることを認め，私とは違うあなたの気持ちを理解しようとできるようになります。それは，共感につながります。自分とは違うあなたの気持ちを受け入れた上で，私の希望をあなたに伝えていく，そして，私とあなたの共通する希望や思いを見

＊10　文部科学省「幼稚園教育要領解説」2018年。

つけ，それに向かっていくことができる。やりとりがうまくいかないときも，自分の気持ちに折り合いをつけていこうと試みている。このような姿が，幼児期の終わり頃に向けて，見られるようになっているかもしれません。

　こうした関わりの中から，子どもたちはルールやきまりごとの必要性に気がつき，より過ごしやすい生活のために相談してルールやルーティンを変更したりするようになっていきます。また，すでにあるきまりについても，なぜそれが必要なのかを考えるようになっていきます。こうして，領域「人間関係」の３つのねらい[*11]につながります。

③ 主体性とエージェンシー（Agency）

　主体的に取り組む遊びや生活は，幼児期の教育の基盤的な活動です。このときの「主体的」という言葉は，どのようなものだと考えられているでしょうか。誰かから与えられ指示された活動をしているのではなく，自分で選んで取り組んでいればそれは主体的なものになるのでしょうか。逆に，何をするかを決めたのが大人であれば，主体的な参加は起こらないのでしょうか。

　例えば，次のような例について考えてみましょう。自由に遊びを選べる時間に，Ｋちゃんと一緒に遊びたいから，遊び自体はやりたいわけではないけれど，Ｋちゃんがいた場所に行ってお店屋さんで使うケーキをつくり始めたＨちゃんは，主体性はないのでしょうか。

　近年，主体性より広い概念として「エージェンシー」という概念が紹介されるようになってきました。

　エージェンシーとは，社会参画を通じて人々や物事，環境がよりよいものとなるように影響を与えるという責任感をもっていることを含意するとされています（OECD, 2018[*12]：OECD, 2019[*13]；本書第３章第３節(3)，終章第２節も参照）。言い換えると，園での生活を，よりよい状態，充実したものになるようにしたいという意志をもって自律的に行動していける状態を意味しています。Ｋちゃんを優先してお店屋さんがしたいグループの遊びに貢献し，楽しいものにしようとしているＨちゃんは，エージェンシーを発揮しているといえるでしょう。

④ 共同エージェンシー（Co-agency）

　共有された目標に向かっていけるように，仲間，保育者，保護者，コミュニティとの，互いに支え合う関係で発揮されるエージェンシーを

＊11　領域「人間関係」のねらいは，以下の要領・指針で確認できる。また，本書第６章も参照。
文部科学省「幼稚園教育要領」2017年。

厚生労働省「保育所保育指針」2017年。

内閣府・文部科学省・厚生労働省「幼保連携型認定こども園教育・保育要領」2017年。

＊12　OECD，文部科学省初等中等教育局教育課程課教育課程企画室（訳）「OECD Education2030プロジェクトについて（The Future of Education and Skills Education 2030）」2018年。

2022年12月27日閲覧

＊13　OECD「OECDラーニング・コンパス（学びの羅針盤）2030」2019年。

2023年１月30日閲覧

「共同エージェンシー」と呼びます。園では，しばしば保育者と子ども
集団との共同エージェンシーが発揮できる場面があります。また，地域
や保護者と園とが協力して子どもたちの生活をよりよくしていこうとす
る活動の場合，保育者や保護者も含めた大人と子どもの共同エージェン
シーが発揮されます（第 3 章第 3 節(3)，終章第 2 節も参照）。

⑤ 共感性

　様々な感情や情動の発達を前提にして，自分を含めて人には様々な感
情があることを意識するようになります。他者への関心が育つとともに，
相手の背景や表現していることや感情を受け止め，自分ごととして感じ
たり理解したりできるようになります。そのためには，自分の心の動き
を調整していく力も人と関わる上で必要なようです。

(2) 領域「人間関係」の視点から
　保育・幼児教育に期待されていること

　幼稚園・保育所・こども園等は，家族以外の広がりをもった人間関係
を体験し，人と関わるよさや楽しさを経験していく場所です。領域「人
間関係」の意味を考える上で，保育・幼児教育に人と関わる場としての
期待が集まる 3 つの理由について考えてみましょう。

　1 つ目は，人と関わりながら育つ場の保障は，現代社会の変化の中で，
さらに重要性を増していることからくる期待です。本章の第 1 節で，現
在の子どもたちを取り巻く環境について考えました。社会の変化につれ
て，住んでいる地域のコミュニティの中で同年代の子どもや年上・年下
の子どもと日常的に関わる機会が減り続けています。親以外の大人と関
わる機会も少なくなっている中で，保育・幼児教育に人とのつながりを
保ち人と関わる力を育てる場所としての期待がもたれています。

　2 つ目は，他者との関わりの中で，自分について理解し，様々な人と
互いに認め合う経験を重ねる場としての期待です。それは，ありのまま
の自分を肯定し，集団の一員である実感をもちながら生活する中で，自
分の力で行動する充実感を味わい，自信をもって新しいことに挑戦して
いく力をつける機会になります。また，様々な人との出会いは，公正性
や公平性について考え，身に付けていく機会をつくります。

　3 つ目は，保育者という専門家が，場や子どもの状況を見極めながら
寄り添っている場としての意義です。すなわち，前節で見た，社会情動
的スキルと認知的スキルの両方を育んでいく上での期待です。乳幼児期

に家庭，園，地域での生活や遊びの中で，子どもたちがどのように人と関わり，人とのつながりの中で豊かな経験をしていくかが問われています。家庭や地域とは違う保育者という専門家と，幼児期の教育のための環境づくりが求められているのです。

　身の回りの大人や仲間との関係によって，ものや出来事との出会いの意味が左右されることがあります。また，一緒に行動する人や見ていてくれる人がいるから，取り組めたり取り組みたくなったりすることがあるものです。さらに，試行錯誤しているときや失敗してしまったときにも，自分を認め支えてくれる人がいることで，粘り強く取り組んでいくことができたりします。

(3) 人と関わる力が育つために

　園での生活の多くの場面で人と関わる機会があります。では，何もしなくても集団で過ごしていれば人と関わる力は育つのでしょうか。

　例えば，下記のような場面はどうでしょうか。

EPISODE

1　チューリップを見て

A「チューリップの花」

B「花だ」

C「なんか，コップみたい」

B「こっちはこんなふう」（両手を合わせてあまり広がっていないチューリップの形をつくる）

保育者「こっちにも，同じのがあるね」

A「同じだけど同じじゃないよ」

保育者「色が違うっていうこと？」

B「こっちはこんなふう」（広がって花びらの間にすきまがある様子を手で示そうとする）

　こうした会話は，身近な場所にチューリップが植えてあるから生まれてきます。発見するのは子どもですが，何かが発見できる環境であるかどうかは，各園の，また保育者の環境づくりに左右されます。

　保育者がその日その時間のチューリップを写真に撮って，夕方に写真と比べながらもう一度見に行ったら，開き方の違いに気が付くかもしれません。共有の観察記録として日付や子どもたちの言葉と共に部屋に掲示していったらどうでしょうか。あるいは，チューリップの細部に興味がもてるように虫めがねを用意したらどうでしょうか。子どもたち同士

が，話し合ったり関わり合ったりする機会を増やすことにつながります。

　一方で，保育者のねらいや意図が強すぎると，その活動が子どもたちの興味関心から外れていく危険があります。活動の一つ一つをすべての子どもに合わせるという発想ではなく，１日の流れ，１週間の流れ，さらには１か月の流れの中で，それぞれの子どもの気持ちや興味関心を生かしていくように保育を組み立て，関わりのモデルとしてそこにいる保育者が，大切な役割を果たします。大人が関わりに加わることで，自分たちの行動を他者と共に調整する経験を重ね発達していきます（Talreja, 2017）。[*14]

　上記の会話では，比較している視点が子ども同士や子どもと保育者でずれがあります。伝える力が育つ時期には，子どもが自分の考えをさらに伝えようとしたり，表現の仕方に工夫をしたりする機会になります。まだ伝えられない子どもについては，その思いや意図を読み取り代わりに表現してくれる保育者の働きかけがモデルになっていくでしょう。

＊14　Talreja, V.（2017）. Student Agency: The Impact of Adversity. *Education 2030 - Conceptual learning framework : Background papers*, OECD, pp. 38-54.

2023年１月30日閲覧

(4) これからの社会を生きる子どもとして

　本章では，友達や先生を含めた様々な人との関わりの中で，自分のよさと出会い自分を大切にできるように育っていくことの重要性を考えてきました。自分が受け入れられる心地よさを知り，他の人を受け入れお互いを認め合う関係の心地よさをたくさん経験できる園生活が実現する園でなくてはなりません。社会情動的な育ちと認知的な育ちは相互に関連しています。人と関わる力は認知的な力を支えるとともに，認知的な力に支えられて育ちます。

　また，多様化が進む社会の中では，これまで以上に様々な人と協同し，互恵的な関係を築く力が必要です。乳幼児期に，仲間としてお互いを認め合える人間関係を経験するには保育者の支えが必要です。子どもたちには，遊びや生活の中で思いの違いを伝え合い，異なる意見をもちながらも新たな遊びや生活のあり方を共に創造していけるように園生活を過ごしていってほしいと思います。

章末問題

1．あなたが自主的に取り組んでいる趣味や定期的に参加している活動などを思い浮かべてください。その活動の中で育まれている，あなたの「知識・技能」「思考力・判断力・表現力等」「学びに向かう力・人間性等」にはどのようなものがあるでしょうか。

2．あなたが，日常の生活の中で「エージェンシー」を発揮するのは何をしているときですか。発揮するには，何か必要な条件はあるでしょうか。考えてみましょう。

3．問2について，個人で5分ほど考えた後，ペアやグループで互いに出し合ってみましょう。エージェンシーを発揮できる環境（人，こと，もの，時間などを含む）は，どのようなものでしょうか。

📖**文献紹介**

★森口佑介『自分をコントロールする力──非認知スキルの心理学』講談社，2019年。

★A．シュライヒャー（著），経済協力開発機構（OECD）（編），一見真理子・星三和子（訳）『デジタル時代に向けた幼児教育・保育──人生初期の学びと育ちを支援する』明石書店，2020年。

★大豆生田啓友（監修），おおえだけいこ（著）『日本の保育アップデート！子どもが中心の「共主体」の保育へ』小学館，2023年。

第 **2** 章

人との間で
自分が育つ

本章では，子どもたちが保育の場で，人と出会い，関わり合い，その関わり合いの中で，自分自身のありようとも出会っていくプロセスについて，具体的なエピソードをもとに学んでいきます。子どもは生まれたときから，人との関わり合いの世界に生きています。そこで，保育園の0歳，1歳，2歳の子どもたちを中心に，保育の日常について，保育者に語ってもらったエピソードから考えていきましょう。

保育の場で暮らすこと

　家庭で過ごしていた子どもが，保育所や幼稚園等という新たな場所に通い始め，過ごすときに出会うこと，感じることを想像し，言葉にしてみましょう。

　考えてみましたか？　その上で，保育者の書いた次のエピソードを読み，2人の子どもたち（「あさひ」と「える」）が感じていることを言葉にしてみましょう。

EPISODE

1　「かけごはーん」 2月10日

　最近，「かけごはーん」という声が聞こえてくる。それは大体お昼寝の頃で，敷かれた小さい子の布団のあたりから声がする。言っているのはあさひ（1歳児：2歳8か月）で，こたえているのはえる（2歳児：3歳0か月）。*1

　あさひ「かけごはーん‼」　える「かけごはーん⁈」

　あさひ「くくくくく（笑）かけごはーん！」

　える「いひひひひ（笑）かけごはーん？」

　あさひ「……」　える「かけごーはん？」　あさひ「かけごはーん」

　なんで「かけごはん」なのかは全く分からない。でもどっちかが「かけごはん」と言うと，反対の人が「かけごはん」と必ず返す。なんなら布団に入って目を閉じていても「かけごはん」と言うのだ。果たして「かけごはん」が何なのかは分からない。でも2人は「かけごはん」という単語でなぜかつながっている。これにはそばにいるすいもにれも入っていかない。多分すいもにれも私と同じで「かけごはん」を知らない。「かけごはん」が何かを知っているのはあさひとえるだけ。

　日中，2人だけで特段強くつながって遊ぶわけでもない。でも何かのタイミングになるとお互いを呼ぶ。多分，関係性のはじまりなんだと思う。でも2人が思いついたその始まり方は，私の想像のはるか別の世界からやってきた。互いの名前から……とか，それぞれの興味関心が結び付いて……とか，関係性のはじまりはそれだけじゃないのか。「誰かと何かを共にする」，それは「かけごはん」ということもある。

ヒント

　子どもたちが保育の場で感じることは，新しい場所で過ごす不安や心もとなさから，人と関わり合う楽しさや面白さまで，多様で豊かなものです。子どもたち自身が関わり合いを豊かに繰り広げていっていることを，まずは保育者のエピソードからじっくり感じ，響き合う世界を味わってみましょう。自分が子どもだったときの，このような感覚も思い出せますか？

第1節　保育園に通い始める

(1) 関わり合いの世界での育ちを考える

　保育所や幼稚園等は，たくさんのモノ，コト，そして人との出会いの場です。本章では，保育園の具体的なエピソードから，子どもたちが出会い，育っていくありようを考えていきます。

　本章で具体的なエピソードを語る保育者が働く保育園は，みなさんが思い浮かべる保育園の様子と少し変わっています。それは，0歳から5歳の子どもたちと大人が一緒の部屋で暮らしていることです（みなさんがよく思い浮かべる保育園は0歳から順に年齢ごとのクラスがある様子ではないでしょうか）。この保育園に5つある部屋は，その部屋で暮らす一番小さい子どもの名前で「○○くんち」「□□ちゃんち」と呼ばれています。本章では，そのうち，「りょうまくんち」と呼ばれている部屋を担当している保育者である阿部の語りから，主として0歳から2歳の子どもたちの人との関わりに聴き入り，考えていきたいと思います。

　このような関係の中で暮らしている保育園の保育者自身のエピソードを本章で取り上げるのには，理由があります。この子どもと大人の多様な関係が，子育てや保育，そして人との間で自分が育つ，というこの章を考えるヒントになるのではないかと思っているからです。

　現代は核家族化，少子化といった状況から，子育てのストレスが高まっているといわれます。本来，「ヒトの子育ての特徴は，兄弟姉妹や祖父母といった親（特に母親）以外の個体が寄与するという点[2]」であるといわれているにもかかわらず，それが難しくなっている社会であるからこそ，子育てのストレスが高まっているのではないかと考えられています。

　根ヶ山（2012）[3]は，ヒトの場合，子どもを養育する性質である養護性が，親だけではなく周囲の大人や子どもにも共有されており，アロマザリング[4]がとても発達しているとしています。そして保育園という場は，子どもが，「地域の大人」である保育者と，周囲に複数いる子どもたちとも共に過ごすことに特徴があり，親との間での関係が見える家庭とは異なる経験ができることが，子どもの育ちにとって不可欠だとしています。

　根ヶ山は，さらに多良間島のフィールドワークから，大人と子どもの

*1　エピソードの中で，子どもたちの年齢の表記は（クラスの年齢：そのエピソードの際の年齢）となっている。

*2　森田理仁「育てる」小田亮・橋彌和秀・大坪庸介・平石界（編）『進化でわかる人間行動の事典』朝倉書店，2021年，p. 156.

*3　根ヶ山光一『アロマザリングの島の子どもたち──多良間島子別れフィールドノート』新曜社，2012年。

*4　アロマザリング
母親以外の人が子どもを世話すること。アロマザリングは，動物全体で見ると，わずかにしか見られないが，ヒトは多様なかたちのアロマザリングを発達させてきたとされる。

関係が垂直的な関係ではなく，水平的な関係，より対等に近く「ともに相手を認める」ことで両者の共存が実現していることも指摘しています。この大人と子どもたちの水平的な関係が，本章のエピソードの保育園の0歳から5歳の子どもたちと大人たちとの関係にも（多良間島とは違った形ではありますが）感じられることから，人との間で自分が育つというテーマを考えていく際に，この園でのエピソードから考えていきたいと思います。ぜひ，エピソードを味わいながら，人との間で自分が育つということを考えていきましょう。

(2) 家庭から保育園に：保育者との関わり合いのはじまり

EPISODE

2　保育園で眠る「えるの重み」　　　　　　　　　　　　5月16日

えるは4月に入園してきた2歳児。

今日は久しぶりの登園。

ごはんの前から「あっち行くー」と，えるは玄関に向かう。

以前抱っこで外に出たことを思い出したのかなと思い，ごはんを食べた後，えると私は外に行くことにした。

抱っこ紐を付けて私はえるを抱く。

外は雨がぽたぽた降っている中で，私は自分の赤い傘をさして歩き出す。

しばらく園の周りをのんびり歩く。

少しして，スースーと寝息が聞こえてくる。

部屋に帰って布団にえるを横にする。

しばらくして，ふぁーん！と泣き声が聞こえてきた。

そばに寄るとえるは私の顔を見た。

そして目を閉じて手を広げる。

「だっこしてー」と。

私は膝にえるを乗せて向き合うようにして抱く。

少し前までそれでも眠いときにはうわーんと声を上げていた。

だから今日も起きちゃうかな？と思っていると，

えるは顔をぴったりと私の体につけて目を閉じている。

ゆっくりゆっくり何度も息を吸って，深呼吸のように息を吐く。

そして，ふーーーっと息を吐いてそのまま再び眠った。

しばらくの間私の腕の中で眠ったえるは，そのままふんわりまどろみ，そして起きた。

目が覚めて，再び目が合うと，にーーっと笑みが顔全体に広がった。

　あぁ，幸せな感じだったなぁ。

　私はえるの笑顔を観てそう思った。

　それはえるが寝られたかどうかではない。

　えるに身を委ねてもらえたから。

　抱っこで出かけたときも，その後膝で抱いたときも，起きているときも，寝ているときも，まどろんでいるときも，目が覚めたときも，えるの体の重みはしっかりと私にかかっていて，顔がぴたりと寄せられていた。

　入園当初，眠りに落ちる──まさに動物的に無防備になる──瞬間にママのことを思い出して涙を流していたえる。

　でもこんなふうに無の状態を預けてもらえるようになったことが嬉しかった。

　私の顔を見て，ふーっと息を吐いて目をつぶる，そのえるの姿に，信頼してもらえているからこその行動なのだと感じた。

　大人はいろんなことを頭の中で理解しようとする。

　でも子どもはもっと本能的であり，理屈ではない感覚で生きている。

　「抱かれる」という行為一つ見ても，その心のうちをこんなに雄弁にも語っているのだと改めて感じた。

　家庭で過ごしていた日常から，保育園で過ごすようになることは，今までと全く異なる環境に変化することになります。このような時期のことを移行期*5と呼ぶこともあります。移行期は，新しい環境に入り，新しい人と出会うことであり，大人にとっても，ワクワクするものであると同時に，緊張し不安をもたらすものでもあります。このような時期を子どもはどのように過ごしているのでしょう。

　このエピソードに登場する2歳児のえるちゃんは，保育園という新しい場で過ごし始めて，1か月くらいです。その1か月の間に，保育者と一緒に新たな場所である保育園での過ごし方を探ってきたことが，以前外に出かけたことや泣いていたときのことなどが保育者に思い起こされていることからうかがえます。えるちゃんの緊張した体，まなざしや声を，保育者は受け止めながらこの1か月を過ごしてきたのでしょう。

　そのようなえるちゃんの緊張を受け止め，安心できるにはどうしたらよいのかと日々を一緒に重ねてきた上で，この日の心地よく眠るという出来事があります。えるちゃんの体の重みや笑顔，保育者の感じる幸せの様子から，えるちゃんと保育者の間で，お互いに心地よい関係をつくり出そうとしていくプロセスがあって初めて，この心も体もお互い預け合う眠り，安心する感覚が生まれたことが感じられます。子どもが保育

*5　移行期
人間の生涯で社会・文化のあり方との関係が大きく移り変わる時期を呼ぶ。保育園に通い始める，小学校に入学する，近しい人との死別，退職などのようにライフイベントの形で変化がもたらされることが多いため，「危機」となる場合も多いが，この危機への向かい方によって成長や学びにつながる時期とも位置付けられる。

園にどう慣れていくのかという視点もありますが，このエピソードからは，むしろ，子どもと保育者の間にこのような関係がお互いにつくられていくことが見えてきます。

　このような安心できる関係をめぐって，アタッチメントという言葉も紹介しておきましょう。アタッチメントは，「特定の他者とくっつくこと」，そしていつでもどこでもくっつくのではなく「なんらかの危機に接したとき，あるいは危機が予想されたときに生まれる恐れや不安などのネガティブ（否定的）な感情を，特定の他者にくっつくことを通して調整しようとする欲求であり，実際にくっつくという行動の傾向[*6]」を指しています。えるちゃんと保育者が，お互いにくっついていて安心できる感覚は，保育園という新しい場所で，ゆっくり過ごすことができたことを，えるちゃんと保育者が共に感じているように思います。そして，この心地よさから，えるちゃんと保育者のより面白いことを探る日々が始まるように思います。

　このアタッチメントは，赤ちゃんが生まれてすぐに成り立つわけではありません。周りにいる人につながろうとする赤ちゃんと，それに応じる大人とのやりとり，互いに感じて応答し合う結果として，情緒的につながっていきます。多くの赤ちゃんにとって，親がアタッチメントの最初の対象となりますが，保育所等に通うようになれば，保育者もその対象となります。移行期とは，そのようにアタッチメントの関係を結ぶ関係の世界が広がっていくことを，子どもを中心に家庭と園とで共に考えていく時期でもあります。

＊6　遠藤利彦『赤ちゃんの発達とアタッチメント──乳児保育で大切にしたいこと』ひとなる書房，2017年，p. 59.

<table>
<tr><td>第2節</td><td></td></tr>
</table>

第2節　人と過ごす心地よさ：関わり合いの世界

EPISODE

3　ゆっくり始まる遊び　　　　　　　　　　　　　　　　　　　5月11日

午後，りょうまくんちでりょうま（0歳児：1歳0か月）に離乳食をあげていたときのこと。
私のそばでほのか（0歳児：1歳0か月）が遊んでいる。
するとそこにやってきたすい（1歳児：1歳9か月）。
すいは近くの乳児棚に腰かける。
ちょっぴり表情はかたい。

新しい存在である「赤ちゃん」に緊張しているのかな？

ほのかはすいの方に歩いていく。

すいはやっぱりちょぴっと固まっている。

あべ「ほのちゃん，すいちゃんだよ」

すると私の対面にいたすいが顔を上げる。

私と目が合う。

あべ「すいちゃん，ほのちゃんだよ」

すると私の目を見てから，ふっとほのかに視線を戻すすい。

ほのかがへにゃっと笑う。

すいは私の顔を思わず見る。

あべ「ほのちゃん，笑ったね」

するとすいの顔の筋肉がふわーとほぐれていき，すいは棚から降りてほのかのそばに寄る。

そしてツンツンとほのかのおなかに触れる。

ほのかよりも少し背の高いすい。

顔をそっと傾けて，再びツンツン。

すい「ん」

すいは私ににーっと笑顔を見せた。

それから 2 人は近づいたり離れたりしながら，そーっとそーっと触れ合っていた。

ほのかとりょうまという存在，すいの目にはどう映っているのだろう。

私たちは「赤ちゃん」と呼ぶことがあるけれど，今日のすいとほのかの姿を見たら，個として互いに触れに行っているようだった。

この時間の最初に，ほのかと目の合ったすいはどんなことを考えていたのだろう。

「何をしているのかな？」かな？

「近づいたら泣く？」かな？

もっとシンプルかもしれない。

「こわい」「分かんない」「どきどき」とか？

本当のことはもちろん分からないし，もしかしたら想像をはるかに超えた気持ちを抱えていたのかもしれない。

でもたった15分にも満たない時間の中で，すいとほのかが言葉ではないやりとりを繰り広げていて，お互いがそっと触れ合う，その柔らかさ。

関係性のはじまり，「ほぐれていく」という感覚がある。

その感覚を，今日 2 人に教えてもらった。

　この年の４月，ほのちゃんとりょうまくんという双子の０歳児が入園してきました（お部屋の名前は「りょうまくんち」になりました）。すいちゃんは，今まで，このお部屋では一番年下だった子の一人ですが，年下のお友達を迎えたことになります。

　この場面では，その新しいお友達に緊張しながらも，興味をもっているようです。保育者が自然にお互いを改めて紹介するタイミングで，ほのちゃんが笑顔を見せると，それをきっかけに，すいちゃんは保育者と目線をかわし，体がほぐれ，ほのちゃんと関わり合い始めました。ほのちゃんの笑顔が，すいちゃん，そして保育者の緊張感をふっととかし，一緒に過ごすことを楽しむことが始まっています。

　乳児保育における領域「人間関係」に関わるところでは，「身近な人と気持ちが通じ合う」「受容的・応答的な関わりの下で，何かを伝えようとする意欲や身近な大人との信頼関係を育て，人と関わる力の基盤を培う[7]」と述べられています。気持ちが通じ合う，信頼関係を育てる，人と関わる力の基盤を培う，というと，個々の子どもそれぞれに「力」がないと成り立たないように思ってしまうかもしれません。けれども，このエピソードは，すいちゃんに小さい子どもとのコミュニケーション能力が芽生えたから生じたと見るよりも，ほのちゃんがへにゃっと笑顔を見せ，そのほのちゃんの笑顔に吸い込まれるように，すいちゃんが，親しい保育者と共に，目の前にいるほのちゃんという存在と関わり合い始めたという，この場に関わるみんなでできあがっていく世界を感じます。

　ここで思い浮かべるのは，発達心理学者として赤ちゃんの発達を研究しているレディの研究です[8]。彼女は，自分の子どもを育ててみて驚いたと述べています。何に驚いたかというと，「赤ちゃんはほとんど生まれてすぐから，他者を『心をもつ人』として理解している」ということでした。生まれてほんの２か月の赤ちゃんでも，お母さんのことを心配したり，お母さんが抱っこをしてくれようとするとき，自分の身体をお母さんが抱っこしやすいように調整したりしていることが示されています。

　そう考えると，ほのちゃんが，緊張しながら見つめるすいちゃんへにゃっと笑ったこの場面，まさに目の前の人たちと関わろうとしているものとして見えてきます。こうしてここにいるほのちゃんとすいちゃんと保育者の関わり合いそのものが「身近な人と気持ちが通じ合う」心地よい時間となっています。そしてこのような瞬間の中で，おのずから，何かを伝え，身近な人たちとの信頼関係が生まれ育まれていくように思います。

＊７　厚生労働省「保育所保育指針」の「第２章　保育の内容」の「１　乳児保育に関わるねらい及び内容」の「（２）ねらい及び内容」のイ，2017年。

＊８　V. レディ，佐伯胖（訳）『驚くべき乳幼児の心の世界──「二人称的アプローチ」から見えてくること』ミネルヴァ書房，2015年。

第3節　自分を感じる：主体性とは

4　「にれ」でいられる　　　　　　　　　　　　　　　　　6月16日

今日の午後のこと。

遅く起きたほのか（0歳児：1歳1か月）と部屋で離乳食を食べ始める。

そこにすい，まほ，そしてにれ（2歳2か月）がやってくる。

立ってそばにいるのもなんだから，保育者（阿部）が「椅子持ってきて一緒に座ったら？」と声をかけた。

すいとにれは自分たちの椅子を持ってきて腰かける。

すいはほのかの離乳食が置かれたテーブルに椅子を寄せて座る。

ほのかの顔をのぞき込んでみたり，ほっぺをちょんちょんと突いてみたり，「ほのちゃん」と呼びかけたりしていた。

にれはほのかの少し後ろに腰を下ろす。

私が「あーん」と大きい口を開けてスプーンをほのかに差し出すと，にれも「あーん」とする。

「にれ，おっきい口だね」と声をかけると，少し照れながらにやりとしていた。

あ，なんか今のにれの表情が全然違う。

ふと，そう思った。

それからほのかはミルクを飲む。

もちろんすいとにれはそばにいる。

ほのかがくわえた哺乳瓶に，すいが手を添える。

ここまでは今までも見た光景。

でも今日はもう一つの手が伸びてきた。

にれ「あっちっ！」

にれの手が哺乳瓶にちょっと触れる。

熱い！ってことを言っているのだ。

本当は熱くないことも分かっている。

でも触って熱いふりをする。

普段のにれはこういう面白いことを仕掛ける人。

ちょっとイタズラなことをやってみて，にやっとする人。

でも赤ちゃんであるほのかの前でするのは珍しい。

あべ「えー！　ミルク熱いの？」

　にれ「うん，あっつっ！」

　あべ「まだまだ熱いの？」

　にれ「けけけ！　あっつっ！」

　すい「すいも！　あっつっ！」

　あべ「えー？　すいも熱いの？」

　すい「うん」

　あべ「ほのちゃん熱いんだって。おいしい？」

　ほのか「……」（私たち3人をじっと見る）

　すい「ほのちゃん」

　にれ「うん，あっつっ！」

　にれは，けけけと笑っている。

　4月，初めて赤ちゃんである存在に出会ったときのにれは，とっても緊張していた。

　新しい存在に対して少し離れたところからじっと観察していた。

　それまで一緒に過ごしていた私の膝が新しい存在のものになったようで，複雑そうな表情を浮かべて見つめていることもあった。

　でも今日の表情はなんか違った。

　ほのかへのまなざしが「あべちゃんと一緒にいる人」から「ほのちゃん」に変わったようだった。

　そう思ったのは何だろう？

　まず，はじめにほのかのそばに椅子を持ってきたとき，向き合うようにして座ったすいに対して，にれは同じ向きで腰を下ろした。

　これって同じ目線に立とうとしていたのではないかな？

　保育者の姿勢の話の中で，子どもと目線の高さ，方向，距離，表情などを合わせることでその子どもの世界が見えてくる，それと同じだったのではないか。

　一緒に「あーん」したのも，ほのかの世界に入ろうとしたから，ついつられちゃったんだとしたら？

　ちょっと照れていたのはその意味だったのかな？

　ほのかの世界に入り込む一方で，ミルクのときに「あっちっ！」と面白いことを仕掛けたのは，ほのかに対してというよりもその場にいたすいや私に向けているような気がする。

　今までは赤ちゃんがいる空気に緊張していた。

　でももうその中でも，今まで通りの「にれ」でいられることを表現しているようだった。

　にれの「ほぐれた」を発見した気がする。

　4月になってから，にれちゃんは，今まで自分のことを一番見ていてくれた保育者が，自分より小さい人たちが入ってきてそちらを見ていることが多くなることで緊張していたようでした。ところがこの日，その小さい人であるほのちゃんが離乳食を食べているちゃぶ台を，ほんのちょっとしたきっかけから一緒に囲み，関わり合う出来事が生じます。にれちゃんは，ほのちゃんをちょっとあやしたり，保育者がほのちゃんに食べさせようとする「あーん」という口の動きと動作に，ほのちゃんと一緒に応じたりしています。さらに，保育者と，ほのちゃんのやりとりに自分らしく面白いことを仕掛けたりもしています。より「自分らしく」過ごしているように見えることは，保育者が，その後，にれちゃんが自分らしく，そして，ほのちゃんという存在も認めたようだ，という考察にも表れています。

　自分らしく，という言葉と関連して，保育では「子どもの主体性」という言葉がよく聞かれます。その主体性について，川田（2019）は「その子どもが周囲とのあいだに結んでいる関係の状態」と定義しています。主体性とは「自分で決める」「能動的に行動する」といった積極的な姿だけを指すわけでも，「自分でできる」といった子ども個人の能力だけを指すわけでもありません。「子どもがどのように周囲の人やモノや出来事と関係を持っているのかを意味する」と定義しているのです。さらに川田は，「主体性が弱いようにみえるときは，子どもが新しい関係を探しているときであり，あるいは，相手や環境と新しい関係を結び直そうと試行錯誤している過程」とも述べています。

　この4月からのにれちゃんの緊張している様子は，新しい相手や変化した環境と，まさに新しい関係を探っていたことを示しているのでしょう。そして，その緊張がほぐれてくるのは，一緒にちゃぶ台を囲み，保育者やほのちゃんと，自然にやりとりをすることから生まれてきています。にれちゃんがほのちゃんに「関われるようになった」のではなく，にれちゃん，ほのちゃん，そして保育者（阿部）がそれぞれ自分らしくいられる状況・場所が生まれたといえます。自分ということが見えてくるには，自分でいられるような関わりが伴っています。それは，まさに人との間でこそ，自分が見えてくるといえるでしょう。

＊9　川田学『保育的発達論のはじまり──個人を尊重しつつ，「つながり」を育むいとなみへ』ひとなる書房，2019年，p. 38.

第4節　自分と自分が出会いぶつかる：主体性がぶつかり合うこと

EPISODE

5　にれがけんかする　　　　　　　　　　　　　　　　　　　　　　2月13日

　りょうまくんちの奥の狭いスペースでのこと。

　にれ（1歳児：2歳10か月），すい（1歳児：2歳6か月），える（2歳児：3歳0か月）がミニカーと電車のおもちゃを持って遊んでいた。

　でも電車のおもちゃは魅力的じゃないようで，持っていたすいがえるの車と勝手に交換した。

　えるは「えるのだよー！」と怒る。

　それでもすいは返さない。

　するとえるがキーッと声を上げて泣く。

　それでもすいは返さない。

　えるが床に突っ伏して泣き叫ぶ。

　私は隣の小上がりのスペースにいる。

　有孔ボードを挟んで，私は見えているし聞こえているけれど，ちょっと様子見。

　するとそこにいたにれが動いた。

　「すい！」とすいをちょっと押す。

　「やだ（正確にはやだみたいな，何か怒った言葉）」とすいが言う。

　これを受けてにれはすいをバシッとたたく。

　にれ「やめて！」と言う。

　にれはすいから距離をとって2人は止まる。

　にれ「やめてよ！」

　すい「すいも使いたかったの！」

　にれ「える使ってたよ」

　すい「すいも使ってたよ」

　なにやら2人で向き合って言い合っている。

　でもそのトーンはだんだん落ちていき，突っ伏して泣いているえるも落ち着いてきている。

　その後，言葉でのやりとりはなく，それぞれ何か動いていて，少ししたら3人は小上がりの方に出てきた。

　そしてまた3人で遊び始めた。

　少し前から同年齢でのやりとりがぐんと増えて，子ども同士で遊ぶ姿が本当に多くなった。

　そうすると生まれてくるのが，いろんな気持ちのぶつかり合い。

とったりとられたり，こうしたかったりああしたかったり，たくさんぶつかって，その摩擦の中で様々な色を生み出してほしいと私は思っているから，危なくない限り子ども同士に任せている。

これまで，にれは困ったことがあるとすぐに大人の解決を求めていた。

今日は，有孔ボードの向こう側でのことだった。

だからもちろん私は見えているけれど，ちょっと待ってみた。

そしたらなんと，にれは一瞬も大人を求めずにすいに向き合っていた。

それも他者の間に入っていくという行動だけじゃなく，それによって自分もたたかれたときにも，その視線はすいに一心に注がれていて，その相手に向かって言葉を投げていた。

物理的に周りが見えにくいという環境もあるかもしれないが，より子ども同士の関係が強くなったからこそ，起こったことを自分ごととして捉えて自分で判断して行動したのではないかと思う。

仲間関係が始まっていく1歳児。

これまでそれぞれの世界から飛び出してきた矢印が偶発的に触れ合うことでつながっていたのが，互いに意識的に向かい始めているのではないかと思う。

それからもう一つ。

最後，このけんかが終結した瞬間何があったのか私には分からない。

有孔ボードを挟んだ私には言葉と体の動きから様子は分かるけれど，3人の表情は分からない。

もしかしたら，目の動きが変わって，誰かの口がくーっと上がって，下がっていた眉が元に戻って，あぁ，これは怒るのおしまいだなってみんなで感じ取ったのかもしれない。

そうだとすると，言葉ですべてを表現しきらない1歳児らしいけんかの終わりだと思う。

第3節で，関わりの中で自分が見えてくる，相手も見えてくる，という話をしました。そのようにお互いの主体性がはっきりしてくると，ぶつかることも生じてきますし，ぶつかることができるようにもなることをこのエピソードから感じます。

保育の場における対人葛藤の意味について，水津（2020）[10]は，他者とぶつかり合うことを通して互いの「自発性」を感じ合い，様々な関係のあり方へとひらかれる契機となることを述べています。

水津が用いる「自発性」という言葉は，倉橋惣三[11]が述べた「生物が生来的にもつ自分を生存させてゆく自然の働きを源と」[12]したものであり，他者との出会いにおいて自己のありようが模索される中で対人葛藤が起こってくるものとして捉えられています。他者と共にある場での自己のありようを探るプロセスにおいて対人葛藤は生じうるのです。

水津が，その著書で扱っているエピソードは幼稚園の4歳児クラスで

＊10　水津幸恵『保育の場における子どもの対人葛藤──人間理解の共感的なまざしの中で』ミネルヴァ書房，2020年。

＊11　倉橋惣三
大正時代から昭和時代にかけて活躍した日本の児童心理学者。東京女子高等師範学校附属幼稚園（現・お茶の水女子大学附属幼稚園）で長く主事を務め，日本の幼児教育の発展に尽くした（1882-1955）。

＊12　前掲＊10，p. 28.

の出来事が主ですが，このにれちゃんたちのやりとりにも，そのような互いの自発性を感じ合うことが見えてきます。というのも，このエピソードは，えるちゃんの使っていた車を，すいちゃんが使い返さないところから生じた，この2人のけんかかというと，そうではありません。それを見ていたにれちゃんが，すいちゃんがいけないから止めようとするところから言い合いが激しくなっているのです。ここに，それぞれが自分の「思い」をもつと同時に，「こうした方がよい」という判断を感じ伝え合う世界もひらかれていくことが見えてきます。

　さて，このような自発性の発揮と受容の場面として対人葛藤を捉えるとき，保育者はどうするとよいのでしょう。このことも水津の本に述べられているのですが，対人葛藤に対しては，善悪を決める裁判官のように，もしくは，これが正しい対処であると教える上からの立場ではなく，お互いを知ろうとする共感を軸とした水平的な共に考えていく関係が大切なのです。このエピソードで，保育者がこれまでのにれちゃんの姿を思い浮かべたりしながら，子どもたちのやりとりを丁寧に見ている様子からは，正しい答えを決めつけてしまうのではなく，子どもたちと一緒に考えていく姿勢が見えてきます。

　もう少し別の視点からも考えておきましょう。「反抗期」「イヤイヤ期」[13]といった言葉を，2歳前後の子どもの様子を指すものとして聞いたことがあるかもしれません。これは，子どもが，自分の行動を自分で決めたり，自分ですることにこだわり始めることで，大人のこうしてほしいという思いとはぶつかるために，大人に「反抗」していると捉えられてしまうゆえの言葉だと思います。けれども，先ほど，子ども同士のやりとりにも見られたように，「いや」と言えるようになることは，ただ反抗しているのではなく，自分が行動の主体であることを確認し始めたからこそであることを示しています。このように自分を確認し，自分をアピールし始めることによって，より自分と他者について理解していくことを大切にすることが，主体性の育ちにつながります。

　保護者にとって，そのように自己を主張し始めた子どもの姿は，自分の言うことを聞かなくなった，まさに反抗に感じられるかもしれません。子どもの思いをどのように大切にしていくか，保護者との協働がより大切になってくる時期でもあります。

＊13　坂上裕子「「イヤイヤ期」の捉え直し──子どもの自我の育ちと大人の役割」『げ・ん・き』193，pp. 2-16，2022年。

人との関わりから広がる世界：ドーナツ論

EPISODE

6　転んだんだけどさ　　　　　　　　　　　　　　　1月11日

今日，団地公園に行った。

「あべ，走ろ」と言われて，私はにれ（1歳児：2歳9か月）と走る。

ぐるぐる円を描いて私が走って，にれがひたすらに追いかける。

きゃははと言う私たちに惹きつけられるように，える（2歳児：2歳11か月）が加わり，いと（2歳児：3歳0か月）が入る。

するとにれが転ぶ。

「あ……」とちょっと眉間に力が入る。

少し先にいた私も「あ……」となる。

うわーんってなるかな？と思っていると，えるがやってきて「あ!!」とまねして寝転ぶ。

それを見ていとが「あ!!」と寝転ぶ。

するとにれが笑う。

そして起き上がって服をはたいて，また走って追いかけてくる。

今度は「あ!!」と，にれがわざと転ぶ。

「あ！」と私が笑うと，「けけけ！」と笑いながらえるも転ぶ。

走っていたにれにとっても，私にとっても「転ぶ」ことはある意味ハプニングだった。

しかしくくくっ！って笑えたのは，まねしてきたえるといとの存在があった。

「あー痛かったねぇ」って言っちゃえば，私とにれの間で完結しちゃったことだ。

でもそこにえるが「あ!!」ってまねした途端，「転んだ」ことは面白い方にベクトルを大きく変えたように思う。

「転んだ」は面白いことになっちゃった。

いつもなら「ここが痛い」「こっちも痛い」「もうやりたくない」って気持ちであふれるだろうけれど，誰かがひとたび面白いことって捉えちゃえば，それは笑えちゃうことになる。

でもそれは，最近，安心できる大人との一対一の世界から，子ども同士の世界へと色がうつろいでいる2歳児の人たちだからなのかもしれない。隣の人が見えるからこそ，自分（もしくは安心できる大人と）だけの世界にはない。

「面白がっちゃう」だったり，「やってみちゃう」が生まれてくるし，それは誰かから伝播してくるようにも思う。

1歳児（2歳）なりの人に出会うってことなのかな。

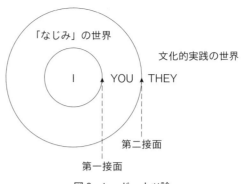

図2-1　ドーナツ論

出典：佐伯胖（編著）『「子どもがケアする世界」をケアする
——保育における「二人称的アプローチ」入門』ミネルヴァ書
房，2017年，p. 20.

　このエピソードからは，公園で遊んでいる子どもたちの姿が思い浮か
びます。「転んだ」という突然起きたハプニングが，子どもたちの間で
「面白いこと」になってしまう，意図的ではない遊びが生まれる瞬間は，
とても大切な世界の広がりです。

　このエピソードから思い浮かべたのは，佐伯（2017）の述べる「ドー
ナツ論」です（図2-1）。

＊14　佐伯胖（編著）『「子どもがケアする世界」をケアする ——保育における「二人称的アプローチ」入門』ミネルヴァ書房，2017年，p. 20.

　「ドーナツ論」では，ワタシ（I）が発達して文化的実践の世界と関わ
るようになるには，アナタ的存在（YOU）との出会いが不可欠であると
しています。このYOU的関わりをするアナタ的存在（YOU）は，その
人の身になり，その人のことを親しく思ってくれる人であることもあれ
ば，親しくなじむまで応答関係をくりひろげ，自分の身体の延長になる
まで「なじむ」モノであることもあります。例えば，赤ちゃんがじっく
りとモノと関わり，そのモノの特性やそのモノを扱う自分のことを経験
し，学んでいくこともありますし，赤ちゃんとお母さんとのやりとりか
ら，言葉の世界に入っていくこともあります。この図の中では，そのた
め，YOU的関わりのところに「なじみ」の世界と書かれています。

　ワタシ（I）は，多様で豊かな「なじみ」のYOU的関わり合いを通し
て，「文化的実践」（THEY）と出会い，THEY世界での活動，実践にひ
らかれていきます。例えば，子どもが，親しく関わる他者とYOU的に
関わり合う中で，親しい他者だけではなく様々な人に伝わるTHEY的
な言葉の世界がひらかれていくこともあれば，子どもが興味をもってい
る虫の世界に，保育者が親しくYOU的に関わり，子どもと保育者が共
に，THEY的で豊かな虫の世界にくわしくなっていくこともあります。
ワタシ（I）は，現実の文化的実践の世界（THEY），文化的実践とYOU

的関わりを通して関わっており，その THEY 世界を YOU 的他者と「共に見る」という共同注意的関係で学びの世界は広がっていくのです。

　このような他者と関わり合う中で，学びの世界は外に広がり，その学びの主体としての自分のことも知っていく世界があります。保育の場という世界の中で，子どもがこの学びの広がりの世界に出会うことで，保育者も，保護者もまた，この学びの世界がひらかれていくことになります。

📝 章末問題

1．本章では，ある保育園の保育者が描いたエピソードを紹介してきました。各エピソードで起きた出来事について，それぞれの子どもの保護者に伝えるとしたら，どのように伝えたいか，自分で記録としてまとめてみましょう。

2．1でつくってみた記録を読んだ保護者は，どのような気持ちになるでしょうか？　グループでお互いの記録を読み合い，保護者になったつもりで感想を伝え合ってみましょう。可能であれば，ロールプレイのように，保育者と保護者のつもりで，やりとりしてもよいと思います。

📖 文献紹介

★ V. レディ，佐伯胖（訳）『驚くべき乳幼児の心の世界 ——「二人称的アプローチ」から見えてくること』ミネルヴァ書房，2015年。

★ 川上清文『子どもたちは人が好き —— 幼児期の対人行動』東京大学出版会，2018年。

★ 佐伯胖（編著）『子どもの遊びを考える ——「いいこと思いついた！」から見えてくること』北大路書房，2023年。

1

マスクをめぐって

　新型コロナウイルス感染症の拡大を防止するために，保育者がマスクをする日々が続きました。日本人は比較的目での感情表現が豊かであり，顔の中でも目に注目しているといわれ，赤ちゃんと出会ったとき，マスクをした状態の大人ともまなざしを見交わし，「面白いね」と気持ちが通じ合う瞬間はあります。けれども，気持ちの豊かさを共有し，そこから言葉も育っていくことを考えるとき，口の動きを伴う顔全体を見る関わり合いは重要であることを感じます。次のエピソードを読んでみてください。

EPISODE

1　ほのかと食べる　　　　　　　　　　　　　　　　　8月18日

　今日のごはんはタコライス。

　私はほのか（0歳児：1歳3か月）とりょうま（0歳児：1歳3か月）の間に座って2人の口にごはんを運ぶ。

　「あべちゃんも食べる？」とまみちゃん（保育者）に聞かれ，今日は私も一緒に食べることにした。

　タコライスを半分近く食べ進めていたほのか。

　りょうまがヨーグルトを食べているのを見て，同じようにヨーグルトを食べ始めた。

　ヨーグルトがなくなって，カップについているヨーグルトをなめている姿を見て，もうこれでごはんはおしまいかなと思いながら，私は自分の口にタコライスを運んだ。

　するとその姿を見て，はっとするほのか。

　そしておもむろに，口をあーんと開いた。

　あべ「ほのちゃんも食べたいの？」

　ほのか（じっと見つめる）

　あべ「ほのちゃんのここにあるよ」

　ほのか（口を開けてほおばる）

　あべ「おいしい？」

　ほのか（にこーっと笑い返す）

　一緒に食べるってこういうことなのかなと思った。

　言葉で「おいしいね」って言うことだけでは，このやりとりは生まれないし，自ら口を大きく開けてくるほのかには出会えなかったはず。

　食べたくなっちゃったり，食を通してこぼれ落ちちゃう笑みを共有したり。

　それがちゃぶ台を囲むと生まれるんだ。

　離乳食の頃，ほのかがどうしたら食べてくれるか悩むことが多くあったけれど，こんなふ

うに同じものを食べられて，おいしい，幸せだなぁと思えるような時間を共にできて，今日のごはんはよりおいしかった。

　顔全体をお互いが見えていることの意味，一緒に食べるという，コロナ以前には何気なく行われていた場面の意味が改めて感じられます。保育者が食べようとしている姿を見て，自分も口をあーんと開ける様子，そして，保育者の「食べたいの？」の問いかけに，じっと見つめることで応え，口に運んでもらって，にこっと笑い返す様子から，一緒に食べるという関わり合いの中にある，豊かな応じ合う世界を感じます。

　一方的に食べさせるのではなく，一緒に食べる。そこには，お互いの顔を見ること，見合うことが必然的に伴っています。コミュニケーション，関わり合うときの表情の意味を改めて感じながら，子どもの関わり合いの中での育ちを支えていくことをさらに学んでいきましょう。

第 **3** 章

気持ちを調整
しようとする

本章では，子ども同士の遊びが成立するために，自分とは異なる他者の気持ちの理解や，自己発揮と自己抑制，実行機能の発達といった様々な力が背後にあること，他者との関わりを通して子どもの協同性が育っていくことについて学びます。また，子どもは遊びに夢中になる中で，気持ちの調整が徐々にできるようになっていきます。保育者として，気持ちの調整をつけさせるのではなく，調整しようとする姿を支えることの重要性を理解します。

「ごめんね」と言えなかった経験から考える
子どもの気持ち

　子どもの頃に誰かとけんかをしたことがあるでしょう。その中でも，素直に「ごめんね」と言えなかった経験を思い出してください。下記の手順に従って，そのときの経験を分析し，自身や相手の気持ちを考えてみましょう。その場を見ていなかった人にも分かるように，具体的にくわしく記述しましょう。

1．自分が「ごめんね」と言う必要が生じた状況について，そのきっかけからできるだけくわしく説明してください。

2．そのときの相手はどのような様子でしたか？　相手の表情や発した言葉，行動を思い出して記述しつつ，相手の気持ちについても具体的に想像してください。

3．なぜ自分は素直に「ごめんね」と言えなかったのでしょうか？　そのときの自分の気持ちとも照らし合わせつつ，考えられる理由をすべて列挙してください。

4．もし最後まで「ごめんね」と言えなかったのなら，どのような状況なら「ごめんね」と言えたと思うか，その可能性について，様々な視点から探ってみましょう。

5．もし最終的に「ごめんね」と言えたのなら，どのような気持ちの変化があったのか，何がきっかけとなって言えたのかなど，プロセスを追いながらくわしく記述してください。

ヒント

　子どもの日常生活や遊びにおいて，けんかは日常茶飯事です。そして，分かっていても「ごめんね」と素直に言えないことも多いものです。また，双方が納得していないにもかかわらず，単に「ごめんね」「いいよ」というやりとりが生まれさえすればよいわけでもありません。けんかを通して子どもの中に様々な思いが渦巻き，揺れ動いていることを理解する必要があります。そして，保育において，子どもが気持ちの調整をしようとする姿をいかに支えていくことができるかについても考えてみましょう。

第 **1** 節 ## 自分の気持ちと他者の気持ちの理解

(1) 自己理解と他者理解

　私たちは自分の容姿や性格，得意なことなど，自分について理解（自己理解）をし，自分とは異なる他者についての理解（他者理解）をしています。子どもはどのようにしてそれが分かるようになっていくのでしょうか？　まず，子どもは生まれたときから，自分の身体による刺激と外界からの刺激を区別できるといわれており，次第に自分の手足を触ったり眺めたりなめたりして，自分の身体と周りの環境の区別がより明確になっていきます[*1]。

　子どもが鏡に映った姿を自分であると認識できる「鏡像認知[*2]」は，大体1歳半頃から，多くの子どもが2歳を迎える頃には可能になり，3歳頃になると写真やビデオに映った過去の自己像を自分であると識別できるようになります[*1]。そのような自分の姿についてだけではなく，1歳代後半から3歳にかけて，自分や他者の行動，好み，能力など（例：いつも面白いことを言う，ピンクが好き）の共通性と違いに着目して自分や他者に関する一般的知識や理解が築かれていき，4歳頃になると過去から現在，未来に至るまで時間的に連続した自分（例：これ昨日はうまくできなかった，［今はまだ大きいズボンも自分が］大人になったら小さいよね）を認識するようになります[*3]。

　5歳児・小学校2年生・4年生を対象とした研究によると，年齢が上がるにつれて，自分について[*4]，身体的・外的属性（例：顔，洋服，名前）[*5]に関する言及が減少し，行動（例：サッカーをする）および人格特性（例：優しい）に関する言及が増加すること，幼児は自己の肯定的側面のみを答える傾向がある（年齢の増加に伴って否定的側面も答えられるようになる）ことが見出されています。また，4～5歳頃になると自分や身近な他者が対立する属性を有すること（例：同じ人物が相手によって優しかったり意地悪であったり，自分がいい子のときもあれば悪い子のときもある）も認識するようになります[*4]。

(2) 幼児期における「心の理論」の発達

　誰かがにこにこと笑っていれば楽しい気持ちだろう，おもちゃの方に手を伸ばせば，そのおもちゃをほしいと思っているだろうなど，私たち

＊1　外山紀子・中島伸子『乳幼児は世界をどう理解しているか——実験で読みとく赤ちゃんと幼児の心』新曜社，2013年。

＊2　子どもに気付かれないように顔に口紅やシールなどでマークを付け，鏡を見たときにそれに気付くかどうか（気付けば鏡像認知あり）を調べる「マークテスト」という実験方法が有名である。

＊3　坂上裕子「幼児は自己や他者に関する理解をどのように構築するのか——一児の1歳8ヵ月から5歳3ヵ月までの発話記録の分析から」『乳幼児教育学研究』(21)，2012年，pp. 29-45.

＊4　佐久間（保崎）路子ほか「幼児期・児童期における自己理解の発達——内容的側面と評価的側面に着目して」『発達心理学研究』11(3)，2000年，pp. 176-187.

＊5　インタビューの質問項目は「～ちゃんは自分のどんなところが好き／嫌い？　どうして？」「自分のいいところ／悪いところはどこかな？　どうして？」「～ちゃんはどんな子かな？　どうして？」「～ちゃんはどんな子になりたい？　どうして？」である。

は他者の表情や行動，会話などから，他者がどのような気持ちや考えをもっているのか想像したり，他者の行動を予測したり説明したりしています。このように人の行動の背景に心的状態（目的や意図，知識，信念，思考，疑念，推測，ふり，好みなど）があると理解し，心について推論するための知識や枠組みを「心の理論」[6]といい，他者と関わるために必要な力です。

　心の理論をもつかどうかを調べるために有名なのが「誤信念課題」です。その一例としてサリー・アン課題[7]というものがあります。この課題では，「サリーがかごにビー玉を入れて立ち去り，その間にアンがビー玉を自分の箱に移動しました。サリーが戻ってきたら，自分のビー玉を見つけるのにどこを探しますか？」と尋ねます。サリーはビー玉がかごから箱へ移動されたことを知らないため，「かごを探す」が正解です。「サリーはビー玉がかごに入っていると誤って思っている（誤信念）」ことを理解できるかどうかが鍵になります。

　誤信念課題はおおむね4〜5歳頃から正答できるようになりますが，3歳児の多くは「箱を探す」と間違って答えてしまいます。しかし，期待背反法[8]を用いて実験したところ，言葉で正答を言えるわけではないものの，生後15か月児でも誤信念を理解している[9]ことが見出されています。このことには「心の理論」と「実行機能」（第2節(3)参照）との関連性が考えられます。誤信念課題を解く（かごを探すと答える）ためには，「実行機能」の働きも必要で，登場人物や物の場所が次々と変化する話を聞きながら（ワーキングメモリに入ってくる情報を更新しつつ），自分が知っていること（ボールは箱の中にある）を抑制して答えなければならないのですが，4〜5歳になるまではそれが未発達であるため，正答することが難しいのです[10]。実際に，3歳時点での実行機能課題の成績が4歳時点での心の理論課題の成績を予測すること，年齢に応じた心の理解の発達状況や個人差を考慮し，自分や他者の心的状態に言及することなどを通じて子どもの心の理解を育むことを意識する必要性が指摘されています[11]。

(3) 喜怒哀楽すべての気持ちを受け止めること

　子どもが喜んだり楽しんだりしているときは，それに共感することは難しくありません。一方で，子どもが怒ったり泣いたりしているときの否定的な気持ちや行動は，周囲の大人も受け止めづらいことがあります。しかし，喜んだり楽しんだりしているときに共感するのと同じように，「いやだったね」「やりたかったんだね」などと子どもの否定的な気持ち

＊6　Premack, D., & Woodruff, G. (1978). Does the chimpanzee have a theory of mind? *Behavioral and Brain Sciences*, **4**, pp. 515-526.

＊7　Baron-Cohen, S. et al. (1985). Does the autistic child have a "theory of mind"? *Cognition*, **21**, pp. 37-46.

＊8　期待背反法
「ありえる事象」より「ありえない（＝期待に反する）事象」を長く注視することを活用した実験方法。

＊9　Onishi, K. H., & Baillargeon, R. (2005). Do 15-month-old infants understand false beliefs? *Science*, **308**, pp. 255-258.

＊10　林創『子どもの社会的な心の発達』金子書房，2016年。

＊11　古賀松香ほか「領域「人間関係」の専門的事項に関する調査研究レビュー」『乳幼児教育・保育者養成研究』(2)，2022年，pp. 3-24.

も理解し受け止めることが重要です。もし無視されたり叱責されたりすると，そのような気持ちをもってはいけないと感じ，自分の中に受け入れられません[12]。他者の気持ちを考えるように言われても，自分がこれまでに受け止められた経験のある感情しか認めることができません。自分が嫌な気持ちにさせたことに気付いて悪いと感じたり，怒ったり悲しい思いをしている人をなぐさめたりすることができるのは，自分が困った気持ちを受け止めてもらった経験から生まれるのです[12]。

＊12　安藤智子「第 2 章 子どもの発達と保育」無藤隆ほか（編著）『保育の実践・原理・内容［第 3 版］──写真でよみとく保育』ミネルヴァ書房，2014年，p. 23.

第 2 節　自己発揮と自己抑制の調和のとれた発達

(1) 自己を発揮できる経験の重要性

　幼稚園教育要領では，「人間関係」の内容の取扱いについて，「集団の生活の中で，幼児が自己を発揮し，教師や他の幼児に認められる体験をし，自分のよさや特徴に気付き，自信をもって行動できるようにすること[13]」と記されています。上述したように，子どもにとってまずは，自分の喜怒哀楽すべての気持ちや行動，ありのままの自分を認められることが重要です。「やってみたい」「自分でやりたい」気持ちを抱き，やってみたら「できた！」という自己発揮する経験を通して，充実感や達成感と共に「自分はすごい！」と自信をもつことができます。それらを基盤にして，他者の気持ちの理解や，他者との肯定的・共感的なやりとりも促され，のちの「協同性」へもつながっていくのです。

＊13　文部科学省「幼稚園教育要領」2017年。

(2) 遊びにおける自己発揮と自己抑制

　他の子どもと一緒に遊ぶためには，何をどのようにやりたいのか，自分の思いや意見を相手に伝えることが必要です。それにより，自分のやりたいことを実現し，自己発揮することができます。同時に，自分の意見を主張するばかりではなく，他者の意見にも耳を傾ける必要があります。もし意見の食い違いが生じた場合，時には我慢や妥協（自己抑制）したりすることも求められるでしょう。反対に，本当は嫌なことがあったりやりたいことがあったりしても自己抑制し，他者の意見や行動に従ってばかりでも自己発揮は難しくなります。つまり，自己発揮と自己抑制のバランスのとれた発達が重要です。

＊14　森口佑介『自分をコントロールする力——非認知スキルの心理学』講談社，2019年。

＊15　Blair, C. (2016). The development of executive functions and self-regulation: A bidirectional psychobiological model. In Vohs, K. D., & Baumeister, R. F. (Eds.), *Handbook of self-regulation: Research, theory, and applications* (3rd ed.). Guilford Press, pp. 417-439.

＊16　森口佑介「3章　心のしなやかさと切り替えの獲得」清水由紀・林創（編著）『他者とかかわる心の発達心理学——子どもの社会性はどのように育つか』金子書房，2012年，pp. 39-53.

＊17　Moffitt, T. E. et al. (2011). A gradient of childhood self-control predicts health, wealth, and public safety. *Proceedings of the National Academy of Sciences of the United States of America*, **108**(7), 2693-2698.

＊18　Nakamichi, K. (2017). Differences in young children's peer preference by inhibitory control and emotion regulation. *Psychological Reports*, **120**(5), pp. 805-823.

＊19　Egeland, B. et al. (1983). The developmental consequence of different patterns of maltreatment. *Child Abuse & Neglect*, **7**(4), pp. 459-469.

＊20　Diamond, A., & Lee, K. (2011). Interventions shown to aid executive function development

(3) 実行機能の発達と介入

　実行機能とは，目標を達成する（すべきことを優先する）ために，自分の行い（したいことや，つい無意識的にしてしまう行動・習慣・くせなど）を抑えたり，切り替えたりする能力です[14]。実行機能は，計画や問題解決，目標志向行動における考えや行動の調整のために重要な認知能力で，比較的短期間に情報の積極的な維持や更新をする「ワーキングメモリ」，特定の情報を活性化し，自動的であるが最適ではない，あるいは間違った反応を抑制する「抑制機能」，必要なときに自発的に課題に焦点を当て，注意をシフトさせる「シフティング」が含まれます[15]。例えば，「おもちゃを片付ける（目標）」ときには，まだ遊びたい気持ちを抑え（抑制機能），他の子どもが面白そうなことをしているのを見ても今は片付ける時間であることを意識し（ワーキングメモリ），片付けに注意を向けて（シフティング）行動していく際に必要な力です。「したいこと」や「してしまうこと」を我慢して「すべきこと」を選択できるようになるのは4〜5歳頃で，3歳以下の子どもにはまだ難しいのです[16]。

　実行機能が高い子どもは，将来肥満や循環器系疾患で悩むことや，ニコチンや薬物に依存することが少なく，年収や社会的な地位は高く，犯罪率が低いとする研究があります[14][17]。また，5〜6歳児において，ネガティブな情動が引き起こされても適切な行動を選ぶことができるなど，抑制機能および感情制御が高い子どもは，それらが低い子どもと比較して，仲間の間で人気があり，友達と互恵的な関係を築いていることも見出されています[18]。

　実行機能の発達には家庭環境が大きく影響し，貧困状況や親の応答的な養育行動が少ないこと[15]により，実行機能の発達は貧弱なものになります。ネグレクトを受けて育った子どもは，虐待を受けていない子どもや，身体的虐待，心理的虐待を受けている子どもより実験課題に向き合うのが難しく，頭の切り替えの発達が遅くなり，思考の実行機能の発達が非常に遅れます[19][14]。その理由として，関わり方は間違っているが何らかの関係性はある身体的・心理的虐待に対して，子どもとの関わりがないネグレクトの家庭では，子どもが自分で感情や行動をコントロールできないときに養育者の助けを得ることも，感情をコントロールする感覚を得ることもできないことが考えられます[14]。

　そのようなリスクの高い家庭環境にある子どもたちに対して，初期の介入と教育の効果も検討されています[20][14]。また，日本の3・4歳児を対象として自発的な表現を重視した「劇プログラム」「音楽プログラム」を

実施したところ，保育者主導で歌や絵本の読み聞かせを行うプログラムを受けた場合と比較して，3歳児では抑制機能と劇プログラムにおけるワーキングメモリ課題，4歳児では音楽プログラムにおけるワーキングメモリ課題で成績が向上しました[*21]。これについて，長期的な育ちへの影響や個人差，保育における子どもの主体的な遊びとの比較検討等，研究の蓄積が必要ですが，自発性が重視される遊びプログラムは実行機能を促進する可能性が示唆されます[*11]。発達に関わるリスクを抱えた子どもに対して，教育プログラムの実施により実行機能を高めることができ，それにより他者と協働的な人間関係を築き，自己発揮しつつ，よりよい社会生活を営んでいける可能性がある[*11]のです。

in Children 4-12 years old. *Science*, **333** (6045), pp. 959-964.

＊21　Kosokabe, T. et al. (2021). Self-directed dramatic and music play programs enhance executive function in Japanese children. *Trends in Neuroscience and Education*, 24.

2023年2月7日閲覧

第3節　他者との関わりを通して育つ子どもの協同性

(1) 幼児期における遊びの発達の概要

　0歳の赤ちゃんの頃から他の子どもに興味を示し，「一人遊び」をしていても，他の子どもの様子をじっと見つめていることが多くあります。2・3歳頃までは，模倣が子ども同士の遊びにおいて重要な役割を果たしており，お互いにやりとりはなくても同じ場所で同じような遊びを行ったりする「平行遊び」が多く見られます。つまり，同じ物や場所，空間を共有することで，やりとりはなくとも「同じ」「一緒」であることを楽しんでいるのです。その後，4・5歳頃になると，役割分担（例：客と店員）が生まれ，共通の目的（例：お店屋さんごっこ）に向かって協力して遊ぶ「協同遊び」へと発展していきます。

(2) 遊びにおける協同性

　幼児期の終わりまでに育ってほしい姿のうちの一つである「協同性：友達と関わる中で，互いの思いや考えなどを共有し，共通の目的の実現に向けて，考えたり，工夫したり，協力したりし，充実感をもってやり遂げるようになる」を発揮するためには，これまで述べてきた力が深く関わっています。つまり，自分とは異なる他者の気持ちがあることを理解（心の理論）し，自分のやりたいことを伝えて実現（自己発揮）したり，他者の意見にも耳を傾けて，粘り強く交渉したり，時には我慢や妥協（自己抑制）をしたり，すべきことを優先（実行機能）したりすることも

＊22　エージェンシー（Agency）に関する文部科学省の訳語は「生徒」となっているが，保育・幼児教育分野の本書の趣旨と合わせて「子ども」としている。

＊23　OECD. (2019). *Student Agency for 2030 : OECD Future of Education and Skills 2030 Concept Note.*

仮訳：2030年に向けた生徒エージェンシー

2023年2月24日閲覧

＊24　白井俊『OECD Education2030プロジェクトが描く教育の未来——エージェンシー，資質・能力とカリキュラム』ミネルヴァ書房，2020年。

＊25　OECD. (2018). The Future of Education and Skills Education 2030. 訳文：文部科学省初等中等教育局教育課程課教育課程企画室（訳）OECD Education2030プロジェクトについて

2023年2月24日閲覧

＊26　太陽モデルEducation2030プロジェクトに参加している，各国から集まった大学生や高校生のグループからの提案によってつくられたもの（前掲＊24）。

求められます。

　遊びの中で協同性を発揮することは，一定の年齢に達すれば自然にできるようになるというわけではありません。それまでの子ども同士の遊びの経験の積み重ねが必要であり，いざこざやうまくいかないことが起こったときには，試行錯誤のできる時間と機会が十分に保障されることが重要です。子どもたちだけの力では難しいところは，子どもの気持ちや意図を代弁したり，子ども同士がつながっていけるよう橋渡しをするといった援助が求められます。

(3) エージェンシーと共同エージェンシー[22]

① エージェンシー

　エージェンシーとは，「変化を起こすために，自分で目標を設定し，振り返り，責任をもって行動する能力[23][24]」で，結果を予測する，自らの目標達成に向けて計画する，自分が使える能力や機会を評価・振り返る，逆境を克服することなど多様な能力の集合です。エージェンシーの概念で重視されるのは「責任」の意識で，単に個々人がやりたいことをやることではなく，「他者とのかかわり合いの中で，意思や行動を決定し，実行して，変化を実現する」ところまで含まれています[24]。

　したがって保育においても，単に自ら考える，選択する，与えられた状況や目標において自発的に取り組むといったことを超えるものとして子どもの「主体性」や「人間関係」を捉え直す必要があります[11]。また，エージェンシーは性格特性ではなく，学習可能なもので，他者と相互作用しつつ生涯を通じて発達し続けていきます[24]。子どもが貧困や病気，虐待等の逆境に置かれ，エージェンシーの発揮が困難な状況にある場合には，それが可能になるように支援することが教育の役割として求められます[11]。

② 共同エージェンシー

　共同エージェンシーとは，学習者が目指す目標に向かって進んでいくことを支える，双方向的で互恵的な協力関係のことで[25]，子どものエージェンシーの発達が周囲によい影響を与え，それが子どもにも還元されるという好循環があります[41]。太陽モデル（表3-1）[26]においては，エージェンシーの発達は一方向的に進むものではなく，行ったり来たりするような循環的な関係があることが示されています。また，子どもが一切貢献しようと考えていない0段階を除き，1〜3段階という低い段階におい

表3-1　太陽モデルに基づく共同エージェンシーの段階

8	子ども主導，大人と協働による意思決定	子どもがプロジェクトを主導し，意思決定は子どもと大人の協働で行われる。子どもと大人が対等なパートナーシップの下でプロジェクトが進められている。
7	子ども主導，子どもの意思決定	大人の援助を受けて，子どもがプロジェクトを主導している。大人は相談を受けたり，子どもの意思決定を助けたりしているが，全ての意思決定は究極的には子どもが行っている。
6	大人主導，子どもの意思決定関与	大人がプロジェクトを主導しているが，子どもも意思決定プロセスに加わっている。
5	大人主導，子どもの意見採用	プロジェクトの進め方について子どもは大人から相談されたり，その結果について知らされたりしているが，プロジェクトの主導や意思決定は大人が行っている。
4	大人による指示，情報付与	子どもは特定の役割を割り当てられ，どのように，なぜ関わるのかについて情報を与えられるが，自分たちの位置づけやプロジェクトの主導や意思決定には参加していない。
3	見せかけ	大人が子どもに選択肢を与えているように見えるが，その中身や参加方法についてほとんどあるいは全く選択の余地がない。
2	装飾	大人が自らの主張を強化するために，子どもを利用している。
1	操作	子ども主導であるかのように，大人が子どもの主張を利用している。
0	沈黙	子どもも大人も子どもが貢献できるとは考えておらず，大人が全て主導し意思決定を行う一方で，子どもは沈黙している。

出典：古賀松香ほか「領域「人間関係」の専門的事項に関する調査研究レビュー」『乳幼児教育・保育者養成研究』(2), 2022年，pp. 3-24をもとに作成

ても，子どもは意思決定に関与して共同エージェンシーの発揮を希望しているにもかかわらず，その機会が与えられていないことが強調されています。[*24]

　子どものエージェンシーを伸ばすためには，保育者が一方的に決めるのではなく，教師と子どもが一緒に考えつくり上げていくプロセスが重要です。[*24] 子どもが他者との人間関係の中で成長し，自ら目標を設定し，課題を解決し，責任をもってよりよい社会へと変革していけるように，子どもを取り巻くすべての人が子どものエージェンシーの育成に関わっていることを意識して，子どもと協働していくことが求められます。[*24]

⑷ 気持ちを調整しようとすること：
　子どもの姿から考える

　本章で学んだことを踏まえながら，次の事例を読んでみましょう。

EPISODE

1　ごめんね，さっきは

3歳児　3月 *27

ミオとサクラは，大きな岩の上で，枝をペンに見立てたりして一緒に遊んでいる。アヤが少し前に見つけたが地面に放置していた石を，ミオが見つけて拾ったようである。アヤは自分の石だから返してほしいと要求し，ミオは自分が見つけた石だから渡さないと言っていざこざになる。保育者の介入を経て，アヤは先生と一緒に石を見つけに行くことにする。

アヤは先生と一緒に新たな石を見つけ，<u>ミオとサクラがいる岩に近づきながら「きれいな石だなー」「よかったなー」と言う</u>(1)が，ミオらはちらっと見る程度である。アヤは「あ，これかわいい石だな」「つるつるだし」などと，<u>2人の方へさらに近づきながら自慢するように言う</u>(2)。ミオは「<u>ミオのところに来ないで。もう鍵閉まってるから</u>」(a)と落ち着いた調子で言い，鍵を閉めるふりをする。アヤは「じゃあもういいよー」「べー」とけんか腰で言いながら近づく。ミオらは特に取り合うことなく，2人の遊びを続ける。

アヤはいったん木をはさんで隣にある岩に移動した後，再度戻ってきて「べーだ。そんなん上がれるよ」と挑発するように言って，<u>ミオらが乗っている岩の上に足をかけて登ろうとする</u>(3)。ミオは「<u>上がらないで</u>」(b)と言い，アヤを退けるように，枝を持った手をアヤの方に向けて伸ばす。<u>アヤはミオの枝をさっと取り</u>(4)，サクラは「あ，ミオちゃんのやつ」と言う。アヤは「<u>だって，ミオちゃんがごめんね言わないんだもん</u>」(5)と言い，枝をつかんだままでいる。ミオは，アヤからなかなか枝を取り返せず，「あーもう，ミオの！　ミオ使ってるの！」と次第に大きな声で泣き出す。保育者が「どうしたのかな？」と介入して，アヤは「<u>ごめんね，言おうよ」「ごめんね言うの！</u>」(6)と大きな声でミオに向かって言う。保育者が「アヤちゃんの（枝）がなかったのかな？　でもこれは今ミオちゃんが使ってたね」と声をかけると「アヤもほしかったの！」などと言う。その後，アヤは保育者とその場を離れ（ミオもほどなく泣きやんで落ち着く），しばらくすると木をはさんで隣にある岩に来る。

アヤは丸太を肩にかついでミオの岩の前を通る。それを見たミオも岩から降りて丸太を取りに行き，<u>同じように肩にかついで岩のところまで運ぶ</u>。サクラは「やった！　暖炉してくれてるのね」と岩の上から声をかけるが，特に岩から降りて動くことはない。アヤとミオは，<u>暗に競争するように，急いでできるだけ多く丸太を確保できるように</u>抱えて運び，それぞれの岩の前に丸太を並べていく。さらに，ミオは丸太の上に長い青色のシャベルを乗せる。それを見たアヤも，<u>同じ形・色違いのオレンジ色のシャベルをとってきて丸太の上に乗せ，隣同士で同じような「暖炉」ができあがっている。</u>

ミオがその場を離れているときに，アヤは岩の後ろからサクラに近づき，「<u>石触ってみて。つるつるだよ</u>」(7)と伝え，サクラも触って「本当だ！」と驚いたように同意する。アヤは「<u>ここ，つなげたらいいんじゃない？</u>」(8)と言ったりした後，自分の岩へ戻る。

ミオが「暖炉」のところに戻ってくると，アヤはゆっくりと近づきながら「<u>ミオちゃん，ごめんね，さっきは</u>」(9)，「<u>ミオちゃん，ここに（ミオの暖炉のところに），アヤの木も置こうか？</u>」(10)と

声をかける。ミオも「いいよ」「じゃあ一緒に遊ぼう，3人で」と言い，アヤは「うん！」と弾んだ声で言って，自分の岩の前にある丸太をミオらの暖炉に次々と運んでいく。その際にアヤは「まあいいや，さっき（ミオが自分に）ごめんね言ってくれなくても」(11)と明るい口調で言い，「3人で遊ぶと楽しいね！」(12)とほほえみ，丸太を一つの暖炉にまとめていく。しばらくすると，ユイも「お家ごっこしてんの？」「入れて」と言って遊びに参加する。

　いざこざが起こった際に，すぐに素直にごめんねと言うことは難しいものです。しかし本当は一緒に遊びたい気持ちがあるようで，アヤはミオらの近くにとどまり，気を引くような言葉をかけます(1)(2)。そのように自慢したり，勝手に遊びの場に入り込むような行動(3)を見せたりするため，近づくことを拒否(a)(b)されてしまいます。アヤは受け入れられなかったことでまた気持ちが否定的になり，ミオの使っている枝を取って(4)しまい再度いざこざになるなど，なかなかうまくいきません。

　その後も近くでお互いに様子を見ていて，岩の前に丸太やシャベルを積み上げて暖炉をつくるという，同じようなものを使って同じような遊び（点線部）を近くで始めました。お互いにかなり意識していますが，まだその段階では「平行遊び」です。アヤはなんとかミオと仲直りして一緒に遊びたいという「目標」があります。そこで，いざこざには直接関与していなかったサクラをよりどころとしてまずは関わっていく(7)，双方の遊びをつなげたらどうかと思いつく(8)など，目標達成に向けたやり方を試行錯誤し，工夫していることも分かります。

　最終的には，先ほど素直に言えなかった「ごめんね」(9)を伝えることができました。かつ，つなげて一緒に遊ぶために，自分のものを差し出す提案(10)もしています。決して表面上の「ごめんね」「いいよ」ではなく，紆余曲折を経て少しずつ気持ちを調整していき，最後は保育者の介入なしに子どもたちだけで，双方が納得して受け入れ合いました。ミオに「ごめんね」と言ってほしかった気持ち(5)(6)も，落ち着けば「まあいいや」(11)とすんなり水に流せたようです。そして，「3人で遊ぶと楽しいね！」(12)と晴れやかな表情で嬉しそうに言い，一つの暖炉をつくっていく遊びへと発展したのです。その後3人の遊びは，他の子どもも仲間入りを求める魅力的なものとなり，協同性の萌芽も見られます。

　いざこざが起こった際，保育者は子どもたちだけで気持ちを調整したり，やりとりしたりできそうなときは見守っています。介入するときも，いざこざの起こった原因や状況を整理したり，アヤの気持ちや考えを確認したりしましたが，決して「ごめんね」「いいよ」というやりとりを

＊27　(1)〜(12)はアヤの言動，(a)(b)はミオの言動。点線部はアヤとミオの同じようなものを使った同じような遊びを指す。

63

強いることはなく，できるだけ子どもたちの力で解決できるような環境づくりに努めました。「ごめんね」「いいよ」をその場で双方に強いても，表面的なやりとりに終わり，何の解決にもならなかったはずです。遊びに夢中になる中で，それぞれが納得して気持ちの調整が徐々にできるようになっていきます。気持ちの調整をつけさせるのではなく，気持ちを調整しようとする姿を支えることが重要です。

✎ 章末問題

1．自分または身近で出会った子どもの日常生活において「実行機能」が発揮された／されなかった場面にはどのようなものがありますか？　具体的に列挙してみましょう。

2．子どもが気持ちの調整に困難を感じる場面を具体的に１つ想定してください。その際，保育者としてどのような援助や関わり（見守ることも含む）が考えられますか？　また，それはなぜですか？　保育者としての意図や理由も明確にしながら話し合ってみましょう。

📖 文献紹介

★清水由紀・林創（編著）『他者とかかわる心の発達心理学——子どもの社会性はどのように育つか』金子書房，2012年。

★外山紀子・中島伸子『乳幼児は世界をどう理解しているか——実験で読みとく赤ちゃんと幼児の心』新曜社，2013年。

★森口佑介『自分をコントロールする力——非認知スキルの心理学』講談社，2019年。

第 **4** 章

人と社会の間で
よりよくあろうとする

本章では，近年の道徳性に関する研究動向を踏まえ，領域「人間関係」について道徳性の発達から理解するための基本的な考え方について学びます。道徳性・規範意識の芽生えを育むためには，子どもが集団の中でどうしたいかを考え，自分たちで意味のあるきまりをつくることを支える保育者の役割が重要です。社会情動的側面である情動的・直感的判断と認知的側面である理性的・合理的判断が，相互に絡み合いながら発達することを理解するようにしましょう。

THINK

どのように関わりますか？

1．次の事例を読んで，考えてみましょう。

EPISODE

1-1 チューリップ

- -

　　入園間もない3歳児のあかりちゃん。ポキッ，ポキッと次々とチューリップを折り，とっていきます。それを見た周りの子どもたちも，保育者も啞然とし，言葉も出ません。けれど，あかりちゃんはケロッとして，手には10本？15本？の色とりどりのチューリップの花束。何と声をかけてよいのか，その周りにいる4歳児，5歳児の子どもたちも「先生は，何て言うだろう？」と見ている気がします。

　あなたがあかりちゃんの担任なら，この後，どのように関わりますか？　自分の考えがまとまったら，他の人の考えも聞いてみましょう。

　この話には続きがあります。本文で確認してみてください。

2．次の3つの問いについて，考えてみましょう。
①「友達と折り合いをつける」ことと「我慢して妥協する」ことは同じでしょうか？
②社会生活における「望ましい」習慣や態度は，誰にとっての「望ましさ」でしょうか？
③社会を創る担い手である実感を育む保育とは，どのような保育でしょうか？

ヒント

　問2の①～③に対する現時点でのあなたの答えは，状況によって，相手との関係性によって，時代によって変わることがあるかもしれません。どんなときも変わらないことも，あるかもしれません。
　これら3つの問いに対し，他の人たちは，どう思うでしょうか。自分を振り返った後，考えたことを他の人たちと話し合ってみてください。時間を置いて，振り返ったり，考えたり，対話したりしてみてください。保育の現場で出会った実践や，自分と子どもとの関わりから問い直してみてください。
　自分の経験や実践から，自身との対話，他者との対話を繰り返していくと，自分の中で揺れ動くものと，一貫しているものがあることに気付くかもしれません。対話の相手によって，考えが変わったり，そのときに感じる思いが違ったりすることもあるかもしれません。他者に伝えたり，共有することで，自分の中に，変えられることやゆずれないことがあることに気付くかもしれません。

人間の普遍的価値を表す言葉に「真善美」があります。「神経美学」という比較的新しい研究分野において，人間には，善と美を，そして真と美を結び付ける認知的バイアスがあることが分かってきました。[*1] 私たちには，他者の道徳的な振る舞いを「美しい」と感じる心があります。保育者の専門性とは何かを問うとき，私たち個々人がどのような行為を美しいと感じるか，どのような態度を社会的に望ましい姿と感じるか，常に正しい答えがない世界で，その価値観の基盤を乳幼児期に育むとはどういうことか，考えてみましょう。

第1節　道徳性・規範意識の発達理論

要領・指針[*2]の「幼児期の終わりまでに育ってほしい姿」の一つに，「道徳性・規範意識の芽生え」があります。本章では，集団の中で自分の居場所を見つけ，安心して生活する力としての協調性や善悪判断としての道徳性，ルール・きまり・常識などを理解して守ろうとする規範意識を，広く「道徳性」[*3]と捉えて考えます。

本節では，認知発達理論，社会的領域理論，道徳基盤理論という3つの理論を取り上げます。乳幼児期の発達過程を理解するために，道徳性・規範意識に関する基本的な考え方について，近年の研究動向を踏まえて整理します。道徳的行為は，共感性や罪悪感等の感情とも関連します。そのため，理性と感情の観点から道徳的感情についても考えます。[*4]

(1) 認知発達理論

認知発達理論は，ピアジェ（Piaget）[*5]やコールバーグ（Kohlberg）[*6]に代表される理論で，現在も道徳性の発達研究や道徳教育に対して大きな影響力をもつ理論です。ピアジェとコールバーグは，道徳性には段階があるとしました。段階は階層的に統合されていく過程であり，質的に異なる思考が組織化されたものであると考えています。

3歳以上児の領域「人間関係」内容(9)に「よいことや悪いことがあることに気付き，考えながら行動する」があります。その要領等解説が「他者と関わる中で，自他の行動に対する様々な反応を得て，よい行動や悪い行動があることに気付き，自分なりの善悪の基準をつくっていく」から始まるように，道徳性の発達において，他者の存在は無視でき

*1　石津智大『神経美学──美と芸術の脳科学』共立出版，2019年。

*2　「要領・指針」は，特に明記しない限り，平成29年告示「幼稚園教育要領」（文部科学省，2017），「保育所保育指針」（厚生労働省，2017），「幼保連携型認定こども園教育・保育要領」（内閣府・文部科学省・厚生労働省，2017）を指す。また，「要領等解説」は「幼稚園教育要領解説」（文部科学省，2018），「保育所保育指針解説」（厚生労働省，2018），「幼保連携型認定こども園教育・保育要領解説」（内閣府・文部科学省・厚生労働省，2018）を指す。

*3　遠藤利彦「「非認知」の中核なる感情──それが発達にもたらすもの」『発達』163，ミネルヴァ書房，2020年，pp. 2-8.

*4　「感情」は「情動」と区別して用いられることがある。「情動」は外的刺激や記憶の想起によって生じる内臓や血管の状態変化（内臓そのものの変化）を表し，「感情」は情動に伴

う主観的意識体験（気持ちの変化）を表す（乾敏郎・阪口豊『脳の大統一理論——自由エネルギー原理とはなにか』岩波書店，2020年，pp. 69-70.）。本節では，特に明記しない限り，両者を区別せず「感情」を用いる。

＊5　Piaget, J. (1965). The moral Judgement of the child. (Marjorie Gabain, transl.). Free Press. (Piaget, J. (1932). Le jugement moral chez l'enfant. Puf.)

＊6　L. コールバーグ，永野重史（監訳）『道徳性の形成——認知発達的アプローチ』新曜社，1987年）

＊7　林創「児童期の「心の理論」——大人へとつながる時期の教育的視点をふまえて」子安増生（編著）『「心の理論」から学ぶ発達の基礎——教育・保育・自閉症理解への道—』ミネルヴァ書房，2016年，pp. 95-106.

＊8　Miller, S. A. (2012). Theory of mind : Beyond the preschool years. Psychology Press.

＊9　吉岡昌紀「3章　認知的発達理論——ピアジェ（Piaget, J.）」日本道徳性心理学研究会（編著）『道徳性心理学——道徳教育のための心理学』北大路書房，1992年，pp. 29-46.

ません。認知発達理論も，他者や社会を無視して考えているわけではないことに留意する必要があります。

① 規則への自律性

ピアジェは，子どもに，その行為はなぜ悪いのかという善悪判断の理由（道徳的理由づけ）を尋ねました。その成果は，しばしば「結果論から動機論へ」または「他律から自律へ」とまとめられます。

例えば，ある子が友達へのプレゼントをつくるためにはさみを使っていたとしましょう。自分の服まで切ってしまい大きな穴を開けてしまった子と，大人がいないときに使用することを禁止されているはさみをこっそり使って自分の服に小さな穴を開けてしまった子は，どちらが悪いと思いますか。大きな穴か小さな穴かという物質的な結果に基づき，大きな穴を開けた子が悪いと評価する場合は，「結果論」となります。一方，はさみをこっそり持ち出した子が悪いと評価する場合は，「動機論」となります。故意か過失か（わざとか否か）という基準で行為の善悪を判断するのが「動機論」です。

子どもの道徳的判断は，行為の結果（客観的責任性）や大人のような権威ある他者の意見に基づく判断（他律的判断）から，行為の動機に基づく判断（自律的判断）になっていくといわれています。また，その移行期が6〜7歳頃にあり，9歳頃になると，ほとんどの子どもが動機を重視する主観的責任性へと移行するといわれています。

6〜9歳頃は，二次の誤信念課題（Aさんは「Bさんが〜と思っている」と誤って思っているという状況を，理解できるかを問う課題。第3章第1節(2)も参照）の正答率が上昇する時期であり，二次の心の理論が発達することで，道徳的判断や責任性の判断が高度化することが報告されています[＊7]。また，心の理論の発達には，言語と実行機能の発達の関連性も指摘されています[＊8]。

ただ，ここで注目したいのは，結果論と動機論という2種類の判断の発達差ではなく，これらの判断の質が違うということです[＊9]。客観的に目に見える結果よりも，わざとか否かという行為の意図や動機という心の内面に思いを寄せるようになる発達の要因には，大人を権威者として従順に従う経験ではなく，他者との協同や他者との相互的尊敬を子ども同士で経験することが重要であるとしています。

ピアジェの道徳的判断の研究は，規則に対する認識の分析から始まっています[＊9]。道徳の問題は，よいことや悪いことの判断を含む問題であり，

その判断は規則（基準やルール）が存在することで可能になると考えたからです。規則を，個人と他者と社会をつなげる接点になるものとして，マーブル（おはじき）ゲームでの子どもの姿を調べました。その結果，子どもの規則認識は，①正規のルールではないけれども，子どもなりの“規則的なもの”に基づいて遊ぶ段階（運動的規則の段階），②子どもが大人や年長の子どもを真似して規則通りに振る舞おう・振る舞いたいとする段階（強制的規則の段階），③単に規則に従おうとするのではなく相互に理解し合おうとし，他者（仲間）との社会的なやりとりの面白さを大事にする段階（合理的規則の段階），という3つの段階で捉えられることを示しました。

　ここで重要なのは，大人や年長の子どもという他者から学んだ規則に従わねばならないという義務感は，大人や年長への憧れから生じる他律的判断であり，子どもが勝ち負けを重視するようになるのは，他者の立場に立って考え，仲間同士の相互的尊敬に基づいて互いに平等な立場に立った協同的行為から生まれる自律的判断であるという点です。規則に対して自律的であることは，本来の社会性の現れとされています。つまり，規則は絶対的で変えられないものではなく，協同的で自律的で合理的なものであり，他者との協同関係によって支えられるもの，したがって，規則を変えようと望むことに罪悪感を覚えるのではなく，集団の合意があれば修正可能であるという認識が子どもの中に存在しているかが重要なのです。

② 道徳的ジレンマと道徳性発達段階

　コールバーグは，道徳における認知的側面（道徳的理性）と，価値に対する普遍性を重視しました。道徳的思考は，慈悲と正義に基づく人間尊重の観念が中心的観念となる発達段階（第6段階）に近づいていくものであり，それは文化の違いを超えて普遍的であるとして，相対主義とは異なる道徳的判断の存在を指摘しました[10]。つまり，コールバーグは，表面的な道徳の内容の違いを超えて，普遍的な道徳的判断の「形式（form）」の存在を主張し続けたのです[11]。

　コールバーグによる道徳性の発達段階は，3水準6段階として知られています（表4-1）。「ハインツのジレンマ」のようなモラルジレンマ課題を与え，その回答を分析しました（例：瀕死の妻を救う唯一の薬が高額で，お金を借りて回っても十分な額が集まらず，薬屋と交渉するも，儲けを重視する薬屋に断られ，薬を盗んだ夫。この夫の行為はよいか悪いか。それはなぜか）。

＊10　L.コールバーグ・A.ヒギンズ，岩佐信道（訳）『道徳性の発達と道徳教育——コールバーグ理論の展開と実践』麗澤大学出版会，1987年。

＊11　内藤俊史ほか「4章 認知的発達理論——コールバーグ（Kohlberg, L.）」日本道徳性心理学研究会（編著）『道徳性心理学——道徳教育のための心理学』北大路書房，1992年，pp.47-114.

表4-1　道徳的理由づけ（理性的判断）の発達段階

前慣習的水準（物理的結果や快・不快の程度，人物のもつ力の大きさが基準）	第1段階他律的道徳性	罰と服従志向。道徳は外在的なものであり「罰せられること＝悪」とする。行為の結果について，それがどのような意味や価値をもとうとも，その行為がもたらす物理的結果で行為に対する善悪判断を行う。
	第2段階個人主義的・道具的道徳性	道具的主義的相対主義者志向。ギブアンドテイクが正しい。人間関係を市場取引関係に似たものと考える。相互性は「あなたがしてくれたから，私もしてあげる」式の問題であり，忠誠・感謝・正義の問題ではない。
慣習的水準（社会一般的に良い・正しいとされることが基準）	第3段階対人間の規範による道徳性	対人関係の調和や「良い子」であることを志向。「善い行動＝人を喜ばせ，人を助け，人から承認される行動」であり，多数意見や紋切り型のイメージに従うことが多い。善意でやっているという動機から行動を判断することが，初めて重要になる。
	第4段階社会組織の道徳性	「法と秩序」志向。既存の社会システムに従うことが正しいとする。正しい行動とは，義務を果たし，権威を尊重し，既存の社会秩序を秩序そのもののために維持することにある。
脱慣習的水準（社会や規範を対象化して良心の決定を目指す）	第5段階人間としての権利（人権）と公益（社会福祉）の道徳性	社会契約的遵法主義志向。功利主義的なところがある。正しい行為は，一般的な個人の権利や社会全体により批判的に吟味され，合意された基準によって規定される。合意に至るための手続き上の規則が重視されるため，法を変更する可能性が重視される。
	第6段階普遍的・可逆的・指令的な一般的倫理的原理	普遍的な倫理的原理志向（cf. ロールズ，ハーバーマス）。論理的包括性，普遍性，一貫性に訴えて自ら選択した倫理的原理に一致する良心に従うのが正しい。人間の権利の相互性と平等性，一人ひとりの人間の尊厳性の尊重など，正義の普遍諸原理でもある。信頼やコミュニティといった概念は，討議や人間の権利などの前提条件とする。

出典：L. コールバーグ・A. ヒギンズ，岩佐信道（訳）『道徳性の発達と道徳教育——コールバーグ理論の展開と実践』麗澤大学出版会，1987年／内藤俊史ほか「4章　認知的発達理論——コールバーグ（Kohlberg, L.）」日本道徳性心理学研究会（編著）『道徳性心理学——道徳教育のための心理学』北大路書房，1992年，pp. 47-114をもとに作成

＊12　本間優子『児童期における役割取得能力と学校適応の関係』ミネルヴァ書房，2020年。

＊13　荒木紀幸「9章　役割取得理論——セルマン（Selman, R. L.）」日本道徳性心理学研究会（編著）『道徳性心理学——道徳教育のための心理学』北大路書房，1992年，pp. 173-190.

道徳的理由づけの発達は，3水準6段階の発達段階に従いますが，すべての人が第6段階に至るとは考えられていません。

　ジレンマ課題に対する道徳的理由づけの発達には，役割取得能力（role-taking ability）の発達が関連しているといわれています。役割取得能力とは，他者の立場に立ち，相手の考えや気持ちを理解して対人行動に生かす力です。向社会的行動とも関連し，行動（例：約束事を守る，友達への思いやり）や感情（例：学校が好き）について，児童期以降の学校適応との関連も指摘されています。[＊12]

　ピアジェとコールバーグの認知発達理論を参考に役割取得能力の発達を研究したセルマン（Selman, R. L.）[＊13]は，社会的視点取得能力について「人間のとらえ方（concepts of persons）」と「関係のとらえ方（concepts

表 4 - 2　　社会的視点取得能力の発達段階

段階	特徴	表 4 - 1 との関連
段階 0：約 3 ～ 6 歳 未分化で自己中心的な役割取得	他者の単純な感情は理解できるが，他者が自分と違った見方をしていることが分からない。	
段階 1：約 5 ～ 9 歳 分化と主観的な役割取得	自他の思考や感情は違うと気付くが，自分の視点で判断し，他者の視点に立って考えることができない。	第 1 段階
段階 2：約 7 ～ 12 歳 自己内省的／二人称と二者相互の役割取得	他者の視点に立って内省できるが，双方の視点を考慮して関係付けることができない。	第 2 段階
段階 3：約 10 ～ 15 歳 三人称と相互的役割取得	自己と相手を対象として見ることができる。第三者の視点から自他の思考や感情を調整できる。	第 3 段階
段階 4：約 12 歳以降 広範囲の慣習的一象徴的役割取得	自己の視点を社会全体や集団全体を見る視点と関係付けることができる。	第 4 ～ 6 段階

出典：荒木紀幸「9 章　役割取得理論──セルマン（Selman, R. L.）」日本道徳性心理学研究会（編著）『道徳性心理学──道徳教育のための心理学』北大路書房，1992年，pp. 173-190をもとに作成

of relations)」から，段階 0 から段階 4 の発達段階を示しました（表 4 - 2）。

　コールバーグは，正義的共同社会（ジャスト・コミュニティ：Just Community)」への主な目標を，高度に発達した道徳的文化を促進することとして，発達段階に基づく道徳教育を体系化し，実践することにも力を注ぎました。[*10][*11]「ジャスト・コミュニティアプローチ（Just Community Approach: JCA)」による道徳教育の実践では，教師と生徒の関係や生徒同士の関係において，対等な関係を奨励し，学校の問題を生徒と教師とのオープンな討論によって処理します。対立につながるような感情や行為に触れず，波風を立てないようにする雰囲気にならないよう，民主的な意思決定をするための相互信頼と協力関係に基づいた強い思いやりのコミュニティを築いていくアプローチです。

　保育の現場でも，日々，子どもと保育者や子ども同士の関係において，モラルジレンマのような葛藤やいざこざが生じます。JCA は，保育者が権威をもって問題を解決するのではなく，子どもの道徳性の発達に応じて対等に話し合い，園全体の道徳的文化を促す雰囲気づくりの参考になるでしょう。

③ 前言語期の道徳性の芽生え

　かねてよりピアジェが用いたような研究方法は，言語への比重が大きいことや，各年齢段階で子どもの反応の切断面を見ていく研究法である

＊14　波多野誼余夫「ピアジェと実験児童心理学」波多野完治（編）『ピアジェの発達心理学』国土社，1965年，pp. 132-155.

＊15　Woo, B. M. et al. (2022). Human morality is based on an early-emerging moral core. *Annual Review of Developmental Psychology*, **4**, pp. 41-61.

＊16　Hamlin, J. K. et al. (2007). Social evaluation by preverbal infants. *Nature*, **450**, pp. 557-559.

ため，子どもの思考の発達を引き起こす要因を明らかにできないという批判がありました[14]。もちろん，子どもの発達において言語の役割を軽視することはできません。しかし，近年では，赤ちゃん学や神経科学の目覚ましい発展を背景に，前言語期の乳児でも道徳的な生物学的基盤をもっていることが示唆されるようになっています[15]。

　乳児が道徳的振る舞いに注目するということを明らかにした代表的な研究に，ハムリンら（Hamlin et al.）の実験があります[16]。6か月児と10か月児に，坂を上る図形を支える図形（援助者）と邪魔する図形（妨害者）の動画を提示しました。坂を上るのを下から押し上げてくれる行為は，援助者による向社会的行為場面，坂を上ろうとしているのに押し下げるという行為は，妨害者による反社会的行為場面です。

　乳児にそれらの場面を提示した後，乳児が援助者と妨害者のどちらの図形をつかむかで援助者と妨害者に対する乳児の好みを調べました。その結果，6か月児も10か月児も援助者をとろうと手を伸ばす傾向が見られました。さらに，援助も妨害もしない中立者と妨害者を選択させると，乳児は中立者を選びました。これらのことから，前言語期の乳児には，行動の善し悪しに基づいて他者を評価する能力があり，この能力が道徳的な思考や行動の基盤になっていることが示唆されたのです。

　発達の早い時期から道徳性に関する能力があるということは，人を社会的な基準で評価することが，社会集団の一員として生きていく上で適応的に働いていることが示唆されます。現在の道徳性に関する研究は，従来の認知発達論が焦点を当てていた理性的な道徳的推論（moral reasoning）の獲得以外にも目を向けるようになっています。乳児期から見られる直感的な道徳性の芽生えは，役割取得能力や心の理論，実行機能などの発達と絡み合いながら，他者との関わりや感情のやりとりを通して育まれていくのです。

(2) 社会的領域理論

　社会的領域理論は認知発達理論の一つであり，チュリエル（Turiel）やスメタナ（Smetana）に代表される理論です。コールバーグ理論への批判として提示されました。

　遊びのルールを守るという「きまり」と人を殺してはいけないという「きまり」は同じだといわれると，果たしてそうだろうかと疑問に思います。それは，"道徳"には価値が伴い，それぞれの価値に質的な違いがあるからです。社会的領域理論では，社会的知識には質的に異なる領

表4-3　社会的領域理論による社会的知識の分類

領域	重視する価値	例
道徳	正義（公平）・福祉・権利といった価値	盗み，殺人，いじめ，詐欺（嘘），援助
慣習	社会システム（期待・規則，社会秩序，常識・習慣・礼儀）に関する概念	挨拶，呼称，生活習慣，マナー，校則
個人	自己概念や他者の思考・感情に関する理解（自分自身の問題，規則の拒否や受容の範囲）	趣味，サークル活動，友人の選択

出典：首藤敏元「6章　領域特殊理論——チュリエル（Turiel, E.）」日本道徳性心理学研究会（編著）『道徳性心理学——道徳教育のための心理学』北大路書房，1992年，pp. 133-144をもとに作成

域があり，道徳と慣習を異なる概念領域として区別します。社会的領域理論では，社会的知識を「道徳（moral）」「慣習（convention）」「個人（personal）」という3つの領域で考えます（表4-3）。チュリエルは，それぞれの領域の知識が形成される文脈や発達過程が異なっており，幼児期の子どもも「道徳」と「慣習」を概念的に区別していることを明らかにしました[*17]。各領域の概念は，個体と環境との相互作用を通して認知的に構成されるため，子どもは様々な経験を積み重ねる中で，自ら社会的知識を構成していきます。

　要領・指針の領域「人間関係」（3歳以上児）の内容(11)に「友達と楽しく生活する中できまりの大切さに気付き，守ろうとする」とあります。要領等解説によると，"きまり"とは「生活上の様々なきまり」です。子どもは，集団生活や遊びを通してきまりがあることに気付き，それに従って自己統制力を徐々に身に付けていくとあります。その際，保育者は，単にきまりを守らせることだけでなく，子どもが必要性を理解した上で，きまりを守ろうとする気持ちをもたせることが大切であるともされています。さらには，楽しく遊ぶために，自分たちでルールをつくったり，つくり替えたりできることが分かっていくことは，生活上のきまりを理解し，守ろうとする力の基盤になっていくことも記されています。ここでいわれている「きまり」は，ルールや常識などの慣習的な規範に関わる「きまり」といえます。

　大人がどのような価値をもって子どもに関わるかは，子どもの"きまり"の捉え方に影響を与えます。きまりの価値と必要性を考える力の基礎を乳幼児期に育むことは，その後の小学校以上の場で，校則等のきまりについて民主的に考え，議論することにもつながっていくでしょう。

*17　首藤敏元「6章　領域特殊理論——チュリエル（Turiel, E.）」日本道徳性心理学研究会（編著）『道徳性心理学——道徳教育のための心理学』北大路書房，1992年，pp. 133-144.

(3) 道徳基盤理論と道徳的感情

　認知発達理論をはじめとして，道徳性の発達研究では，従来カント的倫理学が重んじてきたように，理性（認知機能の成熟）に焦点を当ててきました。しかし，他者を思いやる道徳的行為に美しさを感じたり，遠い国の地震や戦争のニュースに同情したり，静かな場所で携帯電話が鳴って困惑したり，他人の厚かましさに嫌悪感を抱いたり……私たちは，理性よりも先に，感情が動いてしまうことを日常的に経験しています。

　18世紀に書かれたアダム・スミス『道徳感情論』の副題に，「人間がまず隣人の，次に自分自身の行為や特徴を，自然に判断する際の原動力を分析するための論考」とあります。この「自然に判断する際の原動力」について，現在，道徳性に関する感情の役割に焦点が当てられるようになっています。道徳的判断の自動的・情動的・直感的な側面について研究が進められ，理性的で合理的な認知過程でなされる道徳的推論は，後付けの説明であるともいわれているのです。

　代表的な研究として，トロッコ課題（トロリー問題）があります[19]。1人を犠牲にして5人の命を救うべきかという道徳的判断を問う課題です。ただし，1人を犠牲にする手段が「レバーを引く」か，「太っている人を突き落とす」かで，「5人を救うために1人を犠牲にする」という論理的構造が同じであっても判断が変わってしまうこと，それは嫌悪感などの感情と関わっていることが明らかになってきました[20]。意思決定に関わる心と脳の働きに関する「二重過程理論」では，「システム1（速いこころ）」と「システム2（遅いこころ）」があり，前者が情動的・直感的，後者が理性的・統制的という2つの異なる心の働きがあるとしています[21]。道徳的判断にも，情動に基づく判断と，理性に基づく判断があり，それらの共同作業による道徳的判断がなされると考えられるのです。

　道徳的判断において，情動や直感が重要な役割を果たしていることを主張しているのが，「道徳基盤理論（moral foundation theory: MFT）」です。代表的な論者であるハイト（Haidt）は，道徳心理学の第一原理を「まず直観，それから戦略的な思考」として検証しました[22]。心のモジュールとして，6種類の普遍的な道徳の基盤があり（表4-4），それらは，人類史の適応課題に応じて進化的に獲得され，直感的な反応や特定の情動を引き起こすとしています（例：消毒した注射針を見知らぬ子どもの腕に突き刺す＝「ケア」の侵犯）。

　ハイトは，情動的に善悪判断はできても，合理的な説明ができない状態を「道徳の無言化（moral dumbfounding：道徳的に唖然とすること）」と

＊18　A. スミス, 高哲男（訳）『道徳感情論』講談社, 2013年。

＊19　D. エドモンズ, 鬼澤忍（訳）『太った男を殺しますか？──「トロリー問題」が教えてくれること』太田出版, 2015年。

＊20　J. グリーン, 竹田円（訳）『モラル・トライブズ──共存の道徳哲学へ（上）（下）』岩波書店, 2015年。

＊21　阿部修士『意思決定の心理学──脳とこころの傾向と対策』講談社, 2017年。

＊22　J. ハイト, 高橋洋（訳）『社会はなぜ左と右にわかれるのか──対立を超えるための道徳心理学』紀伊國屋書店, 2014年。

表4-4　6つの道徳基盤

	ケア／危害	公正／欺瞞	忠誠／背信	権威／転覆	神聖／堕落	自由／抑圧
適応的課題	子どもを保護し，ケアする	双方向の協力関係の恩恵を得る	結束力の強い連合体の恩恵を得る	階層性のもとで有益な関係を結ぶ	汚染を避ける	支配や抑圧に抵抗する
特徴的な情動	思いやり	怒り，感謝，罪悪感	グループへの誇り，裏切り者への怒り	尊敬，怖れ	嫌悪	怒り
関連する美徳	ケア，親切	公正，正義，信頼性	忠誠，愛国心，自己犠牲	服従，敬意	節制，貞節，敬虔，清潔	自由，平等

出典：J. ハイト，高橋洋（訳）『社会はなぜ左と右にわかれるのか――対立を超えるための道徳心理学』紀伊國屋書店，2014年をもとに作成

しました。道徳的な直感が乳児期に発現するという知見が積み上げられていることから，人間は幼い頃から，自分以外の人に対して他者がどう振る舞っているのかを見て，悪意のある人ではなく，好意的な人への志向を発達させ，その後に直感を伴う思考能力が発達していくと考えています。

第2節　人との間でよりよくあろうとする

「道徳性・規範意識の芽生え」は，人との関わりに関する領域である「人間関係」を中心に，5領域に基づく活動全体で育まれます。前節で示したように，道徳的判断は認知的側面である理性的・合理的判断と，社会情動的側面である情動的・直感的判断が相互に関連しています。本節では，事例を通して，道徳性・規範意識の芽生えは，認知と感情が絡み合いながら養われていくことを見ていきます。

(1) 人と関わる心地よさ

道徳性の基盤が人間には備わっているとしても，それのみで道徳性・規範意識が発達していくわけではありません。道徳性・規範意識は，家庭や園で出会う大人や仲間との関わりの中で育まれていきます。道徳的で社会的な知識は，子どもの社会的な経験や相互作用を通じて構築されていくのです。[*23]

保育所保育指針および幼保連携型認定こども園教育・保育要領において，乳児期の社会的発達に関する視点「身近な人と気持ちが通じ合う」

＊23 Smetana, J. G., & Jambon, M. (2018). Parenting, morality and social development: New views on old questions. In Helwig, C. C. (Ed.), *New perspectives on moral development*. Psychology Press, pp. 121-139.
なお，道徳的であろうとする「道徳的自己（moral self）」や個人のアイデンティティにとって道徳性をどの程度重要とするかに関わる「道徳的アイデンティティ（moral identity）」の発達は，同書 Krettenauer, T. (2018). Children's moral self as a precursor of moral identity development. (pp. 73-87.) にまとめられている。

のねらい(1)は「安心できる関係の下で，身近な人と共に過ごす喜びを感じる」から始まっています。続いて，1歳以上3歳未満の領域「人間関係」内容(1)には，保育者や周囲の子どもたちとの「安定した関係の中で，共に過ごす心地よさを感じる」こと，満3歳以上の内容(1)には，保育者や友達と「共に過ごすことの喜びを味わう」とあります。

　人と関わる心地よさを判断するために，笑い（笑顔）がポジティブ感情の指標として用いられることが多々あります。保育でも，エビデンスに基づく評価が求められることが増えてきましたが，客観的に見て分かる笑いの頻度をカウントし，子どもがたくさん笑っているから楽しんでいると評価するのは，時に，子ども理解の単純化につながります。遊びに没頭し，夢中で真剣だから笑わないということもあります。[24]笑い声が聞こえて，楽しそうに食事しているように見える場面でも，実は，それはからかいの笑いで，からかわれている子が悲しい気持ちになっていることもあります。[25]

　「ごめんね」と言う謝罪行動も，言えばいいのではなく，「悪いことをした」という気持ち（罪悪感）が相手に伝わるからこそ，対人葛藤の解決に向かいます。[26]謝罪行動には，「道具的謝罪」（悪いと思っていなくても謝る）と「真の謝罪」（責任を受容し，罪悪感を認識した上で謝る）の2種類があります。4歳児は親密性の高さにかかわらず道具的謝罪を用いますが，6歳児は親密性の低い相手には道具的謝罪を，親密性の高い相手には真の謝罪を用いると回答するようになります。[27]加えて，謝罪をした加害者を被害者が許容しなかったときの「謝ったんだからいいじゃん」「許してくれないと先生に言うよ」という発言からは，幼児は謝罪と罰との関連を認識しており，謝罪を行う目的に許容されることが含まれていることも指摘されています。

　「ごめんね」「いいよ」というやりとりが見られたからといって，必ずしも問題が解決されているわけではありません。大人からの「ごめんねって言った？」「ごめんねって言ってるよ。どうする？」という問いかけは，相手に悪いことをしたら謝罪をすると同時に，謝罪をされた側は許さなければいけないという，ある種の強制となるときもあります。「笑い」も「謝罪」も，人と人との心地よい関係を構築するために用いられます。しかし，一見，正しいと思われる行動についても，一人一人にとって，人と関わる心地よさの味わいが感じられる経験になっているかは，慎重に検討しなければいけないでしょう。

＊24　Singer, E. (2019). Humor, social laughing, and pleasure to function: Three sources of laughter that are intrinsically connected in early childhood. In Loizou, E., & Recchia, S. L. (Eds.), *Research on young children's humor : Theoretical and practical implications for early childhood education.* Springer, pp. 29-41.

＊25　伊藤理絵『笑いの攻撃性と社会的笑いの発達』渓水社，2017年。

＊26　田村綾菜『謝罪と罪悪感の認知発達心理学』ナカニシヤ出版，2013年。

＊27　中川美和・山崎晃「対人葛藤場面における幼児の謝罪行動と親密性の関連」『教育心理学研究』52，2004年，pp. 159-169.

(2) きまりの大切さへの気付きを育む

　第1節(3)で紹介した道徳基盤理論の議論について，道徳性における感情の重要性を主張するあまり，理性の役割を軽視しすぎているという批判があります。[28] トロッコ課題をはじめとして，道徳基盤理論で取り上げられる質問は，従来のモラルジレンマ課題と比して，非日常的な状況の思考実験であるため，一般化可能性には慎重になるべきともいわれているのです。こうした批判について，本章の冒頭でも見た日常的な子どもたちの事例から考えてみましょう。[29]

＊28　Turiel, E. (2015). Moral development. In Overton, W. F. et al. (Eds.), *Handbook of child psychology and developmental science : Theory and method* (7th ed.). Wiley, pp. 484-522.

┌ **EPISODE**

1-1　チューリップ
- -
　入園間もない3歳児のあかりちゃん。ポキッ，ポキッと次々とチューリップを折り，とっていきます。それを見た周りの子どもたちも，保育者も啞然とし，言葉も出ません。けれど，あかりちゃんはケロッとして，手には10本？15本？の色とりどりのチューリップの花束。何と声をかけてよいのか，その周りにいる4歳児，5歳児の子どもたちも「先生は，何て言うだろう？」と見ている気がします。

　あかりちゃんの行動に，子どもたちも保育者も非常に驚き「啞然とし，言葉も出ません」でした。と同時に，4歳児，5歳児の子どもたちは，きまりが分かるからこそ，啞然となっているようにも思えます。4〜5歳児の子どもたちは，これまでの園での生活を積み重ねていく中で，花壇のお花は，みんなのお花であり，みんなのお花を無断でとってはいけないというルールを知っていたのでしょう。そのきまりを楽しそうに破っていく入園間もないあかりちゃん。きまりを知らないあかりちゃんと，きまりを知っている子どもたちを目の前に，保育者は「何と声をかけてよいのか」と困惑しています。それでは，この後の保育者の関わりを見てみましょう。

＊29　後藤直美，伊藤理絵(構成)「蘇る記憶──子どもの揺れる心に触れて」『図書とわたし ── 特集「わたしのおすすめ」』岡崎女子大学・岡崎女子大学図書館，2020年，pp. 16-17.

┌ **EPISODE**

1-2　『おやゆびひめ』を通して，お花を大切にする心を伝える
- -
　私(保育者)は，あかりちゃんに「チューリップきれいね，どうしてチューリップ切ったの？」という言葉をかけるのがやっとでした。
　「お母さんにあげるの！」あかりちゃんの答えは簡潔です。「なるほどね，きれいなチューリップを見たらお母さんにあげたくなったんだね」と納得しようと思いました。そして，「お写真撮ろうよ」と言ってあかりちゃんを誘うと，あかりちゃんは，ままごとハウスに行き，満面の笑み

で高らかに花束を掲げ，写真に写りました。私が「みんなも楽しみにしていたチューリップだから飾ろうね。写真をお母さんにあげようね」と言うと，あかりちゃんは「うん！」と言ってくれました。

　が，そのまま終わりにできない私は「絵本読もうね」と『おやゆびひめ』の絵本を周りの子らを交えて読み始めました。

　保育者は，何よりもまず，チューリップをとりたいという意欲を駆り立てるあかりちゃんの気持ち（心情）を理解しようとしています。行動の善し悪しを基準にあかりちゃんを理解しようとはしていません。入園間もないあかりちゃんにとって，園にいても，今はまだ，心のよりどころは家庭（お母さん）なのでしょう。保育者はその気持ちを受け止めています。

　あかりちゃんの思いを受け止めつつ，しかし，保育者は思います——「そのまま終わりにできない」と。保育者は，みんなのチューリップを折られて啞然とした周りの子どもたちのことや，みんなのチューリップを大切にする気持ちを伝えることも忘れてはいません。「このまま終わりにできない」と思った保育者の脳裏に，自動的に情動的に直感的に浮かんだのが『おやゆびひめ』の絵本だったのでしょう。『おやゆびひめ』の絵本を通して，周りの子どもたちが抱いているであろう「みんなのお花を大事にする」「お花がかわいそう」という思いに共感しながら，あかりちゃんにもその心を伝えたのです。このような直感は，単に自動的・情動的に生じたものではなく，これまでの専門的実践の蓄積や絵本への造詣からくる豊富で深淵な「知的直観[30]」です。

　保育者は，あかりちゃんも周りの子たちのように，園での生活を積み重ねていくことで，みんなのものを大切にするという心が育ち，花壇の花を折ってはいけないと分かる日が来るという見通しを一瞬にして判断し，“いまの”あかりちゃんの心を大事にしています。

　すると翌日……

*30　西田幾多郎，小坂国継（全注釈）『善の研究』講談社，2006年。

EPISODE

1-3　おやゆびひめ，見える？

　翌日，4歳児のみかちゃんが「先生，ちょっと来て！　この中見て！　見える？　おやゆびひめ，見える？」と言って呼びに来たのです。赤いチューリップの花をのぞき込み，真剣な眼差しと口調です。みかちゃんには，チューリップの中に座るおやゆびひめが見えているのです。私も，「見える見える！」「静かにしててあげようね」と，2人の秘密をもった雰囲気で答えました。—

つの出来事から，絵本をきっかけに子どもの素敵な一面を見せてもらったひとときでした。

　赤いチューリップに，おやゆびひめを感じた 4 歳児のみかちゃん。大人から「チューリップを折ってはいけません」と言われてきまりを守るのではなく，チューリップを大切にしたい気持ちがおのずときまりを守ることへとつながっています。保育者の“知的直観”的な関わりの深みを感じるとともに，きまりの大切さへの気付きが，人と人が関わる心地よさと共に過ごすことの喜びを味わうことを通して育まれていくことが感じ取れます。道徳性の発達において，感情（≒非認知）と理性（≒認知）を切り離すことは，たやすいことではないのです。

第3節　社会との間でよりよくあろうとする

　多くの場合，「直感的」とされる道徳的判断でも，時間をかければ，後から説明が可能です。このことについて，本章の最後の節では，道徳への熟考について考えます。

(1)「わたしたち」志向性

　「幼児期の終わりまでに育ってほしい姿」に「協同性」があります。「協同」を支える道徳性の役割の重要性は，生物科学や社会科学，人文科学の研究者たちによって，長く議論されてきました。[*15] 協同に支えられる道徳性は，乳児期にすでに見られる原初的な道徳的行為の理解を基盤（モラルコア：moral core）に，社会化と能動的学習（アクティブラーニング，主体的・対話的で深い学び）の過程を経て育まれていくことが示唆されています。

　道徳の進化的起源に注目した研究者の一人であるトマセロ（Tomasello）[*31] は，「協力」には，他者の利益のために自身を犠牲にする「利他的な援助」と，関与者すべてが利益を得る「相利共生型の協同」があるとしました。それに対応するように，ヒト独自の協力として，自己犠牲的な動機に基づいて他人を助けるために自分を犠牲にする形態（例：同情，配慮，慈悲）と，偏りのない動機に基づき，よりバランスのとれた方法で全員が利益を得られる方策を探す形態（例：公平，平等，正義）を挙げています。

*31　M. トマセロ，中尾央（訳）『道徳の自然誌』勁草書房，2020年。

＊32　前掲＊31, p. iii.

道徳的行為は，「（そうしなければならないという義務感をも感じながら）他者の関心を自分の関心に優先させる，もしくは両者を平等に扱うもの」[32]と定義されます。人間の道徳的意思決定に関する「道徳的アイデンティティ」のコアには，「わたしへの配慮」「あなたへの配慮」「平等への配慮」「わたしたちへの配慮」という4つの配慮があるとしました。「わたしたちへの配慮」とは，対面でやりとりする二者間の「わたしたち」と，文化集団と一体化することで形成される集団指向の「わたしたち」の両者から生じる配慮です。

幼児は十分な道徳的存在ではないとしながらも，3歳未満児には見られないような道徳に関わる行動や判断をして，集団的アイデンティティや社会規範のような集団指向に関わる行動を就学前から多く見せるとしています。子どもたちが「おんなじ」であることを共有するのは，「わたしたち志向性」[33]の現れなのかもしれません。

＊33　砂上史子『「おんなじ」が生み出す子どもの世界——幼児の同型的行動の機能』東洋館出版社，2021年。

(2) よりよい社会を創る担い手となる

かつて，保育内容が5領域ではなく6領域（健康・社会・自然・言語・音楽リズム・絵画製作）だった時代がありました。現在の領域「人間関係」との関連が深い領域「社会」のねらい2は「社会生活における望ましい習慣や態度を身につける」[34]であり，現行のねらい3（3歳以上児）と同じでした。しかし，その内容は現行とだいぶ異なっていました。「父母や先生などに言われたことをすなおにきく」「人に親切にし，親切にされたら礼をいう」「人に迷惑をかけたらすなおにあやまり，人のあやまちを許すことができる」「友だちの喜びをいっしょに喜ぶことができる」などです。現在，幼児教育の基本は方向目標であり，プロセスの質が重視されていますが，領域「社会」に示されている内容は到達目標的で，社会の慣習に照らして望ましい振る舞いができることが求められており，それを守る子どもがよい子であるかのような印象を受けます。

現代の子どもたちには，持続可能な社会を創る力が求められており，子どもにとっての大人は，もはや，正しい答えをもっている存在ではありません[35]。しかし，保育者が無意識のうちに自身が思う望ましさの枠で子どもの言動を決めつけ，そのような自らの態度に対して無自覚に子どもを評価していると，たとえ子ども主体のように見えていたとしても，それは保育者にとっての望ましい態度になってしまいます。

道徳的判断を含む意思決定について，人間がもつ理性が情動を超えられるのか，遅いこころは速いこころをコントロールできるのか，現在も

＊34　文部省「幼稚園教育要領」文部省告示第69号，1964年。

＊35　伊藤理絵「第3章　保育内容「表現」と他領域との関係——感じる・工夫する・考える・表現する」吉永早苗（編著）『子どもの活動が広がる・深まる保育内容「表現」』中央法規出版，2022年，pp. 33-42.

研究が続けられています。[21] 道徳性の研究者たちは，人間の理性の力を信じて発達と教育について考え，また，考え続けています。人間の本性は性悪説なのか性善説なのか分からない中で，どのような教育が望ましいのか，「道徳性と規範意識の芽生え」を養う幼児教育においても，歴史と経験とエビデンスに基づいて考え，模索し続けなければならないのです。

　本章では，道徳性・規範意識の芽生えが理性と情動の絡み合いであることを示しました。道徳について理性的に熟考することも，道徳的直感に基づいて行動することも，どちらにも意味があります。一方で，発達には負の側面があるということも，私たちは忘れてはなりません。ネガティブな感情を制御する力が発達することも，決してよい側面ばかりではありません。例えば，児童期以降のいじめでは，いじめられている子どもが自分の本当の気持ちを隠して笑っていることがあります。いじめられている子が，つらい気持ちをコントロールして，表情に出さないことができるようになることは，いじめの実態が見えにくくなっていくことでもあります。Society 5.0[36] の時代になり，子どもの世界に広がる仮想世界を大人が統制しようとするのも，どんどん困難になっていくでしょう。そして，子どもの世界はますます大人の目から見えにくくなっていくでしょう。

　2018（平成30）年度に小学校から全面的に実施されるようになった「特別の教科 道徳」では，「考え，議論する道徳」という道徳教育の質的転換が強調されています。特定の価値観を押し付けることを否定し，多様な価値観の，時に対立がある場合も含めて，答えが一つではない道徳的課題を一人一人の子どもが自分自身の問題として捉え，向き合う「考える道徳」と「議論する道徳」を目指しています。[37] 思いやりと想像力をもって，道徳的課題をめぐって対話を重ね，熟考することこそが，現実世界に変化をもたらす可能性があるともいわれています。[38]「道徳性・規範意識の芽生え」を「道徳的な論理的思考力の芽生え」とするならば，赤ちゃんにも，道徳的直感に基づくと思われる行動の傾向や感情はありますが，考え，議論するための論理的思考力が芽生えるには時間がかかります。乳幼児期から，子どもたちが自分たちのルールやきまりについて考え，よりよい社会を創る担い手である実感を育むことが，今後，ますます重要になってくるでしょう。

*36　Society 5.0
サイバー空間（仮想空間）とフィジカル空間（現実空間）を高度に融合させたシステムにより，経済発展と社会的課題の解決を両立する，人間中心の社会。内閣府の第5期科学技術基本計画（平成28年度～令和2年度）において，日本が目指すべき未来社会の姿として提唱された。
参考：内閣府「Society 5.0」

*37　文部科学省「小学校学習指導要領（平成29年告示）解説　特別の教科 道徳編」2017年。

*38　P. ブルーム，竹田円（訳）『ジャスト・ベイビー──赤ちゃんが教えてくれる善悪の起源』NTT出版，2015年。

本章全体をまとめるにあたり、以下の文献を参照した。
荒木寿友・藤澤文（編著）『道徳教育はこうすれば〈もっと〉おもしろい——未来を拓く教育学と心理学のコラボレーション』北大路書房、2019年。
有光興記・藤澤文（編著）『モラルの心理学——理論・研究・道徳教育の実践』北大路書房、2015年。
Buon, M.（2017）. Moral Development. In Hopkins, B. et al.（Eds.）, *The Cambridge Encyclopedia of Child Development 2nd Edition.* Cambridge University Press, pp. 431-440.
古賀松香ほか「領域「人間関係」の専門的事項に関する調査研究レビュー」『乳幼児教育・保育者養成研究』（2）, 2022年, pp. 3-24.
久保ゆかり「個別具体的な人の感情理解の発達を捉えるインタヴューの方法：ピアジェの〈臨床法〉を手がかりとして」『東洋大学社会学部紀要』41（2）,. 2004年, pp. 35-49.
鈴木貴之「実験哲学と社会的認知」唐沢かおり（編）『社会的認知——現状と展望』ナカニシヤ出版, 2020年, pp. 183-196.

章末問題

1．人間関係で葛藤（ジレンマ）を感じるときは、どのようなときですか？ 自分はなぜ葛藤を感じるのか、本章で紹介した理論から考察してみましょう。

2．幼稚園教育要領の領域「人間関係」のねらいを読み、なぜ「社会生活における望ましい習慣や態度を身に付ける」が、ねらい⑶なのかを考えてみましょう。なぜ、ねらい⑴でも⑵でもなく、⑶なのでしょうか。ねらい⑴〜⑶がどのように関連し合っているか、幼稚園教育要領解説も読み込んで考えてください。

3．さらに、発展して考えたい場合は、保育所保育指針もしくは幼保連携型認定こども園教育・保育要領の解説で、乳児期の社会的発達に関する視点「身近な人と気持ちが通じ合う」と、1歳以上3歳未満児の領域「人間関係」を読み、3歳以上児の領域「人間関係」のねらいとどのようにつながっているか考え、語り合ってみましょう。

文献紹介

★ 林創『子どもの社会的な心の発達——コミュニケーションのめばえと深まり』金子書房、2016年。

★ 長谷川真里『子どもは善悪をどのように理解するのか？——道徳性発達の探究』ちとせプレス、2018年。

★ マイケル・トマセロ, 中尾央（訳）『道徳の自然誌』勁草書房, 2020年。

ルールの指導：時間を共に過ごす者として

　幼児教育の基本は「環境を通して行う教育」です。幼稚園教育要領解説の「教師の役割」には[*1]，「教材を工夫し，物的・空間的環境を構成する役割と，その環境の下で幼児と適切な関わりをする役割とがある」とあります。保育所保育指針解説では，「豊かで応答性のある環境にしていくことが重要である」とされています[*2]。

　私たちは，時間の流れる空間に身を置いて生きています。そのため，豊かで応答性のある環境を構成しようとすると，必ず「時間」という制約が出てきます。一日は時間で区切られており，誰も予測できない命の時間もあります。子どもたちに幸せな時間を過ごしてもらいたいと願いながらも，時間に追われながら，なるべく多くのスキルが身につく教育を求めてしまうのは，大人自身が大人になるまでの時間の短さを感じているからかもしれません。

　ミヒャエル・エンデの『モモ』では[*3]，時間をかけて，じっくりと話を聞くモモが主人公です。モモと話すと，誰もが心が軽くなります。こたえが出るまでじっくり考えるベッポさんのことも，モモは時間をかけて待ちます。しかし，時間どろぼうの灰色の男たちによって，時間は効率化で節約できるものであり，節約された時間を貯蓄することで幸せになれると価値付けられてしまいました。そのような世界が仮に存在するならば，保育者の専門性として，子どもたちに効率よくルールを教え込む指導が求められてしまうかもしれません。

　もちろん，子どもにも大人にも，一人一人に生活の流れがあり，一人一人に「時間」があります。相手の時間を尊重して，時間の区切りをつけることで他者と折り合うこともあるでしょう。すぐには納得できないことを，長い時間をかけて消化していくことが必要なときもあります。しかし，ここで留意しておきたいことは，「環境を通した教育」を基本とする幼児教育において，"時間割"や"教科"の概念で時間を区切る必要はないということです。「ルールの指導」が保育者の押し付けにならないようにするには，対話の時間をどのように構成するかが問われます。合意形成に至るプロセスを丁寧に行おうとすると，時間がかかります。そのとき，効率的に時間を節約するためにじゃんけんや多数決を用いてばかりいると，じゃんけんや多数決の原理は，対話の時間を効率よく節約するための手段になってしまうでしょう。

　近年，幼児教育において，レジスタンス（resistance）の概念を取り入れようとする動きがあります。そこで重視されているのは，大人の言うことを従順に聞く子どもの姿ではなく，ルールや規範に抵抗を示す子どもの姿です[*4]。子どもの抵抗の声は，言葉（言語）にならない声となって現

＊1　文部科学省『幼稚園教育要領解説』フレーベル館，2018年，p. 45.
＊2　厚生労働省『保育所保育指針解説』フレーベル館，2018年，p. 24.
＊3　ミヒャエル・エンデ，大島かおり（訳）『モモ』岩波書店，1976年。
＊4　Clark, A., et al. (2022). Looking for children's resistance in pedagogical documentation with ECE students: A case study of slow and multiple listening. *Barn*, **40**(4), pp. 5–20.

れることもあるでしょう。言語・非言語で表現される "ことば" を通して，他者と葛藤できる時間（環境）を保障することが，子どもと社会をつなぐエージェント（agent：代理人）としての保育者の役割ともいえます。時間に追われ，大人が決めた枠に収まるようなルールの指導をしていないでしょうか。子どもの声にじっくり耳を傾け，判断を急がず，時間を共に過ごすことができているでしょうか。

第4章と TOPICS 2 を執筆するにあたり，公益財団法人博報堂教育財団第17回児童教育実践についての研究助成（助成番号：2022-012）を受けた。

第 5 章

いろいろな人と共に育ち合う

多様性を受容することは，どちらかの様式に合わせていくことではなく，互いの違いに気付き，自らのそれまでの経験を超えたものを受け入れることです。特に乳幼児期は，信頼できる大人との関係を基盤として，様々な人との関わりを通して，その信頼感や価値観を構築する時期といえます。

乳幼児が自然に多様性を理解する基盤をつくるには，生活の中で環境や様々な人やものに触れる機会，子どもを育む大人の価値観や関わりが重要です。

園では，単に多様な人に出会う体験や表面的な多様性の受容に終始せず，子どもが継続的で主体的な関わりを通して，子ども自身が考えられるようにすることが大切です。園を地域に開くとともに，積極的に地域資源を活用しながら，保護者や地域と協同し，保育を展開する必要があります。

「多様性」について考えよう

1．あなた自身の体験をもとに，多様性に対する受容や価値観が自身の中でいかに形成されたのか振り返ってみましょう。

2．子どもが，周囲の多様な人（異文化，障害の有無，異なる年代，異なる特性ほか）と出会うことで，何を感じ，どのような教育効果があると思いますか。

3．保育では，地域子育て支援や，関係機関との連携が求められていますが，多様性を受け入れて保育を行うにあたり「地域と連携する」とはどのようなことか，イメージしてみましょう。

(ヒント)

　インクルーシブ保育や子どもの発達的な視点，現代の多様な家庭の状況などから，そもそも保育の中には様々な価値観や多様性が含まれ，保育者はそれを支える役割をもつと考えられます。振り返ったりイメージしたりしたことについて，グループで話し合ってみてもよいでしょう。

第1節 子どもが地域の様々な人と共に育つ視点

(1) 保育における多様性の意義

① 多様性を包摂する現代社会

子どもが生まれ育つ街には，様々な年代，国籍，障害の有無ほか，多様な人が暮らしています。保育所保育指針解説の「改定の背景及び経緯」では，地域のつながりの希薄化や地域の中で群れて遊ぶ自生的な育ちの困難さ，孤立している家庭などが子どもの育ちや子育てに関する課題であるとされています。

保育の場は，子どもが初めて家族と離れて親族以外の人と生活する場です。園が置かれている地域の環境によっても，保育の形態によっても少なからず違いがあり，子どもの育ちに少なからず影響します。例えば，その地域が都市部か人口減少地域か，園庭があるかないか，園の規模が大きいか小さいかなど，様々な要因が保育の方向性やあり方を決定づけます。例えば，散歩の道中いろいろな人と行き交い，地域に子どもを温かく見守り声をかける人がいるのか，住民が，園庭で子どもが遊ぶ声を迷惑だと感じるかどうか，そもそも園があることに嫌悪感をもっていたりするかなどにより大きく異なるのです。

かつて，ネイティブアメリカンの口伝で，「1人の子どもを育てるのに100人の村人が必要」であるといわれていました。これは，子どもが親だけでなく，様々な人と関わりながら育つことや，その家庭も，地域の人や機関に支えられながら子育てをする必要があることを意味します。多様化しつつある現代社会では，様々な人が社会に出て，関わることが可能になってきています。労働形態や内容の多様化，在留外国人の増加，LGBTQ など性的指向や性自認の多様性，障害の有無にかかわらずその権利が守られ，社会参加が図られるなど，個人が社会に適応するのではなく，社会が個の多様性を包摂するような社会的受容性が必要です。

特に保育現場には，様々な背景をもつ子どもや保護者がいます。保育においては，様々な環境の下で育てられている子どもや子育てをする保護者の多様性をどう理解し，受容するかが求められています。

② 保育における多様性の包摂

保育所保育指針の「第1章 総則」では，子どもの最善の利益の考慮

とその福祉の積極的増進が記載されています。保育の営みは，子どもの「最善の利益」を保障するものであり，たとえどのような状況の子どもであっても，その子どもの人権が守られ，子どもの権利が保障されなくてはいけません。子ども一人一人に応じた対応や配慮をすることは，特別な配慮ではなく，子ども一人一人がもつ権利保障です。

　特に，障害のある子どもについて，保育所保育指針解説では，「子どもたちが共に過ごす経験は，将来的に障害の有無等によって分け隔てられることなく，相互に人格と個性を尊重し合いながら共生する社会の基盤になると考えられる[*1]」とされ，障害のあるなしにかかわらず，生活や遊びを通して，共に過ごすことによって，将来的な共生社会の基盤をつくることが目指されています。これは，ノーマライゼーション[*2]の理念の下，一人一人の障害の状態やニーズに応じて個別に決定される「合理的配慮」の提供が求められていることにつながっています。どんな状況の子どもであっても，生活や遊びの保障，同年齢・異年齢の仲間との関わりの保障，愛される経験，活動へ参加することができる経験の保障など，ノーマルな経験が保障されなくてはいけません。また，外国籍の子どもや外国にルーツのある子どもについても，その育った国の文化やこれまで培ってきた生活や言葉が尊重されなくてはいけませんし，生活や遊びの中で，自然と子ども同士の関係がつくられなければならないでしょう。

　様々な子どもへの配慮について，指針や要領ではどのように記述されているか，見てみましょう。

【保育所保育指針[*3]】

　障害のある子どもの保育については，一人一人の子どもの発達過程や障害の状態を把握し，適切な環境の下で，障害のある子どもが他の子どもとの生活を通して共に成長できるよう，指導計画の中に位置付けること。また，子どもの状況に応じた保育を実施する観点から，家庭や関係機関と連携した支援のための計画を個別に作成するなど適切な対応を図ること。

【幼稚園教育要領[*4]】

　1　障害のある幼児などへの指導

　障害のある幼児などへの指導に当たっては，集団の中で生活することを通して全体的な発達を促していくことに配慮し，特別支援学校などの助言又は援助を活用しつつ，個々の幼児の障害の状態などに応じ

*1　厚生労働省「保育所保育指針解説」2018年。

*2　ノーマライゼーション
障害のある人もない人も，互いに支え合い，地域で生き生きと明るく豊かに暮らしていける社会を目指し，障害者の自立と社会参加の促進を図る考え方をいう。

*3　厚生労働省「保育所保育指針」の「第1章　総則」の「3　保育の計画及び評価」の「(2)指導計画の作成」のキ，2017年。

*4　文部科学省「幼稚園教育要領」の「第1章　総則」の「第5　特別な配慮を必要とする幼児への指導」2017年。

た指導内容や指導方法の工夫を組織的かつ計画的に行うものとする。また，家庭，地域及び医療や福祉，保健等の業務を行う関係機関との連携を図り，長期的な視点で幼児への教育的支援を行うために，個別の教育支援計画を作成し活用することに努めるとともに，個々の幼児の実態を的確に把握し，個別の指導計画を作成し活用することに努めるものとする。

　2　海外から帰国した幼児や生活に必要な日本語の習得に困難のある幼児の幼稚園生活への適応

　海外から帰国した幼児や生活に必要な日本語の習得に困難のある幼児については，安心して自己を発揮できるよう配慮するなど個々の幼児の実態に応じ，指導内容や指導方法の工夫を組織的かつ計画的に行うものとする。

　保護者の子育て支援についても，様々な状況の保護者に寄り添う必要があります。例えば，長時間就労している保護者や子どもに障害がある保護者，子どもへの不適切な養育が疑われる保護者など，子育てに困難や負担感がある保護者についての支援のあり方などの検討が必要です。

　また，外国籍の保護者，保護者自身に障害があるといった，保護者に対するケアが求められるケースなど，生まれ育った環境や年代が大きく異なる保護者に対しての支援についても，園全体でいかに取り組むかを検討する必要があります。保育所保育指針では，保護者の子育て支援について以下のように述べています。

【保育所保育指針】[*5]

　　ア　保護者の就労と子育ての両立等を支援するため，保護者の多様化した保育の需要に応じ，病児保育事業など多様な事業を実施する場合には，保護者の状況に配慮するとともに，子どもの福祉が尊重されるよう努め，子どもの生活の連続性を考慮すること。

　　イ　子どもに障害や発達上の課題が見られる場合には，市町村や関係機関と連携及び協力を図りつつ，保護者に対する個別の支援を行うよう努めること。

　　ウ　外国籍家庭など，特別な配慮を必要とする家庭の場合には，状況等に応じて個別の支援を行うよう努めること。

＊5　厚生労働省「保育所保育指針」の「第4章　子育て支援」の「2　保育所を利用している保護者に対する子育て支援」の「(2)保護者の状況に配慮した個別の支援」2017年。

⑵ 保育者に求められる多様性を包摂する視点

① 保育の中でいかに多様性を包摂するのか

　保育の中で，子どもがいろいろな人と共に育つことは，様々な環境の家庭で育つ子ども同士，あるいは保育者と子どもが触れ合い，人間関係を築くことがその出発点となります。また，地域の中にもいろいろな人がいて，その地域の人たちが「人的な資源」となり得るのです。

　保育者は，子どもや地域，そこに生きる様々な人との人間関係を保育の中でどのように構築し，保育という営みの中で，子どもの育ちに生かすのかが問われています。そのため，園の周りの地域の特徴（特長）や，子どもや保護者がどのような地域で暮らしているのかなどを理解することから始まります。

EPISODE

1　地域の特長に保育者が気付く

　人口減少地域のＡこども園は，豊かな自然に囲まれ広い園庭にも恵まれていた。ある冬のこと，外部から訪問した研修講師は，周囲の田んぼを見て分厚い氷が張っているのに気付いた。しかも，園庭にはザクザクと踏みしめることのできる霜柱があった。しかし，保育者や園児はその景色が「当たり前」になっているようで，霜柱のある時間帯に外へ出ず，外遊びの際もそれらを用いて遊んでいなかった。

　しかし，園の子どもは，当然のように園庭になっているムクロジの実のこと，ザクロの味を知っていたり，どこにカップを置いておけば氷をつくりやすいかも分かっている。キアゲハの幼虫がたくさんついているセリ科の植物が自生していたり，ミノムシに出会えたりする。ある保護者が，「うちの子ども（年長児の双子）は，この前の朝，目が覚めると『お母さん，キジが鳴いている。つかまえに行く』と言って外に飛び出したんです」と話していた。

　都市部に住んでいると，子どもが日常的な遊びの中でそうした知識を得て体験を積み，「センス・オブ・ワンダー」[*6]を得ることはかけがえのないことだと気付かされる。園内研修の中で，地域の「特長」を再認識し，保育にも生かしていこうということになった。

[*6]　センス・オブ・ワンダー
自然の神秘さや不思議さに目を見張る感性（R. カーソン，上遠恵子（訳）『センス・オブ・ワンダー』新潮社，1996年より）。

　園庭での豊かな感性をひらく体験は，多様な子どもをつなぐ共通経験となりえます。霜柱をザクザクと踏みしめる楽しさは，言葉を超えた感覚で子ども同士をつなぐきっかけとなる可能性を秘めているのではないでしょうか。

２　いろいろな人がいることに気付く

　　様々な国籍の人が住む地域にあるＢ保育園には，多文化の子ども（様々な国にルーツのある子ど
も）が多く在園している。子どものバックボーンには異なる文化や食，言葉，宗教などがあり，
これらは当然日常の保育に影響してくる。そのため，入園したての頃は，特に言葉や食事，保護
者とのコミュニケーションなどの面は，課題となる。

　　Ｂ園では，そうした状況を活用し，多文化の理解と多様性理解の取り組みをしている。例えば，
在園する子どもの国や地域にルーツのある食事メニューを提供したり，その保護者に自身の国や
地域の文化（食事や衣装，遊び他）を紹介してもらったり，地球儀や世界地図を使ってどこにある
かを探したり，いろいろな国の言葉で毎朝挨拶したり，歌を歌ったりしている。環境構成も工夫
し，いろいろな人種の人形を置いたり，ごっこ遊びの衣装を置いたり，保育者も環境構成や教材
研究を行うようになった。

　　小さな多文化理解の取り組みをするうちに，子どもだけでなく保育者もいろいろな人や文化が
あるのが当たり前であり，それが保育の基本だと改めて気付くようになり，保育の中で多様性を
考えるきっかけとなった。

② 保育者自身の価値観や多様性の吟味

　　保育者自身の観方や捉え方，それまでの経験や価値観などが保育に影
響することがあります。言動や思考の節々に，特に，潜在的な差別や性
差への固定観念などがにじみ出てくることがあるからです。そのため，
保育者は常に，自身の価値観やものの見方の特性に気付き，吟味するこ
とが求められます。そのためにも，自身の実践を振り返ったり，記録に
記したりすることが必要です。また，子どもの発言を聞くことで気付か
されることもあります。それはまさに保育者の価値観が問われる場面で
す。その状況をどのように捉えるかによって，保育者からの働きかけが
異なってきます。

　　次の３つの例を見てみましょう。

【性差にまつわる保育者の価値観の例】

　　Ａ：キッチンのあるままごとコーナーで男児２人がごっこ遊びをして
　　　　いた。彼らは"ママ"になりきって，「今日のごはんはソーセー
　　　　ジよ」などと口調をまねた。

　　Ｂ：保育者が待たせている子どもに対して，何気なく「男の子からど
　　　　うぞ」などと言ったり，「今年の年長組は年長さんらしくないな」
　　　　「男の子なのに泣かないよ」などと言った。

　　　C：4歳の男児が，会話の中で，ふと，「コンビニのトイレはなんで，
　　　　男が青で女がピンクなんだろう。ピンクが好きな男もいるよね」
　　　　と話した。

　上記は，いずれもジェンダー（歴史的・文化的・社会的に形成される男女
の差異）に関する固定観念や価値観が影響する場面です。Aの例では，
男児が母親の口調をまねて料理をする姿をほほえましく見ていますが，
料理をつくる「モデル」が彼らにとって母親だけなのかもしれないと，
ハッと気付く保育者もいるかもしれません。Bの場面では，そうした言
葉をかけている自分や同僚に対して，違和感をもつのかどうか，自身の
価値観や言動，表現について常に吟味することが大切なのです。したが
って，保育者自身の価値観，潜在的な差別感，これまでの経験などが，
多様性の受容に影響するので，研修や対話を通して学んだり考えたりす
る機会が必要になります。

WORK
1

　Cのように，何気なく子どもから重要なテーマについて問いかけられることも
あります。保育者はそんなときにどう返すのでしょう。保育者の立場から，自分
ならどうするか，話し合ってみましょう。

(3) 保育の中の多様性

　保育の中では，いろいろな子どもが存在し集団で生活しています。集
団の生活の中では，その生活をよりよくするためのきまりやルールがあ
る程度は必要になってきますが，保育が目の前の子どもを中心に組み立
てられているとすれば，一人一人生活の仕方は違ってきます。
　一方で，特に子どもが「同じ経験をする」大切さ，発達と共に「成
長」するために自分でしっかりできるようになること，生活場面の自立
（食事・排せつ・着脱ほか）など，子どもが集団で動く場面や生活場面な
どで，多様性が認められにくくなることもあります。
　例えば，障害のある子どもに健常児と同じ経験をしてほしいと考える
と，どうしても障害のある子どもがそれに追いつくように活動に参加さ
せたりすることがあります。しかし，そうすることはその子にとっての
幸せ（＝福祉）となるのかは分かりません。また，他の子どもが，お世
話をしてあげようとする，受け入れてあげているというように，どこか

「おせっかい」に「やってあげてしまう」だけでは，互いに受容したり認め合う関係とはならないでしょう。子ども同士が，日常的に自然な関わりをもつことで，どう関わるべきか試行錯誤しながら，子どもが自ら考える機会となるのです。

【子どもが，多様性について考える場面の例】
　○伝統的な行事：障害のある子どもがクラスにいる中での運動会のリレーの実施方法や，運動会への参加の方法に関する配慮。
　○家族や家庭に関する行事：ひとり親家庭の子どもがいる中での，父の日や母の日の扱い，行事などでの保護者の参加についてなど，家庭や家族に関する配慮。
　○季節の行事や宗教との関連：クリスマス，正月，その他，ある宗教に特化するような行事の実施について，国籍や文化への配慮。
　○集まることや集団の中で活動ができない（苦手な）子どもについての対応や配慮。

　運動会のリレーについてなど，子どもたちが，話し合いを通して考えることがよくあります。その話し合いの過程で，子どもたちなりに一人一人の違いや特徴をどう受け止め考えたのか，保育者は寄り添いながら考えることが必要です。時に，答えがはっきりせず，保育者自身が迷いを感じる場面もあります。例えば，「走る距離を調整する」「勝負ごとにしない」「障害のある子どもが先に走るようにしてその後に競う」など，子どもたちはいろいろなアイデアを出すはずです。いずれも正解はありません。子どもと共に考え合う過程を大切にします。

第2節　乳幼児期における具体的な体験の重要性

(1) 様々な"違い"に気付き，受け入れる体験

　子どもは，様々な発達を遂げ，その過程は異なっています。そのため保育の中には，様々な子どもや保護者が存在することが前提であり，多様性があると考えられます。保育者は，子どもの発達的な視点から，子ども一人一人の状況に配慮するだけでなく，インクルーシブ保育の視点，現代の多様な家庭の状況なども考慮します。その際，専門職として，自

身の多様性を受容する視点や価値観を問い直します。さらに子どもに対しても，多様性を受容する心や態度を育成するよう教育活動を行います。例えば，子どもが自分のことに関心を寄せ，自分の姿やできることなどに気付くようになると，他の子どものことにも関心を寄せ，自分との違いを感じたり，時に障害のある子どもに対して，直接的にその違いを表現することがあります。こうしたときに，その子がどういう思いでそう言ったのか，その子どもを理解することが必要です。

　子どもは成長するにつれ，段階的に自分と他者の違いに気付いていきます。時に，子どもは単にその「違い」に注目しているだけなのに，保育者がそれを差別的なものとして捉え，せっかくの理解するチャンスを奪うこともあることに留意します。

EPISODE

3　「この子しゃべれないんだよ」の意味

　生まれつき口蓋裂があった4歳児クラスの女児は，2歳のときに縫合手術をしたために，発音が不明瞭で，周囲の人が聞き取りづらいことがあった。

　あるとき，その保護者が園に迎えに行くと，同じ学年の男児が，女児の保護者と知らず「この子，うまくしゃべれないんだよ」と伝えてきた。保護者としては，一瞬「悪口を言われているのではないか」という考えが頭をよぎり心配になった。

　その後，様子を見ていると，この男児なりに娘に関心を寄せていることや，自分や周りとの違いに気付いていること，それを他者に共有しようとしていることなどが分かった。

EPISODE

4　「あの子悪い子なの」の意味

　3歳児クラスに障害のある女児Aがいる。友達や友達のしていることに興味が出てきて，夢中になっている折り紙や描画のときに触ったり，服を引っ張ってしまうことがあった。

　あるとき，同じクラスの女児Bが，保護者に「あの子は悪い子なの」と伝えた。保護者はとっさに「なんでそう思うの」と聞くと，「服を引っ張るし，ものをとる」と答えた。Bは，近くにAがいても声をかけることもなく過ごしているようだ。「きっとAちゃん，Bのこと好きなのかもしれないよ。持っているものがうらやましいのかもね」と伝えるとBは，「そんなことはない」と言った。保護者は困ったなと思いながらも，迎えのときになるべくAに声をかけたり，さようならと言ったりするようにした。すると，数週間後，BがAに「じゃあね」と声をかけている場面を見ることができた。

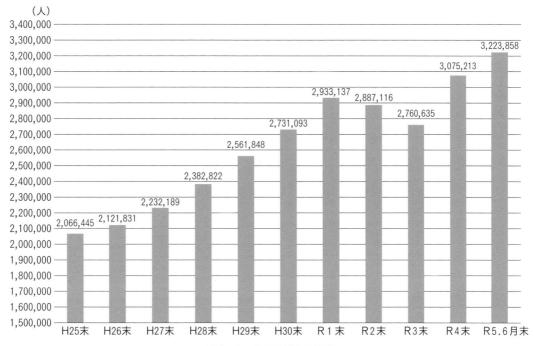

図5‑1　在留外国人の推移

出典：出入国在留管理庁「令和5年6月末現在における在留外国人数について」2023年。

保育者は，その場面を子どもの日々の生活や遊びの中でどう意味付けたのか，子どもの発達や保育の過程など長期的視点から理解することが必要です。子どもはこうした“違い”に気付きますが，そのときの周囲の大人の反応次第で，その後また関わりたいと思うのか，このことに触れてはいけないと思うのか，子ども自身の価値観の形成に影響するのです。

(2) 外国籍児など多文化の保育における人間関係

　現代社会は国際化し，保育の現場には，様々な国籍の子どもや海外での生活が長い子どもがいることが当たり前になってきました。2023年6月の在留外国人は322万3,858人（前年末より14万8,645人増加）で，過去最高を更新しました（図5‑1）。

　中には，日本人の方が少ない園など，多文化の子どもの割合が極端に高い園もあります。また，地域自体が多文化化している園もあり，言語面だけでなく，生活や文化など，多方面に配慮する必要があるケースが増えてきています。そのため，園の中でいろいろな言語が飛び交い，子どもの母語も様々である場合があります。中には，途中，長期間帰国するなど，言葉や園での生活を忘れてしまうケースもあります。当然なが

ら，保護者に対しても，言葉が通じないことで，園とのコミュニケーションがうまく図れないケースも出てきました。

　一方で，園の子どもにとっては，なかなかコミュニケーションがとれず，遊びの輪に入れなかったりすることもありますが，異なる文化や言葉をもつ子どもがいることで，遊びを通して様々な文化があるということに気付くことがあります（EPISODE 5）。

　そのためには，保護者にその国の文化や生活，遊びなどを教えてもらうような多文化理解の機会をつくったり，数か国語で表現された「絵カード」を活用したり，翻訳や通訳の人材の活用をしたり，小学校との接続を密に行いそれを保育に生かしたりなど，具体的な工夫が必要になります。

EPISODE

5　「入れて」

- -

　4歳男児のCは海外での生活が長く，日本語は理解しているが英語を主に使用しているため，英語での会話の方がリラックスしている様子である。あるとき，数人の子どもがごっこ遊びをしている周りをうろうろとしながらCから時折声をかけていた。しかし，どうやら「入れて」と言えず，ごっこ遊びをしている子どもたちもCの意向が分かりにくく，Cは仲間に入れない様子だった。しばらくすると，ごっこ遊びの中心だった女児が「入れてほしいのなら入れてって言って」とCに伝えていた。Cは「入れて」と言い，ごっこ遊びの中に入ることができた。

(3) 障害のある子どもや医療的ケアが必要な子どもの保育における人間関係

　障害や医療的ケアのあるなしによって，その体験や遊び，仲間，大人との関係，異年齢の関わりなど生活や遊びに制限等が生じないよう配慮します。

　インクルーシブ保育が推進される中，障害のある子どもや医療的ケア児が入園している場合も多くなり（図5-2，5-3），その中で，補助の保育者がクラスに配属されることも増えてきています。保育者が個別の子どもへの配慮に注力することと，クラスの中で子ども同士が関係の中で育ち合うように援助することをどう両立させていくか，保育者同士で連携しながら進めていく必要があります。

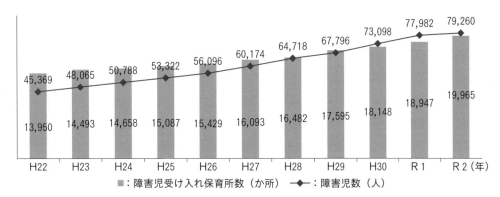

図5-2　障害児受け入れ保育所数と人数の推移

出典：厚生労働省「子ども・子育て一般施策等への移行等の現状について」2022年。

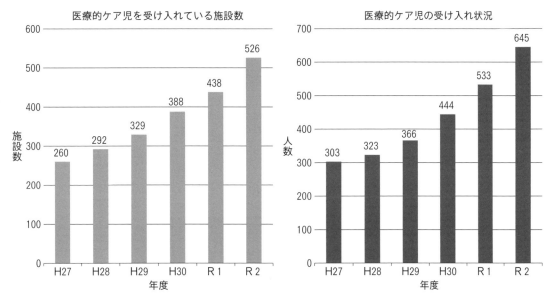

図5-3　医療的ケア児の受け入れ施設数と受け入れ状況

出典：厚生労働省子ども家庭局保育課「保育所等での医療的ケア児の支援に関するガイドラインについて」2022年。

EPISODE

6　「Dくんの先生」

　4歳児クラスには，障害のある男児Dがおり，加配の保育者Bが補助をしていた。保育者Bは，Dの様子を見守りながら，必要に応じてDを手伝うようにしていた。一方で，D以外のクラスの子どもとは，Dを通した関わりが多くなっていた。あるとき，Dは遊具の上に砂を入れたカップを持っていき，上から下の子どもに向けて砂を落とした。下にいたEは，Dにやめてと言うのではなく，保育者Bに「Dくんが砂をかけた」と言いに来た。いつの間にか，子どもたちにとっては，クラスの補助の先生ではなく「Dくんの先生」となっていることに気が付いた。

(4) 様々な年代の人，様々な人と関わる体験

　園があり，子どもが育つ地域には，様々な人が暮らしています。子どもたちは，様々な人と関わりながら生活をしています。ここでいう様々な人とは，日常的に関わる園内のすべての人だけでなく，子どもの保護者，地域の人，ボランティアや実習生，その他直接的・間接的に子どもと関わるいろいろな人を指します。直接的に関わるとは，実際に子どもと触れ合ったり，話したり，遊んだりすることを意味し，間接的に関わるとは，子どもがその姿をそばで見たり，同じ場を共有したり，話題の中に登場したりすることも意味します。

　関わる人の中には，特技や専門的な技術をもつ人もいます。楽器の演奏をしたり，椅子やテーブルなどを手づくりしたり，縄跳びや鉄棒ができたりと，子どもが技能に触れる体験は，子どものよいモデルとなりえます。同じ場にいて，子どもが自ら垣間見るだけでも，子どもにとってかけがえのない経験となりますが，見るだけでなく，一緒に関わることができれば，さらによい体験になるでしょう。

(5) 異年齢の関わりから学ぶ体験

　子どもの遊びは，年上の子どもから年下の子どもへと徐々に伝承していくといわれます。特に，5歳児などが行っている遊びが徐々に広がっていくことがよくありますが，これは，年下の子どもなどが，その遊びの様子をじっくりと観察し，模倣することで，広がっていきます。また，遊びが共鳴することもよく見られます。例えば，ごっこ遊びの場面などで，空き箱を利用して「パソコン」をつくっていたりします。それを見ていた他のごっこ遊びの集団でも同じようなものを取り入れたりすることがあります。

　こうした関わりは，「観察」「模倣」[*7]といった，子どもの本来的な学びのスタイルを確立させます。したがって，自然な形で異年齢の関わりをもち，生活や遊びを共にすることで，自然と起こる学びを大切にする必要があります。

＊7　ヴァスデヴィ・レディは，新生児の模倣を「対人的確証，すなわち『あなた（You）』を大切な存在と認めるということだと考えられる」とし，単なるまねではなく親密的な応答であり，対話を促すものとした。

▎EPISODE

7　年上の遊びをモデルにする

- -

　5歳児が，クラスのドアの前に縦5列横3列に椅子を並べ，女の子が立っている絵を描き貼った。また，「えいがかん」と書いた看板を廊下側に貼り，「えいがちけっと1ばんめのせき」と紙に書き椅子に座っていた3，4歳児に配り，つくったポップコーンやジュースを売り始めた。そ

の後絵の具でスクリーンを描きたいと考えた５歳児は，外に出て描き出した。その様子を２歳児がじっと見ていた。また，５歳児がいなくなった映画館では，４歳児が代わって説明したり売ったりし始めた。さらに，描く様子をずっと見ていた２歳児が描きたそうにしていた。保育者が大きな紙を用意すると模倣して描き始めた。

第3節　家庭や地域，関係機関，保護者との連携

(1) 家庭と連携し地域資源を生かした保育

　地域には，子どもたちが保育の中で出会う様々な環境があり，こうした地域の環境は園にとっての「資源」と捉えることができます。地域の資源は，その地域に存在する特徴的な環境（物的資源，人的資源，自然資源，社会資源，情報などの資源）を指します。

　保育者が園周辺にある地域資源を認識するために，マップにするなどして可視化し，保育に生かそうとすることは，子どもが地域社会の中で育つ保育内容を考える上で重要です。具体的な保育の展開においては，地域の公園や自然，地域の人，公共施設や公共交通機関，そのほか商店などを挙げ，子どもの成長につながり，その時期の子どもにふさわしい体験ができうる活動内容を構想します（表5-1）。その際，子どもの家庭と連携し，共に保育を創っていく担い手として保護者を巻き込みながら保育を豊かにする視点も大切になります。

EPISODE
8　地域の自然とつながる

- -
　散歩コースを事前に検討していたときに，手つかずの自然空間を発見した。伐採された竹，ジャングルのようにうっそうとした森，ターザンロープのような蔦，広がる田畑などがあり，子どもたちがここでどのように遊ぶのか，保育者がわくわくした。

　地主さんや市役所とも情報共有し，後日，子どもと一緒にそのフィールドに行き遊んだ。子どもは探検したり，倒木に登ったり，上から垂れている蔦をブランコのようにして遊んだりした。そのうちに，のこぎりを持っていって竹を切ったり，秘密基地をつくったりして，その場で何をして楽しむのか工夫するようになった。

　次年度は，四季を通じて地域の自然に触れるように年間の計画を作成した。

表5-1　地域の資源の例

○園の周囲にある子どもが行くことができる場所
・公園　・公共施設（警察署，消防署，商店街，児童館，子育て支援センター）
・道　・遊び場
○子どもや保育を豊かにする人材
・ボランティア　・民生児童委員　・NPOなどの活動をする人　・商店街の人
・近隣の人
○自然
・里山　・森林　・川　・海　・田畑　・生き物
○社会の事象
・交通（電車，バス，船）　・子どもが参加できる行事

(2) 地域の関係機関や NPO などとの連携

　保育を地域に開き，地域の様々な人と出会うことがポイントとなりますが，具体的に関係機関や地域の NPO などといかに連携するかは，園の考え方や方向性によっても，違いが出るかもしれません。園の周囲に，園とつながりたいと思う子育て支援の機関や団体がある場合は，連携が容易でしょう。

　例えば，東京都渋谷区では，区から委嘱された地域のボランティア「地域コーディネーター」が，園に出入りして，地域の人材と園をつなげる役割を担っています。藍を育てるところから行い藍染めをする体験をしたり，園庭のトイレをキャンバスにアート体験をしたり，地域の力によって子どもの体験が豊かになるような支援をしています。また，下記の事例は，人口減少地域で近隣の支援活動を行っている方とのつながりの事例です。

　このように，地域には，子どもをわくわくさせてくれる人材がいます。そうした人や団体，活動と子どもたちを結び付けると，保育がより豊かになっていきます。

EPISODE
9　地域の人材とつながる[*8]

- -

　園の近隣に，個人宅の一部を開放して，子ども用の図書を集めて「おひさま文庫」という活動を行っている方がいた。園では，散歩の際にご挨拶したり，子ども文庫に遊びに行ったりしながら，徐々に交流を深めていった。

　そのうちに，年長児が麦の収穫を体験させていただいたり，農業の体験もするようになった。生活発表会では，そのときの体験を発表する姿があった。

園を中心に，保育に活用できる社会資源を挙げましょう。具体的な地域（例えば，自分が育った地域など）や園があれば，実際にどのような資源があるか調べてみましょう。社会資源と園がどのようにつながる要素があるのか考えましょう。

(3) 保護者との連携・啓発

　保育を行う上で，保護者との連携は欠かせません。保護者との連携手段は，連絡帳やお便り，保護者懇談会，写真を使った記録（ドキュメンテーション等）などがありますが，いずれも保護者に保育の意図や成果などを伝えることを意識します。子どもがいろいろな人と関わることの重要性や，関わることで子どもは何を得るのかなどを，具体的な保育実践を通して伝え，保護者に理解してもらえるように考えていきます。具体的には，保育参観や保育参加などの機会を活用することができます。単に保育を見ることでも理解は進みますが，保育体験をすることでさらに進むでしょうし，意図を説明したり伝えたりすることで，さらなる啓発が可能となります。

　一方で，保護者は園での保育実践の情報の受け手にとどまらず，時に子どもと関わりをもち，関係を築く能動的な存在であるといえます。また，いつも送迎に来て，他児と顔を合わせたり，子ども同士の話の中で登場するなど，子どもの中に間接的に存在することもあります。

　例えば，2歳児以上のクラスの子どもは，「○○ちゃんのママ」など，送迎のたびに見たり話したりする保護者を記憶するようになります。3歳児クラスにもなれば，数名の保護者を認識して，送迎時に保護者に話しかけたりタッチしたり，「○○ちゃんママ来たよ」などと子ども同士で知らせたりすることがあります。子どもを託され，「お願いします」「行ってらっしゃい」と送り出すだけではなく，保護者も実践を構成する一つの要素であることを伝えられると，より主体的に園の保育について理解が進むことになります。「いつも笑顔でクラスの子どもに声をかけてくれるので親しみを感じている」とか「これが他の大人への信頼感につながる」などと知らせることで，保護者は初めて自身の役割や影響に気付くことになるのです。

　また，近年，保護者を巻き込んで，園庭を整備したり行事を行ったりする園もあります。一緒に園庭遊具をつくったり，築山をつくったりと

＊8　参考：「とうがねの園どうかね？」（東金市ウェブサイト）

保護者の力を借りながら，保護者との関係を築き，共に子どもを育てる協力体制をつくることも，大切な業務であるといえます。

EPISODE

10　家庭からもらった木材で家をつくる

　3歳児クラスでは，子どもたちの「家をつくりたい」という言葉を担任保育者が拾い，室内で数人の子どもが家づくりを始めた。新聞紙を丸めて支柱をつくり，屋根にシートをかけて小屋が完成した。クラスの片隅にある手づくりの家で，ごっこ遊びが始まり，昼食のときにはその場所でごはんを食べる子どもも出てきた。

　園内での研修の際に，子どもたちの家づくりへの情熱が冷めないうちに実際に木材も使って組み立ててみてはどうかという意見が出た。保育者が保護者にその過程を保育ドキュメンテーションで投げかけたところ，大量の木材を提供してくれた方が出てきた。保育者は子どもと一緒に，木材を使って園庭に家をつくった。

　その後，さらに釘で打ち付けることを楽しむ子ども，木材を運んでくることを楽しむ子ども，小屋の中でごっこ遊びを楽しむ子どもなど，いろいろな楽しみ方をすることができた。

📝 章末問題

1．みなさんの実習やボランティア等の体験などから，まず個人で①どんな多様な子どもが園にいたのかを挙げてみましょう。そして，グループで②園では多様性を受容するためにどのような配慮を行っていたのか，③保護者との連携はどのように行っていたのか，話し合い整理してみましょう。

2．まず個人で，①ある地域の園の周りの地域の資源を可視化しマップ化してみましょう。そして，グループで②マップをつなげて，それぞれの連携の可能性を考えましょう。さらに，③「園を地域に開く」というとき，園を地域にどのように開くことが考えられるでしょうか。人口減少地域・少子化地域・小規模化する保育施設の現状も踏まえ，地域資源や地域との交流をいかに保育に生かすのか話し合いましょう。

📘 文献紹介

★「特集2　地域に開かれた園へ」『発達』166，ミネルヴァ書房，2021年。

★倉石哲也（編集代表），石井章仁，古賀松香，堀科（編）『人口減少時代に向けた　保育所・認定こども園・幼稚園の子育て支援──地域とともに歩む22の実践事例』中央法規出版，2023年。

★保育・子育て総合研究機構　国際委員会「保育園での異文化体験エピソード紹介」（全国私立保育園連盟ウェブサイト：QRコード）

第Ⅱ部

保育内容「人間関係」の
指導法

第 **6** 章

生きるための
基盤を育む領域
「人間関係」

本章では，領域「人間関係」のねらいと内容を保育における子どもの姿と結び付けながら理解していきます。また，ねらいや内容の理解をもとに，子どもたちが人と関わる力を養うことができるようにするための保育者の役割について，具体的な事例を通して考えていきます。生涯にわたって重要とされる，人と関わり合いながら生きていくための力の基盤につながる保育内容への理解を深めていきましょう。

領域「人間関係」のマッピングから

①幼稚園教育要領，②保育所保育指針，③幼保連携型認定こども園教育・保育要領に示されている下記の部分のねらい・内容を見てみましょう。

・【乳児】社会的発達に関する視点「身近な人と気持ちが通じ合う」

・【1歳以上3歳未満児】領域「人間関係」

・【3歳以上児】領域「人間関係」

要領・指針は以下で確認できます。

① ② ③

次に，「人間関係」のねらいと内容をマッピングしてみましょう。

1．ねらい・内容を1つずつふせんなどに書き出してみましょう。【乳児】【1歳以上3歳未満児】【3歳以上児】をすべて同時に行っても，あるいは別々に行ってもよいでしょう。また，ねらいと内容を別々に行っても結構です。同時に行う場合にはふせんの色を分けるなどの工夫があると分かりやすいでしょう。

2．書き出したふせんを，次のページの図のどこに当てはまる内容なのか考えて置いていってみましょう。

3．マッピングしたものを眺めて，その特徴を話し合ってみましょう（例えば，ねらい・内容の項目の数は視点ごとに偏りがあるかどうか，年齢時期ごとの違いはどのようなものか，項目や視点同士の関係はどうなっているか，等）。

> **ヒント**
>
> ・「身近な人と気持ちが通じ合う」：受容的・応答的な関わりの下で，何かを伝える意欲や身近な大人との信頼関係が育まれること。
>
> ・「自立心」：自分の力でやろうとする気持ちをもち，やり遂げた満足感を味わう中で自信をもって行動するようになること。
>
> ・「協同性」：友達と一緒に活動する楽しさや，共通の目的に向かって工夫したり協力したりしてやり遂げた充実感を感じること。
>
> ・「道徳性・規範意識の芽生え」：道徳とは多くの人に共通する善悪を判断する基準のこと。規範とは判断や評価，行為の基準や手本のこと。
>
> ・「社会生活との関わり」：身近な家族や地域とのつながりを感じ，情報を自分なりに活用すること，公共の施設などを大切に使用しようとすること。
>
> ・発展的に，「幼児期の終わりまでに育ってほしい姿（10の姿）」や小学校の学習指導要領などと関連付けてもよいでしょう。

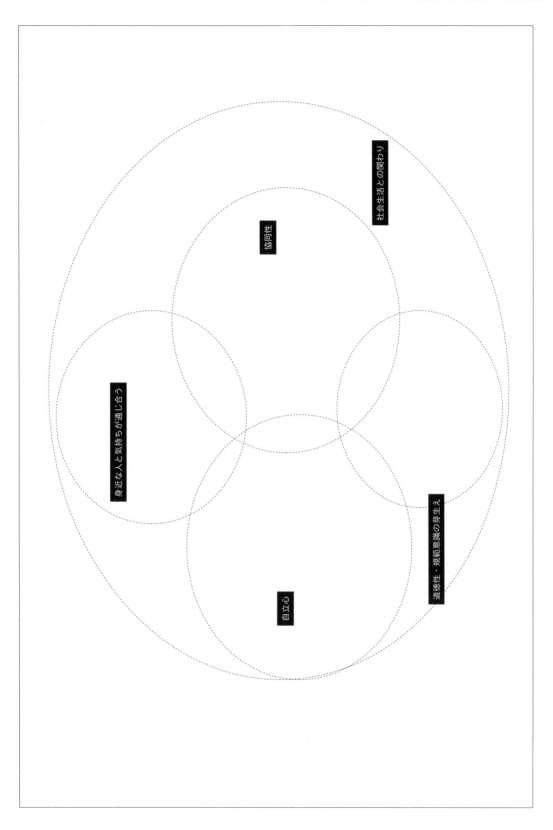

人との関わりに関する領域「人間関係」

　　領域「人間関係」では，他の人々と親しみ，支え合って生活するために，自立心を育て，人と関わる力を養うことが目指されています。ねらいと内容の全体像をつかみつつ，子どもの姿と結び付けながら学んでいきましょう。

(1) 領域「人間関係」を全体的に眺めてみると

　　冒頭の「考えてみよう」で扱ったように，領域「人間関係」のねらい及び内容は，その数も多く，内容も多岐にわたります。よって，はじめに全体の構造をつかむことから学習を始めていきましょう。冒頭でマッピングした図の一例を図6-1として示しています。

　　このように見ると，2つの特徴があることが分かります。1つ目は，自己を中心とする育ちと他者との関わりで育まれる育ちの大きく2つが基盤となっていることです。細かく見ると，自己の育ちにおいて，身近な人との関わりの中で自分を育み，次第に自分で考え，自分の力で行動しようとする自立心へ，そして道徳性や規範意識の芽生えへと広がることが読み取れます。また，他者との関わりにおいて，特定の保育者等との安定した関係から，友達との協同へ，さらに集団や社会との関わりへと広がっていくことが分かります。これは，第Ⅰ部で学習してきた理論を背景に発達を考慮したものといえます。ここで強調したいのは，どの段階でも子どもは社会的存在として捉えられ，自己の育ちと他者との関わりの両方を育むことが期待されているということです。

　　もう一つの特徴は，マッピングをする中での悩みに関連します。おそらくふせんの位置を明確に示すことには難しさもあったのではないでしょうか。それは，図中の円が重なるように，人間関係の育ちの視点は切り分けられるものではなく，重なり合うことからくる悩みといえます。

　　各領域に示される「ねらい」とは，「保育を通じて育みたい資質・能力を，子どもの生活する姿から捉えたもの」です。「内容」とは，「ねらいを達成するために指導する事項[*1]」，あるいは「『ねらい』を達成するために，子どもの生活やその状況に応じて保育士等が適切に行う事項と，保育士等が援助して子どもが環境に関わって経験する事項[*2]」とされています。ねらいや内容は，保育活動の目指す方向を示すとともに，子ども

＊1　幼稚園教育要領と幼保連携型認定こども園教育・保育要領での記述。

＊2　保育所保育指針での記述。

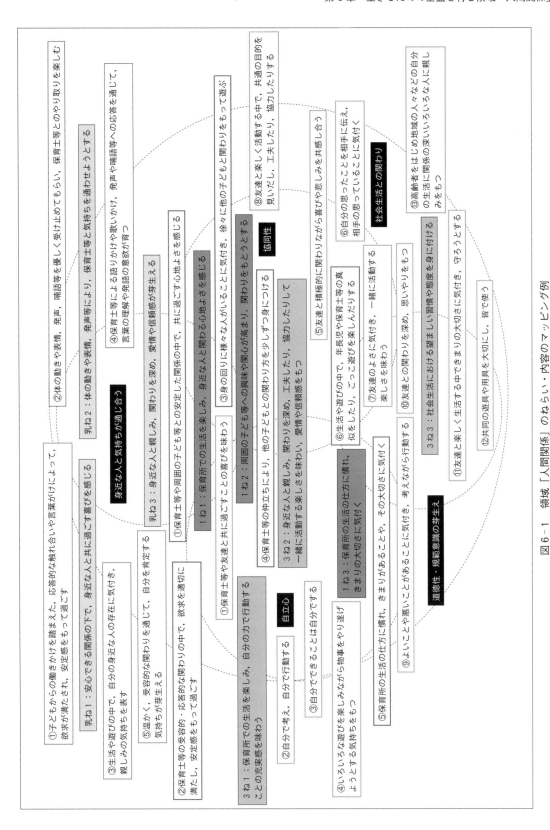

図6-1　領域「人間関係」のねらい・内容のマッピング例

＊3　幼稚園教育要領の「第1章　総則」の「第1　幼稚園教育の基本」の2，および幼保連携型認定こども園教育・保育要領の「第1章　総則」の「第1　幼保連携型認定こども園における教育及び保育の基本及び目標等」の1の(3)（遊びを通した総合的指導）。

の姿を捉える際の視点となるよういくつかの項目に分けています。しかし，そもそも子どもの育ちは包括的で総合的なものです。また，乳幼児期は子どもの自発的な活動である遊びを通して，「ねらいが総合的に達成されるようにすること^{＊3}」が求められます。遊びとは，様々な活動が複雑に絡まり合ったものです。そのような遊びの特性を生かして，子どもが夢中になって環境と関わり，主体的に遊び込んでいくことを目指す中に，おのずと表れてくる様々な側面の発達を捉えようという教育・保育方法といえます。

したがって，ねらいや内容に挙げられている各項目は，子どもの育ちと関連付けながら活用する一方で，項目の重なりやその関係にも注目していく必要があるといえます。

(2) 領域「人間関係」のねらい・内容と子どもの姿

ここでは，当番について話し合う子どもたちと保育者の事例から，領域「人間関係」のねらい・内容を具体的に理解していきましょう。

WORK 1

カラー写真

○この写真は5歳児の当番活動に関わるものです。さて，どのような活動なのでしょうか。また，当番活動のやり方は，どのようにして決められたのか，想像してみましょう。

EPISODE

1　毎日決める当番

5歳児

これからの年長組の仕事について話し合ってみようと保育者が提案した。まず，どんなことをしたらいいか，何が必要かを話し合うと，①庭の見回り，②砂場のシートかけ，③ウサギのお世

話，④○○文庫（絵本棚）の整理，⑤花や野菜の水やり，⑥弁当配り，⑦弁当時の机ふき，⑧やかん（昼食時のお茶の用意），⑨人数報告の9つが挙がった。そこで，さっそく，自分のしたい仕事を選んでしてみることになった。その日の降園前，「やってみてどうだったか」を話し合うと，弁当配りをしたAが「人数が多すぎてけんかになっちゃったから，少ない方がいい」と言い，同じくBが「弁当を配るときにつける軍手が4人分しかないから，4人にすればいいと思う。今日は片手ずつつけてやったんだけどね」と言う。水やりをしたCからは「今日は1人しかいなくて，○○ちゃんが手伝ってくれたけど，お庭のあちこちにあって2人でも大変だったから，3人くらい必要」との声。○○文庫の整理をしたDからは「△△組（隣の年長組）からも当番がいたから，3人でちょうどいい」との声が上がった。子どもたちの声を保育者が拾い，ボードに整理しながら仕事に必要な人数がおおむね決まっていった。

　次に，それをどうやって交代していくかに話題を進め，保育者からは「グループとかで順番にしていく？」と提案するも，子どもたちの反応はいまいち。どうしよう……という雰囲気の中，これまでみんなの意見に耳を傾けていたFが小さな声で「毎日変える」とつぶやく。それを受けてA「毎日選ぶ」，C「やることもやる人も変えるってこと？」，D「それ面白そう」と意見が上がり，他の子どもたちも「いいね」「やってみたい」となる。

　保育者が「なるほど。でも，誰がどの仕事なのか分からないんじゃない？」と問いかけると，H「あのさ，前にリレーの順番決めたときのあれ（一人一人の名前が書かれたマグネット）あったでしょ？　それを使って，朝来たら自分の名前を置いていくの」，保育者「どこに？」，C「このボードのところに置いていくってこと？」，みんな「なるほど。いい考え」，保育者「それを毎日やるってこと？」，みんな「そう！」，保育者「えー，大変じゃない？」，みんな「いいのいいの。そうする！」と満足げな表情の子どもたち。

　さて，この事例にどのような子どもの育ちがあるのでしょうか。「人間関係」のねらい・内容を一つの視点として細やかに捉えてみたいと思います。子どもたち一人一人が園での生活を楽しみ，自分の力で行動することの充実感を味わう（ねらい①[*4]）様子が読み取れます。また，クラスの友達と関わりを深め，工夫したり，協力したりして一緒に当番活動をする楽しさを味わう姿（ねらい②[*5]）も確認できます。当番活動は，社会生活における望ましい習慣や態度を身に付ける（ねらい③[*6]）ための仕組みとして，取り入れられることも多いでしょう。しかし，この事例の面白いところは，与えられた仕組みに従って行動するのではなく，自分たちで生活の仕組みやきまりを考えていることです。生活のきまりは，あらかじめ用意されているのではなく，遊びや生活の楽しさ，豊かさのために，つくるものであり，自分たちは生活している主体としてそれらを決めていく力があるのだという自信につながる体験となっています。

[*4]　①保育所での生活を楽しみ，自分の力で行動することの充実感を味わう（ここでは保育所保育指針での記述を示している。以下，特記のないものについても同様）。

[*5]　②身近な人と親しみ，関わりを深め，工夫したり，協力したりして一緒に活動する楽しさを味わい，愛情や信頼感をもつ。

[*6]　③社会生活における望ましい習慣や態度を身に付ける。

＊7　⑥自分の思ったこと
を相手に伝え，相手の思っ
ていることに気付く。

＊8　③自分でできること
は自分でする。

＊9　①保育士等や友達と
共に過ごすことの喜びを味
わう。

＊10　⑦友達のよさに気付
き，一緒に活動する楽しさ
を味わう。

＊11　③自分でできること
は自分でする。④いろいろ
な遊びを楽しみながら物事
をやり遂げようとする気持
ちをもつ。

＊12　②自分で考え，自分
で行動する。

＊13　⑧友達と楽しく活動
する中で，共通の目的を見
いだし，工夫したり，協力
したりなどする。⑩友達と
の関わりを深め，思いやり
をもつ。⑪友達と楽しく生
活する中できまりの大切さ
に気付き，守ろうとする。

具体的な内容として，必要な仕事内容と人数を考えて挙げていく中で，自分の思いや考えを言葉にしています（内容⑥）[*7]。言葉にすることで，自分で行動してきた生活や体験を振り返ったり（内容③）[*8]，みんなと一緒に生活する喜びを感じたりしています（内容①）[*9]。また，相手の意見にも耳を傾け，他の子どもの発言をおのずと補う場面にあるように，友達の思いや考えに気付き（内容⑥）[*7]，認め合いながら一緒に活動する楽しさを味わっています（内容⑦）[*10]。

最終的に，「メンバーも仕事内容も毎日変える」という，保育者の予想を超えた方法を納得して決めたことが，やり遂げようとする気持ちにつながっています（内容③④）[*11]。その後，うっかり朝決めるのを忘れて遊び始める子どもがいたら，子ども同士で声をかけ合う姿も見られたといいます。また，雨の日は庭の見回り等は必要ない，弁当のない日は弁当配り等が必要ないと気づいて，「他の仕事に回った方がいいから人数を調整しよう」など，進めていく中で様々な声が上がり，そのたびに話し合い，方法を見直しながら，2か月ほどこの方法での当番活動が続いたようです（内容②）[*12]。このように，工夫したり，協力したりしながら生活を進めることは，友達とのつながりを深めるとともに，きまりや生活の仕方への理解を深めることへもつながっています（内容⑧⑩⑪）[*13]。

この背景には，子どもを自ら伸びていく存在として信頼し，自分たちで決める様子を見守り，実現できる方法を一緒に考え，やり遂げられるよう応援する保育者の姿があります。子どもたちが年長組の仕事を理解し，実行できるようになってきたこれまでの育ちを捉えるとともに，友達同士で工夫し合い，支え合う姿を期待してのことだったといいます。保育者の，長期的な育ちの理解に基づく，タイミングを捉えた話し合いの機会の提供や話し合いにおける論点の整理，共有しやすい環境の配慮が，事例の姿を支えていたといえるでしょう。

第2節　人間関係の育ちを支える保育者の役割

　保育者として，子どもの人と関わる力の育ちを支えるとはどのようなことなのでしょうか。ここでは，領域「人間関係」に示されている「内容の取扱い」を参考に，人間関係の育ちを支える保育者の役割を概観し，その姿勢や考え方を理解していきましょう。

(1) 一人一人との信頼関係

　内容の取扱いには，どの年齢時期においても「保育士等との信頼関係に支えられて」という言葉が第一に示されています。まずは，一人一人の子どもと向き合い，深い内面理解に基づく，受容的・応答的な関わりによって，その子どもとの信頼関係を築くことが大切です。

EPISODE

2　地面と砂場にはじめまして　　　　　　　　　　　　　　　9か月

- -

　初めて地面に下ろされたＹちゃんは，すぐに自分の横にある砂場の方に体を向けて両手を伸ばし，両手を左右に大きく動かして手のひらで地面の砂に触れ始めた。時々，指に力を入れて砂をかくようにしてみたりもしている。Ｙちゃんの表情から真剣さを感じ取った保育者は，特に何も声をかけずに見守っていた。

　しばらくして，保育者が「お砂，気持ちいいね。今度はこちらにどうですか？」と言葉をかけ，Ｙちゃんの様子を見ながらゆっくりと抱き上げ砂場の中に座らせてみた。するとＹちゃんは，自分の周りにある砂に触れ，砂を両手でつかみ出した。乾いた砂が指の間からこぼれていく様子をじっと見つめる。今度は，砂をつかんだ手をもう一方の手の上で開けて砂を落とす。これを何度も繰り返す。途中，砂と共に落ち葉をつかむとゆっくり口元に近づけていった。声をかけずに見ていると，一瞬なめるような仕草をしたが，すぐに止めて下に落とし，またつかむ→落とすという動作を繰り返した後，Ｙちゃんは「はぁ〜」とため息をついて，満足げなほほえみを浮かべた。

　この事例を読むと，こちら側にまでおだやかな雰囲気やゆったりとしたテンポ感が伝わってくるような気がして不思議です。言葉ではなく表情や仕草，体の向きや手の動きから，Ｙちゃんの関心や内側で起きている心の動きを丁寧に読み取り，ゆっくりと優しく言葉をかけるなど，温かく受容的・応答的に関わる保育者の様子が確認できます（内容の取扱い【乳児】①②）。自分の心の動きを感じ取ろうとする存在がそばにいることや受け止められる喜びがＹちゃんにも通じているからこそ，新たな環境である地面や砂場の中でも，物怖じすることなく，自分から砂という対象に触れ，つかんだり落としたりという関わりを様々に楽しんでいます。

　津守（1997）は，「保育者の生活は，極度に他者のことを考えて動く生活である。普通の生活でも，他人を配慮することは多いが，保育はその極にある行為といえよう」と述べています。自分のことよりまずは子どものこと，目の前にいる一人一人の子どもに寄り添い，合わせ，考え

*14　①保育士等との信頼関係に支えられて生活を確立していくことが人と関わる基盤となることを考慮して，子どもの多様な感情を受け止め，温かく受容的・応答的に関わり，一人一人に応じた適切な援助を行うようにすること。②身近な人に親しみをもって接し，自分の感情などを表し，それに相手が応答する言葉を聞くことを通して，次第に言葉が獲得されていくことを考慮して，楽しい雰囲気の中での保育士等との関わり合いを大切にし，ゆっくりと優しく話しかけるなど，積極的に言葉のやり取りを楽しむことができるようにすること。

＊15　津守真『保育者の地平』ミネルヴァ書房，1997年，p. 216.

ることの積み重ねが信頼関係となり，子どもの自己を安定的に支えていきます。

EPISODE

3　ズドンとくるその子どもの重さ

3歳児

　3か月前に他園から転園してきたR児。園生活に慣れてきたここ数日，R児が友達に手を出す（ひっかく・たたく・かむ）ことが続いていた。この日もブランコを替わってくれなかった友達をかんでしまう。

　降園時，母親にそのことを伝えると，母親も事実を受け止め切れずにR児のことをその場で叱りつけてしまう。R児は大泣きする。両者にとってつらい状況になると判断した担任保育者は，母親のことを近くにいた主任保育者に任せ，R児を抱きかかえ，少し離れたところに行く。

　しばらくの間，赤ちゃんを抱くようにリズムをとったり，歌をささやいたりして気持ちが落ち着くようにしていた。少し落ち着いたところで，抱っこしたまま「大丈夫？　R児も悲しかったよね」と話しかける。「先生もお母さんも，R児のことを怒っているわけじゃないんだよ。R児の味方になりたいって思っているの。R児も言いたいことが言葉で言えずに困っているんだよね」と言った瞬間，保育者はグッとR児の体の重さを感じた。R児はホッとしたのか，泣きやみ，力を抜いて，保育者に全面的に体を預けるような感じで抱かれていた。その後，「でもね，かんだりたたいたりしちゃうと，友達も困るし，R児も困っているよね。だから，R児，困ったときには先生を呼んでほしい。R児が頑張って言葉で伝えようとするのを応援するし，もし言葉にできないなら先生が代わりに言ってあげるから，そのときは呼んで。必ず飛んでいって助けてあげるから」と保育者が続ける。R児の返事はないものの，表情はおだやかに見えた。

＊16　①保育士等との信頼関係に支えられて自分自身の生活を確立していくことが人と関わる基盤となることを考慮し，子どもが自ら周囲に働き掛けることにより多様な感情を体験し，試行錯誤しながら諦めずにやり遂げることの達成感や，前向きな見通しをもって自分の力で行うことの充実感を味わうことができるよう，子どもの行動を見守りながら適切な援助を行うようにすること。

＊17　伊藤亜紗『手の倫理』講談社，2020年を参照。

　ネガティブな状況の事例ですが，R児と担任保育者との関係を大きく変えた事例です。これを機にR児は，困ったことがあると担任保育者を呼ぶようになるなど，自然と頼れるようになったそうです。一人一人のことを受け止めるということは，ネガティブな行動をも含めた子どもをまるごと受け止めるということです。どんな行動にも，その子どもなりの理由や思いがあり，時間をかけてその子どものペースで心を解きほぐし，温かく関心を寄せながら支える保育者の姿勢が求められます（内容の取扱い【3歳以上児】①）[16]。

　また，この事例における身体接触のもつ意味も大きいといえます。人と人とが触れ合う行為は，相手との距離が近く，直接的な関わりであることから，相手の心の機微に敏感になり，相手の尊厳を守る意識が必要不可欠です[17]。しかしながら，R児が保育者に体を預けた瞬間に見られた信頼とそれを引き受ける保育者との情動的なやりとりは，乳幼児期の子

どもの育ちにおいて重要なものといえるでしょう。他者の内面に深く入り込み，感情や心の動きを感じ取る身体的な接触によって，互いがかけがえのない存在であり，その間に信頼が生まれることを実感と共に分かることができるからです。

(2) 自分から環境に関わることを見守る

　保育には，環境を通して行うという基本的な原則があり[*18]，子どもが自分で何かをしようとする気持ちや自ら周囲に働き掛けることを大切にする必要があります。人と関わる力を育んでいく際にも，環境への関わりを通して，試行錯誤しながら諦めずにやり遂げることの達成感や，前向きな見通しをもって自分の力で行うことの充実感を味わうなど，多様な感情を体験することができるよう見守り，適切な援助をすることが重要です（内容の取扱い【3歳以上児】[*16]①）。

*18　幼稚園教育は，学校教育法に規定する目的及び目標を達成するため，幼児期の特性を踏まえ，環境を通して行うものであることを基本とする（幼稚園教育要領の総則）。

WORK 2

◦園庭から遊び終わった子どもたちが数名ずつ部屋に戻っていきます。多くの子どもがはだしになって遊んでいるため，部屋に入る前に水をはったたらいに入り，足をきれいにする必要があります。その足洗いの場面を想像してみてください。あなたが保育者だったとしたら，どのように子どもに接しますか。言葉や動きを具体的に思い浮かべてみましょう。

EPISODE

4　足洗いも大切な一コマ　　　　　　　　　　　　　　　　2歳児

　並んでいたCくんの番が来たときの保育者の言葉かけである。

保「お待たせしました。Cくんの番が来ましたよ」

保「今日のお水は，どうかな？　冷たいかな？」

C「冷たいかな？」と言い，足をたらいに入れる。

保「どう？　教えて」

C「ちょっと冷たい」

保「そうなんだ。ちょっと冷たいんだね」

保「ごしごし。きれいになったかな？　お水が茶色くなったね」

保「はい。Cくんに，タオルをどうぞ」

C「ありがとう」と言って自分でふく。

保「一人でできるね。きれいになって気持ちよくなりました。次はおしりも気持ちよくなるといいね」

何気ない日常の一コマですが，保育者からすると，このような場面は流れ作業になりがちです。しかし，この保育者は足洗いの場面においても，子ども自ら環境に関わり，様々な関わりを通して発見や驚き，感覚や言葉を育む重要な機会であると捉えています。自分で何かをしようとする気持ちが旺盛になる時期であることを捉え，子どもが自分で行うことができるような環境，具体的には一人一人に合わせた時間や空間の設え，タイミングよく子どもの主体的な関わりを促す問いかけの内容に工夫が見られます（内容の取扱い【1歳以上3歳未満児】①）。[*19]

*19　①保育士等との信頼関係に支えられて生活を確立するとともに，自分で何かをしようとする気持ちが旺盛になる時期であることに鑑み，そのような子どもの気持ちを尊重し，温かく見守るとともに，愛情豊かに，応答的に関わり，適切な援助を行うようにすること。

(3) 自分と他者の同じや違いを実感する体験を

冒頭のマッピングで確認したように，他者と関わる力は，乳児から育まれ，人への信頼や心地よさと共に，次第に友達と一緒にする楽しさへと広がっていきます（内容の取扱い【3歳以上児】③）。[*20]保育の中では，友達とのいざこざやトラブルが多く起こります。それは，同年代の子どもの存在に興味を抱き，関わろうとし始めるからこそ，起きるものです。よって，友達との衝突は，自己と他者の違いを知る重要な機会として捉え，支えていくことが大切です。

*20　③子どもが互いに関わりを深め，協同して遊ぶようになるため，自ら行動する力を育てるとともに，他の子どもと試行錯誤しながら活動を展開する楽しさや共通の目的が実現する喜びを味わうことができるようにすること。

EPISODE

5　どうしてもこれなの

3歳児

　テラスで，TくんとFくんが泣きながら大げんかをしている。気付いた年長児2人がそばに行き，「どうしたの？」と声をかける。テラスには，ゴザが敷かれ，園庭用のバケツやままごとのおわんなどが置いてある。どうやら2人は一緒にお店屋さんごっこをしていた模様である。話を聞くと，Tくんが持っている穴の空いたお玉をFくんがとったというのでけんかになったという。それを聞いて年長児のXが「どっちが先に使っていたの？」と聞くと「Tだ」と言う。同じく年長児のZが「でも，Fくんも使いたくなっちゃったの？」と聞くとうなずくF。Tが「ダメー」とFに飛びかかろうとする。「T，分かった，分かった。落ち着いて」と言いながら必死で止めるXとZ。Z「困ったね」，X「ちょっと待って。同じのあるかどうか，探してきてあげる」と言って砂場に向かう。戻ってきて，X「なかった。もともと，それ1個か2個しかないよね」，Z「2人で順番に使うっていうのは？」と提案するが，TもFも「いやだ」と言って聞かない。そこへ，年長児Aが「どうしたの？」と来る。事情を説明すると，Aは「そういうときってあるよね。私もそうだったもん。年少さんのとき」と話す。X「あるある」，Z「オレも，取り合っ

てけんかしてたな」と言いながら，3 人で懐かしんでいる。それを見て少し笑う F。「あ，笑ったよ」と X が F の表情をすかさず捉える。A が F に「もうちょっとしたら，もう一回貸してって言ってみたら？」と言い，Z も「それか，一緒にチョコつくろうとか言って一緒に使うといいよ」とアドバイス。F は，コクリとうなずいて，料理の続きを始めた。「じゃあね。オレたちも遊ぼう」と年長児も駆けていく。

　思いや考えの違いから衝突する場面は，どの時期においても見られます。それは，自分と他者が同じく大事な存在であるとともに，異なる思いや考えをもつ者であることを実感する貴重な体験です。この事例を問題解決場面として見ると，結局解決していないともいえます。しかし，他者との衝突場面を上記のように捉えると，事例の年長児がしているように，解決を急ぐばかりではなく，双方の思いを聞き取り，引き出しながら，納得のいく解決の方法を提案してみたり，一緒に考えたりして支えることによって，この葛藤が子どもにとって意味ある体験となることが重要となってきます。その際，納得がいかないこともあるということ，時間をかけて気持ちから立ち直ること，感情を自分でコントロールすることへの気づきが生まれるプロセスを大切にしたいものです。

　また，折り合いというと苦しいイメージが先行しますが，そもそもその遊びや活動が楽しくて一緒に遊びたい，もっと面白くしたいという気持ちがあるから折り合えるのです。岡本（2005）[21]は，子どもが遊びの中で最小限のいくつかのルールを守ろうとしていることを子どものもつ「倫理」とし，それらを子どもは自身の行動を通して理解していくことを指摘しています。つまり，子どもは友達と一緒に遊びたい，けれども一緒に遊ぶには，自分と相手の気持ちとの間で折り合いをつけなければならないこともあるということを遊ぶ中で体験し，大切に守ろうとしているということです。事例の年長児が自分たちの幼い頃を振り返る様子にあるように，子どもたちは，そうした様々な葛藤体験を積み重ねる中で，次第に自分と他者との違いを知り，その上で，友達と一緒に活動を展開する楽しさや共通の目的が実現する喜びを味わうようになっていきます。

　したがって，保育者としては，遊びや生活の楽しさと共にあるこのような衝突や葛藤体験を大切にし，たっぷりと体験できるようにすること，その解決にあたってはそれぞれの子どもの感情の動きを敏感に感じ取り，様々な解決のゆくえを思い描きつつ関わっていくことが重要です。

　EPISODE 1 で示した道徳性や規範意識の芽生えの育ちも，このよう

＊21　岡本夏木『幼児期』岩波書店，2005年，pp. 94-97.

＊22　④道徳性の芽生えを培うに当たっては，基本的な生活習慣の形成を図るとともに，子どもが他の子どもとの関わりの中で他人の存在に気付き，相手を尊重する気持ちをもって行動できるようにし，また，自然や身近な動植物に親しむことなどを通して豊かな心情が育つようにすること。特に，人に対する信頼感や思いやりの気持ちは，葛藤やつまずきをも体験し，それらを乗り越えることにより次第に芽生えてくることに配慮すること。⑤集団の生活を通して，子どもが人との関わりを深め，規範意識の芽生えが培われることを考慮し，子どもが保育士等との信頼関係に支えられて自己を発揮する中で，互いに思いを主張し，折り合い

を付ける体験をし，きまりの必要性などに気付き，自分の気持ちを調整する力が育つようにすること。

*23　②一人一人を生かした集団を形成しながら人と関わる力を育てていくようにすること。その際，集団の生活の中で，子どもが自己を発揮し，保育士等や他の子どもに認められる体験をし，自分のよさや特徴に気付き，自信をもって行動できるようにすること。

なプロセスの中で，相手を尊重するとともに自分もまた尊重される関係を基盤に育まれていくといえるでしょう（内容の取扱い【3歳以上児】④⑤）。[*22]

(4) 多様さが豊かさになる活動デザイン

　みなさんの理想とする集団とは，どのようなものでしょうか。内容の取扱いでは，一人一人の子どものよさを生かした集団づくりが期待されています（内容の取扱い【3歳以上児】②）。[*23] このことを踏まえ，保育者は，個々の子どものかけがえのないよさが生かされるとともに，多様な者が集まるからこそ生まれる集団の豊かな育ちを期待し，内容や展開をデザインしていくことが大切です。

┌EPISODE┐

6　一人一人のよさを織りなす活動デザイン　　　　　　　　4歳児

- -

　4歳児クラス，2月に行われる生活発表会の取り組みである。このクラスには，人前に出ることに極度の緊張を感じる子どもや，自分のペースで集団活動に参加している子どもなど，個性豊かな子どもたちがいる。また，下半身の麻痺のため，這うか歩行器を使用して身体移動する必要のあるE児，両親ともに外国籍で日本語をあまりしゃべることのできないK児への配慮は日常生活においても欠かせない。担任保育者は，生活発表会を迎えるにあたり，どの子どもにとっても，それぞれの好きなことや得意なことが生かされるとともに，クラスの仲間と一緒に一つのもの（劇）をつくることの楽しさを感じてほしいと考えていた。

　同僚や先輩保育者にも相談し，劇の題材を『たろうのともだち』[*24]にすることにした。その理由としては2点あった。『たろうのともだち』は「友達」とは何かを考える題材となっており，友達と一緒に遊びたいけれどもいざこざも多く，様々な感情を抱いているクラスの子どもたちの様子にぴったりだと思ったことが一点である。もう一点は，コオロギやネコ，イヌなど生き物が出てくるため，虫探しやネコごっこなどに親しんでいる子どもたちが楽しめるだろうと考えるとともに，E児の這うという日常動作を表現として生かすこともできるのではと考えたことである。

　絵本をもとに，物語を共有し，物語の世界で遊んだり，好きなものになったりして楽しんだ。予想通り，子どもたちは様々な生き物になりきりながら，その気持ちを自分と重ねて楽しんでいた。E児は，一番はじめに出てくるコオロギ役を自分で選んだ。劇中ずっと這い通しで保護者や保育者も心配したが，本人は「ずっと出られて楽しい。全然疲れない」と満足げ。同じコオロギ役のC児は，E児のことを「ずっとハイハイしてても疲れないのってすごいね」と言う。

　予想外だったのは，K児である。動物になることはもちろんのこと，オノマトペを中心とした言葉の繰り返しを気に入り，大きな声で言葉を楽しんでいた。人前で緊張してしまうL児は，そんなK児の隣で，K児のリズミカルで明るい声に支えられながら口を動かしている。

「どの子どもにとっても，それぞれの好きなことや得意なことが生かされるとともに，クラスの仲間と一緒に一つのもの（劇）をつくることの楽しさを感じてほしい」という願いは，どの保育者にもあり，行事だけではなく，常に抱いている願いだといえます。しかし，言うは易く行うは難しでもあります。この保育者は，同僚の意見や日常にあるアイデアを活用し，事例のような表現の場をデザインしていきました。

　子ども理解に基づく題材の設定により，子どもたちがなりきることや物語の世界を十分に楽しむことへとつながっています。また，それぞれのよさが生かされる場のデザインによって，活動の楽しさや劇の魅力を基盤に，E児やK児のよさが他の子どもにも伝わり，認められたことが，E児やK児の自信をもって行動する姿につながっています。さらに，興味深いこととして，一人一人の子どもへの配慮として取り入れた「這う」という動作やオノマトペの繰り返し言葉が，E児やK児を支えるだけではなく，他の子どもも支えるとともに，このクラスの劇に彩りを与え，豊かさにつながっています。そういう集団のあり方や展開を丁寧に，また大胆に考え，実践していくことが求められていくのではないでしょうか。

＊24　村山桂子（作），堀内誠一（絵）『たろうのともだち』福音館書店，1977年。

🖊️ 章末問題

1. これまでに出会った子どもたち（実習先など）の姿を思い浮かべてみましょう。次に，冒頭の「THINK（考えてみよう）」にて自分が作成したマップを見ながら，思い浮かべた子どもの姿と領域「人間関係」のねらい・内容と関連付けて育ちを捉えてみましょう。

2. 自分のマップと友達のマップ，あるいは図6‐1を並べてみて，ねらい・内容の言葉だけでは具体的な子どもの姿が思い浮かばない項目について話し合ってみましょう。

📖 文献紹介

★ 津守真『保育者の地平——私的体験から普遍に向けて』ミネルヴァ書房，1997年。

★ 岡本夏木『幼児期』岩波書店，2005年。

★ 平田オリザ『わかりあえないことから——コミュニケーションの能力とは何か』講談社，2012年。

★ 伊藤亜紗『手の倫理』講談社，2020年。

保育の評価と改善の視点

　子どもたちが周囲の人やモノや出来事と主体的に関わりを広げ，深めていけるよう，日々の遊びや活動を支える保育者はどのように自らの保育を振り返ったり，次につなげていくことが求められるのでしょうか？　ここでは，そのために求められる保育者のまなざしのあり方について，ある実習生のエピソードから考えてみましょう。

　実習で「責任実習」を行うことになったSさんは，普段から様々な廃材を使って製作を楽しんでいる子どもたちの姿を見て，責任実習のクラス活動として，廃材を使った楽器づくりをする計画を立てました。事前にギターや太鼓など3種類の楽器の見本をつくり，子どもが好きな楽器を選んでつくれるよう，必要な材料も準備して当日を迎えました。責任実習当日は，楽しそうに楽器づくりに取り組む子どもたちの姿が見られましたが，その一方で，なかなかつくり出せずに，じっと机に座ってかたい表情をしているAちゃんや，みんながつくっている様子を見て歩くだけで，自分はつくらずに終わってしまったBくんなど，Sさんにとっては想定外の姿もありました。Sさんは，そんなAちゃんやBくんにとても丁寧に関わっていきましたが，その分，他の子どもたちへ思うように声をかけられず，実習後は，「全然計画通りに進められなかった」と反省していました。

　みなさんは，このSさんの責任実習をどう思われますか？　あらかじめ立案した計画通りに保育が進まなかったということは，Sさんの責任実習は「失敗」だったのでしょうか？　また，Sさんは，活動がスムーズに展開できるように，もっと計画を細かく立てたり，保育の技術や方法を獲得していくことが必要になるのでしょうか？

　このエピソードを，Sさんの側から見てみると，「自分が考えていた計画通りに進めることができなかった」ということになるかもしれません。しかし，この場面を，それぞれの子どもの側から見てみると，少し見え方が変わってきます。例えば，その頃，製作活動だけでなく，様々なことに自信がもてず，自分から物事に取り組むことの少なかったAちゃんにとっては，この日，Sさんがそっと隣に寄り添いながら，どんな楽器がつくりたいか，どんな形にしたいかなどAちゃんの思いを丁寧に聴きながら，一緒に考え，楽器をつくり上げてくれた経験は，自分の思いを受け止め，支えてくれる存在への信頼感や，その支えを通して物事を成し遂げられた喜びや達成感を得られる経験になったようでした。また，つくりたいもののイメージがなかなか固まらず，この日は何もつくらなかったBくんは，翌日になると，自分から仲のよいCくんを誘って，製作コーナーにあった廃材でギターをつくり始めました。その後，積み木でステージをつくり，Cくんと一緒に演奏ごっこを楽しむ姿もありました。Bくんにとっての前日の活動は，友達が楽器をつくったり，それを使ったりしている姿を通して，「面白そう」と心が動き，つくりたいもののイメージややりたいことが徐々に見えてくるために必要な時間だったのかもしれません。こうしたBくん，Cくんの姿が，今度は他の子どもたちにも「面白そう」と心が動くきっかけとな

ったのか，次第に，自分のつくった楽器や近くにあるものを使って，互いの音やリズムを合わせて合奏したり，ステージで演奏することを楽しむ子どもたちの姿が生まれ始めました。さらに，プログラムや招待状をつくってお客さんを招く演奏会ごっこにも展開していきました。

　ショーン（Schön, 1983）[*1]は，複雑で不確実な現実に対応する専門職のあり方について，体系的な知識や法則を適用して問題を解決していこうとする「技術的熟達化」の限界を指摘し，実践の文脈に即しつつ，そこで生まれる行為や出来事について，様々に思いをめぐらせ，その「意味」を探ったり，見出しながら，専門性を高めていく「省察的実践家」像を提示しています。保育者も，まさに，そのような「省察」を重ねながら，自らの保育を問い直し，その先の保育を新たに創造していく「省察的実践家」の一人といえるでしょう。そして，そのような省察の過程においては，様々な実践の状況について，それぞれの子どもがどのように他者やモノや出来事と出会い，関わっているのか（＝その対象とどのように「対話」をしているのか）を子どもの視点に立って捉え直していきます。そうすることで，その経験が，その子の育ちにおいてもつ（あるいは，これからもっていくであろう）「意味」や「価値」が見えてきます。こうしたまなざしは，何ができるか，できないかという観点から子どもの姿を評価したり，事前に設定された目標が達成されたかどうかを問うような「目標準拠型」の評価ではなく，その子どもの姿や行為のもつ多義的な「意味」や「価値」を，その子を取り巻く周囲の人やモノや環境との関係も含めた多様な側面から問い直し，見出していこうとする「鑑識眼的なまなざし」といえます[*2]。

　また，そのような子どもの姿のもつ「意味」や「価値」を幅広い視点から問い直していくためには，自分一人でじっくりと振り返るだけでなく，多様な他者との「対話」も重要になります。それは，何らかの正解を求めたり，誰の考えが正しいかを問うためではなく，それぞれの見方や気づきを共有し，協働的に振り返っていくことによって，子どもの姿のもつ新たな意味が発見されたり，次の保育の構想が広がっていきます。子どもたちが主体的に関わりの世界を広げていくための保育の実践は，このような日々の協働的な省察の営みによって支えられているのです。

＊1　Schön, D. A.（1983）. *The Reflective Practitioner : How professionals think in action*. Basic Books.
＊2　このような評価観の転換については，以下の文献が参考になる。
・松下良平「教育的鑑識眼研究序説──自律的な学びのために」天野正輝（編）『教育評価論の歴史と現代的課題』晃洋書房，2002年，pp. 212-228.
・佐伯胖「『教える』ということの意味」汐見稔幸・奈須正裕（監修），佐久間亜紀・佐伯胖（編著）『現代の教師論（アクティベート教育学2）』ミネルヴァ書房，2019年，pp. 241-262.

第 7 章

身近な人との
安心・安定の中で
身近な人と気持ちが通じ合う，
共に過ごすことの喜び

本章では，０・１・２歳児が，安心・安定を土台に自己を発揮し，どのように周囲の大人や友達との人間関係を築いていくのかについて具体的な事例を通して学びます。子どもを理解することが保育の基盤ではありますが，まだ言葉を巧みに話すことのできない子どもの思いや願いをどのようにくみ取るのか，受容的・応答的な関わりとはどのような関わりであるのか，自らが保育者になったことをイメージしながら，保育者の役割について理解を深めていきましょう。

THINK

子どもを受け止めるってどういうこと？

EPISODE

1 抱っこをせがまれるけれど……

- -

　T先生は，1年目の新任保育士。6人の0歳児を10年目の保育士Y先生と一緒に担任している。11か月のAちゃんは，T先生のことが大好きで，T先生を追いかけて抱っこをせがみ，離れない。T先生は，他の5人をY先生に見てもらうことになり，申し訳ないという気持ちでいっぱいだ。Aちゃんだけでなく他の子も見ようとAちゃんのもとを離れると，Aちゃんは大泣きするので，仕方なく抱っこをすることになる。Y先生には「泣いてもすぐ抱っこしない方がいい」と言われてしまい，T先生はますますどうしたらいいか悩んでしまった。

　保育所保育指針と幼保連携型認定こども園教育・保育要領の，0～3歳未満児のねらいや内容の箇所で登場する「受容的・応答的な関わり」ですが，実際の場面では上の事例のように子どもを抱っこで受け止めようとしても，これでいいのだろうかと悩む場面があります。保育者になったつもりで考えてみましょう。

1．あなたが，1年目のT先生ならどうしますか？　また，その理由は？
2．なぜY先生は，T先生に「泣いてもすぐ抱っこしない方がいい」と言ったのでしょうか？
3．問1・2で考えたことを出し合い，Aちゃんが安心して過ごすために何ができるか，話し合ってみましょう。

ヒント

　まず，Aちゃんにとって大切なことは何かという視点をもって考えましょう。また，大人との関わりという人的環境だけでなく，物的環境や生活の流れ，家庭との連携など多岐にわたり，Aちゃんの状況を理解することが重要です。

第1節　0歳児にとっての安心・安定

この世に生まれて，家庭で育ち，初めて保育園にやってくる0歳児の気持ちになってみましょう。人見知りや場所見知りが始まっていない子どもたちは，大きくは不安にはならないかもしれませんが，「おなかがすいた」「ねむたい」と生理的な快・不快を主張します。人見知りが始まり「家とは違う！」「いつもの人と違う！」ということが分かってから，保育園に入園してくる子どもたちは，しっかり泣いて主張します。真新しいおもちゃに夢中で初日は泣くこともなかったのが，毎日だと分かると，後から不安を示す子もいます。月齢によっても，家の状況や個々の性格によっても，感じ方や思いの表現の仕方が違います。保育所保育指針には，「受容的・応答的な関わりの下で，何かを伝えようとする意欲や身近な大人との信頼関係を育て，人と関わる力の基盤を培う」[*1]とあります。また佐々木（1998）[*2]は，乳幼児期の育児を建築工事にたとえ，乳幼児期は，基礎工事であり，「人間の基礎をつくるだいじな時期である」と述べています。基礎工事は，目には見えない部分ですが，しっかりした建物を建てるには，非常に大事な土台の部分であるということです。いかにこの乳幼児期が，子どもの育ちにとって大事な時期であるかが分かります。子どもが発信するサインを読み取り，受容的・応答的に関わることが重要であるということです。本節では，0歳の子どもたちにとってどのような関わりが，信頼関係を構築し，子どもにとっての安心・安定につながるのか，現場での実際と発達を踏まえて，保育のあり方について述べていきます。

⑴ 子ども理解が保育の基盤：受け止めるって難しい

改めて冒頭の事例を振り返ります。1年目のT先生がAちゃんを受け止めようと奮闘する姿がありました。このように保育の現場では，子どもの気持ちを受容し，応答的に関わりたいけれどもどうすればいいかと悩むことがよくあります。様々な保育の方法や捉え方がありますが，子どもの欲求が満たされることが望ましいとされています[*3]。事例でいうと，Aちゃんの不安が安心に変わるまでたっぷり抱っこすればいいのです。しかし，なぜY先生は，Aちゃんを抱っこしない方がいいと言ったのでしょう。これは，言葉足らずで，方法のみを提示していて，な

＊1　厚生労働省「保育所保育指針」の「第2章　保育の内容」の「1乳児保育に関わるねらい及び内容」の「（2）ねらい及び内容」の「イ　身近な人と気持ちが通じ合う」2017年。

＊2　佐々木正美『子どもへのまなざし』福音館書店，1998年，pp. 14-15.

＊3　前掲（＊1）の「（イ）内容」の「①子どもからの働きかけを踏まえた，応答的な触れ合いや言葉がけによって，欲求が満たされ，安定感をもって過ごす」。

ぜその方法がいいのか提示していないため，余計にT先生に迷いが生じ，その迷いがAちゃんに伝わるという悪循環を生んでしまいます。同じ状況で，Y先生が「今は，AちゃんがT先生を求めているから，安心できるまで受け止めてあげていいよ」と声をかけるとどうでしょう。T先生は，安心してAちゃんと向き合い，その安心がAちゃんに伝わり，そのうちに自分から遊び出すかもしれません。もしくは，抱っこしない方がいいなら，なぜそうなのかを伝える必要があります。実際に，甘えて互いに執着し合ってなんだかうまくいかないという状況を生むことはあります。大切なことは，Aちゃんの心の動きや背景を担任同士で共有し，様々な角度から子ども理解を深めることです。子どもが，保育者と信頼関係をもち，安心して主体性を発揮できるにはどうすればよいか，発達の視点や，保育者間の連携，保護者との連携の視点から考えましょう。

① 子ども理解を深める：発達の視点から

　0歳児クラスの子どもの言葉や認識は，月齢によって大きく差があります。表7-1を見ても分かるように「アー」や「ウー」などの喃語から，「マンマ」「ブッブー」など意味のある一語文を話すように変化していきます。発達には個人差がありますが，11か月のAちゃんは，三項関係が成立し，分離不安が強まる頃であるのが分かります。つまり，「自分対人」「自分対物」という二項関係から，おやつを指さし，とってほしいと要求したり，犬を見つけ指をさし，大人に共感を求める三項関係へと移行します。三項関係が重要なのは，何かについて伝え合う関係が大人と子どもとの間に成立するからです。[*4]特定の大人に愛着をもち，離れることが不安になるのは，ここにいると安心できるという居場所を確保し，そこを安全基地として，新しい世界に飛び出す心のエネルギーをためているのです。言葉，認識，対人関係など発達の視点からAちゃんの姿を捉えると，「泣いて困った姿」から「安心を蓄え，次に向かって成長しようとする姿」に見えてくるのではないでしょうか。西川(2003)[*5]は，「発達を学ぶことは，子どもを『できる子』と『できない子』に分けてとらえるための道具」ではなく「より適切な援助を考えるためこそ，必要」であると述べています。子どもの理解を深めるために，発達の視点を学ぶことは，保育者にとって必要不可欠なことであるといえます。

＊4　神田英雄『0歳から3歳──保育・子育てと発達研究をむすぶ【乳児編】』ちいさいなかま社，2013年，p. 12.

＊5　西川由紀子『子どもの思いにこころをよせて──〇，一，二歳児の発達』かもがわ出版，2003年，p. 8.

表 7 - 1　　0 歳児の言語・認識・対人関係での発達のおおよそのめやす

月齢	言語・認識	対人関係
1〜2 か月頃	物や人を注視 音がすると動作を止める 泣き声の変化（アー，ウーなど） 漠然とした生理的興奮（未分化）	あやしてくれる大人の目を注視
3〜4 か月頃	180°追視 人の声と物事を聞き分ける 喃語（アブー，アバーなど） 快・不快の分化	あやすとほほえんだり声を出して笑う （おはしゃぎ反応）
5〜6 か月頃	360°追視 喃語の活発化（ブッブー，バーバー，アババ） 音のする方へ目を向ける	イナイイナイバーに声を出して笑う 大人にほほえみかける
7〜8 か月頃	喃語がさらに活発化（アブアブなど） 大人に対する能動的発生	人見知り 子ども同士で物の取り合いが始まる じっと見つめたり，顔を合わせ笑う
9〜10か月頃	反復喃語（マンマンなど） 音声や動作の模倣活発化 名前を呼ばれると振り向く 「ダメ」が分かる 指さし理解，志向の手さし，指さし 三項関係の成立 （物の受け渡し，指さしで人に伝える，共同注意）	分離不安が始まる 大人とのゆさぶり遊びを楽しむ 他児と同じことをして共感し合う姿も見られ始める
11〜12か月頃	要求の初語（マンマなど） 名前を呼ばれると手を上げる 鏡に映った自分が分かり，笑いかけたり，ほおずりしたりする 要求の指さし 発見，定位の指さし	分離不安が強まる 大人との共同遊び（ボールのやりとり，イナイイナイバー，かくれ遊び，まてまて追いかけっこなど）がさかんになる→子ども同士でも共感的な遊びを楽しみ出す

出典：乳児保育研究会『改訂 5 版　資料でわかる　乳児の保育新時代』ひとなる書房，2018年，pp. 16 -17の「資料 1 - 4　0 歳児の発達のおおよそのめやす」をもとに作成

② 子ども理解を深める：保育者間の連携から

　子ども理解を深めるには，目の前の子どもの目に見える姿だけを捉えるのではなく，別の角度からも捉える必要があります。保育者一人だけでなく，他のクラスの保育者，給食職員，事務職員など様々な角度からの情報をもとにその子を捉えることが重要です。

　例えば，お昼寝時間に泣いて寝られないという場合，つい自分が寝かせられないことに落ち込んでしまいがちですが，「お家では，おっぱいを飲みながら寝ているってお母さんがおっしゃってたよ」という情報を他の保育者や園長，主任らと共有することで，子どもがなぜ泣いているか，子どもの気持ちに気がつくヒントになるのです。理由は一つではなく，様々な背景が考えられますが，自分一人で抱え込まず，子どもの様

子を伝え合うことが大切です。子どもの姿を共有するために，職員会議や話し合いなどがそれぞれの園でもたれていますが，それだけではなく日々の困ったことを気軽に出し合える雰囲気づくりは，子ども理解を深め，子どもの安心・安定につながっていきます。

③ 子ども理解を深める：保護者との連携から

　保育者同士の連携だけでなく，子どもの様子を一番理解している保護者との連携は，必要不可欠です。特に0歳児クラスは，言葉での伝え合いが難しく，一つの泣きから，体調面，情緒面などいくつもの理由を探ることが求められます。入園してすぐにあるオリエンテーションや，慣らし保育，家庭訪問などでは，そのためのヒントがたくさん得られます。保護者からの声に耳を傾け，子どもが育ってきた背景を知ることが大事です。先ほどの事例にもあったように，それが，子どもが泣いたときに「もしかしたら……」と予測できるヒントになるのです。ここで重要なのは，保護者が子育てで当たり前と思っていることが，保育者にとって必ずしも当たり前ではない場合があるということです。食事の場面での手づかみ食べについて，保育者は子どもが主体的に食べられるようになったと喜ぶ一方，行儀が悪いと違和感を訴える保護者もおられます。保育の現場では，多かれ少なかれそういった食い違いは生まれます。その際，今一度保育で何を大切にしているかを考えることが肝心です。食べさせてもらっていたのが，徐々に主体的に自分で食べられるように手にもって食べやすいおかずをメニューに取り入れるなど，子どもにとってどのようなねらいや願いをもって保育しているかを根気強く伝えます。それと同時に保護者が大切に思っていることにも耳を傾けます。食事の場面だけでなく，友達同士の関わりや日々の保育で大切にしていることを伝えることが保護者の安心につながります。単なる情報交換だけではなく，共に子育て・保育をする仲間としての信頼関係を築いていくことが，さらなる子ども理解へとつながっていきます。

(2) 目の前に魅力的な空間・おもちゃはあるか：
　　環境の視点から子どもの安心・安定を目指して

＊6　厚生労働省「保育所保育指針」の「第1章　総則」の「1　保育所保育に関する基本原則」の「(4)保育の環境」2017年。

　環境には，人的環境・物的環境・社会的事象がありますが，0歳児クラスの人的環境では，子どもの安心・安定につながるように，少人数の子どもたちに決まった保育者が担当につく担当制などの工夫や，先述した受容的で応答的な保育者との関わりがなされています。また，子ども

の育ちを支えるのは，人的環境だけではなく，おもちゃや空間づくりなど，物的環境も重要となってきます。物的環境との関わりがいろいろな遊びを楽しむことにつながり，それは自立心や共に様々な経験をする仲間関係の育ちにつながります。Aちゃんの事例のように，抱っこで受け止め，安心したのちに目の前に楽しそうな空間があることが重要であり，自らの意思で，新しい世界に飛び出し，主体的に活動することにつながります。T先生のAちゃんへの対応としては，抱っこするだけでなく，周りのおもちゃや友達のしていることにAちゃんが飛び出せるように環境を整え，一対一の関係を基盤としながら，新しく楽しい世界へと働きかけることも大事だということです。

　高山（2017）は，乳幼児期の環境構成のポイントとして，3点挙げています。1つ目は，「子どもの発達に合った環境」であり，2つ目は，「さまざまな興味・関心を引き出す環境」，3つ目は，「子どもが主体的に動ける環境」です。[7]保育者が常に遊びを提供するのではなく，子どもたち自らが遊びを選び取り，満足いくまで遊び込める環境は，子どもの主体性を引き出します。環境設定もまた0歳児の安心・安定につながる重要な要素です。

(3) 安心・安定を土台につながる子どもたち

　子どもは大人との信頼関係を深め，見守ってもらっている安心感を土台に個々に楽しいおもちゃ，遊びを見つけるとともに，徐々に周囲にいる友達にも目を向けるようになります。ふとした瞬間に子ども同士がつながり合っているということがあります。子どもが主体的に友達に目を

写真7-1　ゆさぶり遊び[8]
遊びを通じて保育者とつながり，笑顔がはじける（11か月）。

＊7　高山静子『学びを支える保育環境づくり──幼稚園・保育園・認定こども園の環境構成』小学館，2017年，p. 45.

＊8　写真7-1のカラー写真は以下。

写真7-2　輪っかのおもちゃをのぞいたら何が見える？^{＊9}

友達のすることに興味を示し，つながり合う姿（1歳2か月・1歳1か月）。

写真7-3　ボールでつながる^{＊9}

ボールをもぐもぐするNちゃん（11か月，写真左）。急にGくん（1歳1か月，写真右）にボールを押し付ける。はじめはびっくりするGくんだが，状況が分かったのか，「どうぞ」とばかりにお返しする。その後は，一緒に穴にボールを入れて遊び出した。

＊9　写真7-2，7-3の
カラー写真は以下。

向ける姿を捉えていきます。

　子どもの様子を見ていると，保育の場が安心できる居場所となり，対大人との関係から子ども同士の関係へと広がっているのが分かります。時には，相手のつもり（意図）が分からず楽しさを共有できないため，たたく，かむなどして悲しいことになることもありますが，主体的に友

達に関心をもち，つながろうとする姿は，大きな成長でもあります。大好きな大人と大好きな友達，大好きな遊びに囲まれ安心して自己を発揮できるような保育の環境が，子どもの心身ともに健やかな成長につながるのです。

　ここまで，0歳児にとってどのような関わりが信頼関係を構築し，子どもにとっての安心・安定につながるのかを見てきました。第2節では，第1節での内容を基盤に，さらに自我が芽生え，しっかりとした自己が育っていく1・2歳児を中心に安心・安定につながる保育について述べていきます。

第2節　1・2歳児にとっての安心・安定

　1歳半前後になると発達の節を迎え，直立二足歩行・道具の使用・言葉の使用といった，人間らしい力を獲得します。好きなところへ自分で出向き，手先を使ってやりたいことを楽しみ，言葉を使って自分の思いを主張するなどできることが増え，毎日が発見する喜びにあふれています。また，自己と他者の区別がつくようになり，自我が芽生え，親しい大人にしっかり自己主張するようになります。食事に関しても，今まで好き嫌いなく食べていたのが，味の違いが分かり，好きなものだけ自分で選び取り食べたいと主張する姿が出てきます。さらに，排泄に関してもトイレやオマルを使用するようになるなど，自立に向けて大きく変化する時期であるといえます。一方で，何でも自分でやりたいけれど，うまくできず葛藤する姿や，大人の言いなりではなく自分の意志で行動したいけれど，まだまだたっぷり甘えたいといった姿もあり，揺れながら成長していきます。保育所保育指針には，「思い通りにいかない場合等の子どもの不安定な感情の表出については，保育士等が受容的に受け止めるとともに，そうした気持ちから立ち直る経験や感情をコントロールすることへの気付き等につなげていけるように援助すること」とあります。この時期の子どもの揺れに寄り添い，受容的に受け止めていくことが求められているということです。では，どのように受容的に受け止めていくことがこの年齢の子どもたちの安心・安定につながっていくのでしょう。事例も踏まえて見ていきましょう。

(1) 自我の芽生え：自己主張は成長の証

　先述したように，1歳半前後の子どもたちは，少しお話ができるようにもなり，「イヤ！」「ダメ！」と，自分の思いをしっかり主張するようになります。保育の現場では，「お外から部屋に入るのがイヤ！」「お着替えイヤ！」「トイレ，イヤ！」「この絵本イヤ！　これがいい！」……とたくさん自己主張をする場面があります。保育者が「○○がイヤだったの？」と声をかけて，解決することもあるのですが，何を言っても「イヤ！」のオンパレードのときもあります。そんなときは，別の担任と対応を代わってもらったり，ちょっと間をおいてから対応してみたり……と悪戦苦闘することもあります。

EPISODE
2　着替えるのイヤ!!

　Kちゃん（1歳9か月）は，ごはん前に汚れた服を着替えることを嫌がる。保育者が，「着替えるのイヤなの？」「なんでイヤだった？」と受け止めつつ「これどう？」「自分でお洋服選ぶ？」「お友達もうごはん食べてるよ」といろいろ言っても，「着替えないの！」とかたくなに着替えない。そこまで大きく汚れてはいなかったため，「じゃあ，ごはん食べてからお着替えする？」と言うと，やっとうなずいた。そこからは，怒り顔はなくなり緊張が解けた様子になった。「食べ終わったらどの服着るか選んでおこうか？」という保育者の提案にも乗り，自分で服一式を選んだ。給食後には，自ら自分の選んだ服をちゃんと着替えに行ったKちゃんだった。

　　上記の事例のKちゃんは，なぜイヤだったのでしょうか。
　①お腹がすいていたので，すぐにごはんが食べたかった。
　②お気に入りの服を着替えたくない・引き出しにお気に入りがない。
　③先生の言うことを聞くのがイヤ・自分で決めたい。
　④体調が悪い・眠たいなどで機嫌が悪い。
　⑤遊びが満足にできなかった不満が残っている。
　　いろいろな理由が考えられますが，Kちゃんは，自我が芽生えしっかり自己主張しながらも，保育者に自分の思いを受け止めてもらったことで，保育者の提案を受け入れ，折り合いをつけました。さらにKちゃんは，食事後に着替えるということを覚えていて，自分から着替えに行ったのです。ここまで先の見通しをもって，意志がはっきりしているKちゃんは，きっといろいろな場面で自分の思いを主張することが予想されます。そういった自己主張こそが成長の証です。保育者は，Kちゃんの本当の気持ちは分からないけれども，いろいろ推測しながら，

Kちゃんの気持ちに気づこうとしています。受容的・応答的な関わりというのは，子どもの要求にすべて応えるということだけではなく，その思いを受け止め返していくということです。自分の気持ちを受け止め，分かってもらえたという経験をたっぷり積み重ねることが，この時期の子どもたちの安心・安定につながるのです。

(2) 受容的・応答的な関わり：保育者間の連携

> **EPISODE**
> ### 3　Mちゃんをどう受け止める？[*10]
>
> Mちゃん（2歳2か月）は，クラスでも月齢は高く，つもりや見立て遊びもとても上手だが，5月頃から，「全部，Mちゃんの！」と，食器のおもちゃや，かばんなどいろんなおもちゃを「自分のもの！」と主張する姿が出てきた。このことに関して，担任間でも対応に違いがあり，1年目のH先生が，18年目のS先生に疑問をぶつけた。「なんで，S先生はMちゃんのわがままを許すんですか？　他の子は，我慢しろということですか？」とH先生。Mちゃんが「全部Mちゃんの！」と言ったときに，「Mちゃんは，全部使いたいんやな」とS先生が受け止めたことが，H先生の疑問を生み出したのだった。

Mちゃんが強く自己主張をすることへの対応が問われた事例です。Mちゃんは自我が芽生え，自分には自分の思いがあるという意志をはっきり伝えています。ただ，その主張は，周囲の子どもの思いと折り合いがつかず，1年目のH先生と18年目の先輩のS先生との対応の違いも生まれました。2人の先生の思いの違いはどこにあったのでしょう。

▶H先生の考え：なんで，S先生はMちゃんのわがままを聞くの？　Mちゃんが，全部おもちゃをとったら，他の子がかわいそう。一人のわがままを聞くって，どういうこと？　納得がいかない。

▶S先生の考え：Mちゃんの「全部Mちゃんの！」という他人を寄せつけようとしないかたくなな姿は何かのサインだろうな。お母さんも「お兄ちゃんの方に手がかかっていること」を伝えていたし，クラスも変わり，担任も変わったから，そういう形で何かしら心のサインを出しているはず。今はMちゃんの出しているサインを受け止めよう。

2人の先生の言い分は，どちらが正しいというものではなく，Mちゃんの気持ちも周囲の子どもの気持ちも受け止めての保育です。話し合いの中でS先生はMちゃんに関して自分が思っていることをH先生にちゃんと伝えていなかったことを反省し，H先生は，Mちゃんの背景

＊10　尾場幸子「人間関係を育む保育実践の可能性──乳児期の子どもたちはいかにして人間関係を構築するのか」『大谷大学短期大学部幼児教育保育科研究紀要』(19)，2017年，pp. 79-86の事例②（pp. 81-82）を参考に短縮した形で記載。

を見るという状況の捉え方もあるのだという発見をしました。Mちゃんも他の子も満足できるように，遊ぶ人数や遊びの環境を工夫していこう，ということでその日の話し合いは終わりました。その後，まだ保育の環境は変えていないのに，なぜかMちゃんの様子が落ち着くということが起こりました。担任同士で話し合えたことによる担任の安心感が，Mちゃんにも伝わったのかもしれません。担任同士でも保育観が違ったり，大事にするポイントが違うこともありますが，「これが正しい」を押し付け合うのではなく，互いの思いを出しつつ子どもにとって何が最善か考えて保育をしていくことが大切です。

(3) 友達への思い：葛藤と共感

EPISODE

4　友達と手をつなぎたい [*11]

10月のある日，朝の音楽が鳴ると友達同士で手をつなぐことが流行していた。Sくん（2歳3か月）は，どうやらEくん（1歳10か月）と手をつなぎたくなったようで，無言で後ろからEくんの手をとろうとした。Eくんは，そのSくんのつもりが分からず，逃げて拒否。拒否されたSくんがEくんを押してしまうということがあった。保育者が間に入って，Sくんには「押したらダメ，Eくん痛いよ。手をつなごうって言うんやで」と伝え，Eくんには「Sくん，Eくんと手をつなぎたいみたいよ」と伝えた。「手，つなご」と，SくんがEくんに改めてお願いすると，手をつないでくれたEくん。2人は，嬉しそうに音楽に乗って手をつないでいた。

*11　前掲（*10）の事例④（p. 83）を参考に短縮した形で記載。

このように思いが通じ合わず，友達を押したり，たたいたりいろいろな姿があります。望ましくない行動に対しては，相手の悲しい顔を見せたり，危ないことや相手を傷つけるようなことは，しっかり「だめ」と注意します。しかし，次につなげるためにもっと大事なことは，そのときの子どもの本当の願いは何だったか，どんな気持ちがあったかを知ろうとすることです。本当の願い（このときのSくんの場合は，友達とつながりたい）を叶えるために，保育者は「次は，手をつなごう！って言うんだよ」「一緒に遊ぼうって言うんだよ」と，友達と気持ちよくつながる表現の仕方を伝えます。このように友達との共感を求め，時には葛藤しぶつかり合いを経験しながらも，保育者に見守られ，受け止められるという安心感の下，自分の思いを表現できるということが重要です。

数日後，逆にみんなが手をつなぐ輪の中に入りたそうにしているEくんに気がつき，自分の手を差し出してくれたのは，Sくんでした。目

に見えない，大きくは目立たない成長かもしれませんが，日々の積み重ねの中でそういった子どもの心の動き，成長に目を向けられるようにしたいものです。

第3節　子どもの姿を捉え，子ども理解を深める

　子ども理解を深めるには，何気ない子どもの行動を捉え，思いをくみ取り，ねらいをもって保育を展開することが大切です。次の一連の写真は，1歳2か月を迎えたTくんの園庭での姿です。写真を通してTくんの姿を捉えてみましょう。

WORK 1

カラー写真

○Tくんの体の発達の状況は，どういった段階にあるでしょう。

○Tくんの行動から，Tくんの思いを想像してみましょう。

　保育所保育指針には，「保育士等との信頼関係に支えられて生活を確立するとともに，自分で何かをしようとする気持ちが旺盛になる時期であることに鑑み，そのような子どもの気持ちを尊重し，温かく見守るとともに，愛情豊かに，応答的に関わり，適切な援助を行うようにするこ

^{＊12}」とあります。Ｔくんの行動を踏まえた適切な援助，関わり方はどのようなものか考えてみましょう。

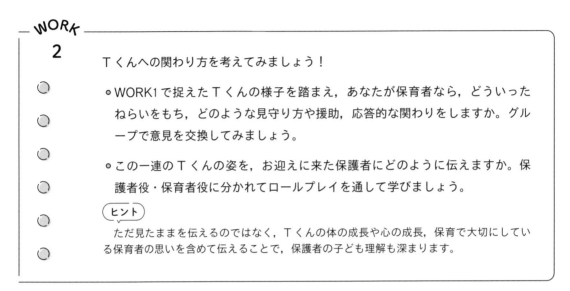

WORK 2

Ｔくんへの関わり方を考えてみましょう！

○ WORK1で捉えたＴくんの様子を踏まえ，あなたが保育者なら，どういったねらいをもち，どのような見守り方や援助，応答的な関わりをしますか。グループで意見を交換してみましょう。

○ この一連のＴくんの姿を，お迎えに来た保護者にどのように伝えますか。保護者役・保育者役に分かれてロールプレイを通して学びましょう。

ヒント
ただ見たままを伝えるのではなく，Ｔくんの体の成長や心の成長，保育で大切にしている保育者の思いを含めて伝えることで，保護者の子ども理解も深まります。

＊12　厚生労働省「保育所保育指針」の「第2章　保育の内容」の「2　1歳以上3歳未満児の保育に関わるねらい及び内容」の「イ　人間関係」の「(ウ) 内容の取扱い」の①，2017年。

　WORK1，2で捉えた子どもの姿から子どもの思いや育ちを読み取り，保育を展開することが大切です。Ｔくんの姿から歩行に向けてのねらいをもち，転んでも大丈夫でたっぷり歩くことのできる公園まで散歩に行く，また友達のしていることに興味・関心がふくらんできた姿を捉えて，スコップやカップなどをそろえ，友達と関わることのできる遊びの環境をつくるなど，保育を計画します。さらに，このＴくんは，ハイハイをしっかり積み重ねた上で歩こうとしたのでよかったのですが，中にはハイハイでしっかり体幹を鍛えないまま歩き出す子どももいます。そのようなときには，やりたい気持ちを尊重しつつ，傾斜のゆるい小山をマットでつくる，園庭では築山に誘うなどしながら，楽しくハイハイできる環境をつくります。体をしっかり鍛えることは，自信や自己肯定感にもつながり，自立へ向かう発達を支えます。体と心の発達を踏まえて，個々のやりたい気持ちともっている課題や苦手なことを念頭に置いて，保育を組み立てていくことも重要なポイントです。

✎ 章末問題

1．保育施設や公共の場，家庭で，思いが叶わず，泣いたり怒ったりしている子どもの姿に出会ったことはありますか？　そういった子どもの自己主張の場面を出し合いましょう。

2．また，その場面においてどのような関わりが子どもの安心・安定につな
　がるか，子どもの思いや背景を踏まえて，受容的・応答的な関わりを考え
　ましょう。

📖文献紹介

★西川由紀子『子どもの思いにこころをよせて──〇，一，二歳児の発達』
　かもがわ出版，2003年。

★田中真介（監修），乳幼児保育研究会（編著）『発達がわかれば子どもが見
　える──0歳から就学までの目からウロコの保育実践』ぎょうせい，2009
　年。

★神田英雄『0歳から3歳──保育・子育てと発達研究をむすぶ【乳児編】』
　ちいさいなかま社，2013年。

第 **8** 章

自分が大好きになる

自立心の育ち

本章では，領域「人間関係」と関係の深い，幼児期の終わりまでに育ってほしい姿の「自立心」に関する内容を保育における具体的な子どもの姿と結び付けながら理解していきます。特に，人間関係を育む上での基盤となる「自分が大好きになる」ことについて，どのような経験を積み重ねることでそのようになっていくのか，また保育者としてどのような援助が必要なのかを考えていきましょう。

「ありのままの自分を出す」ことについて考えてみよう

　自分のことが大好きになるためには，まずは自分のありのままを出せることが大切だといえます。ここではまず，「ありのままの自分」を出すことについて考えてみましょう。

1．あなたは「ありのままの自分」を出せていますか。出せていないとすれば，それはどうしてでしょうか。その理由を考えてみましょう。
2．どんな人に対して，どんな場面なら，あなたの「ありのままの自分」が出せますか。
3．上の1，2を踏まえて，子どもたちは，どのような環境，状況であると「ありのままの自分」を出すことができるでしょうか。話し合ってみましょう。

（ヒント）

　本書を読んでいる現在，学校では「ありのままの自分」を出せないと感じている人が多いのではないかと思います。今までの学校生活の中で，本音は分かってもらえない，本音を話すと不利益を被ると感じる経験を積み重ねてきているのかもしれませんね。そのように感じさせる理由は何でしょうか。その，自分にとってはいつの間にか「ありのままの自分」は出せないことが当たり前になってしまった理由を考えてみることの中に，子どもたちにとって，そして自分自身にとっても「ありのままの自分」を出すことが可能になり，自分が好きになっていくためのヒントが隠れていると思います。

第1節 「自分が大好きになる」とは

(1)「自分が大好きになる」とはどのようなことだろう

　あなたにとって、「好きな自分」とはどのような姿ですか。何かができるようになった自分。人より能力をもっている自分。友達とうまく関係を築いている自分。もちろん、そんな「できる自分」は誇りに思えるでしょう。しかし、いつもそんな自分ではいられませんよね。失敗したり、諦めたり、孤独になったりする自分もいると思います。そのような自分は「ダメな自分」で、好きになれないと苦しんでいる方もいるかもしれません。

　子どもも同じです。何かができるようになったとき、友達と仲良くなったとき、その子どもは嬉しいし、そんな「できる自分」が好きでしょう。保育者も、そのことを積極的に褒めたり認めたりすると思います。しかし、いつでもそうはいきません。失敗したりみじめになったりなど「ダメな自分」と思えることもたくさんあります。保育者は、「ダメな自分」を「できる自分」にしていけるように支えることが多いでしょうが、そこには限界があります。そして子どもの側から見ると、「ダメな自分」を変えさせようと否定的に捉えている保育者の思いが感じられるため、子どもは「今の自分ではダメなのだ」という思いを強くしていくかもしれません。それでは、今のままの自分が好きとはいえなくなります。

　つまり、「自分が大好きになる」とは、「できる自分」だけではなく、「ダメな自分」も含めた「ありのままの自分」が好き、もしくはこのままでも大丈夫だと言えることではないでしょうか。では、それはどのようにして成り立っていくのでしょうか。

(2)「ありのままの自分」を受け止められること

　この章のはじめの問いで、「ありのままの自分」を出すことについて考えてもらいました。あなたが「ありのままの自分」が出しにくいのは、どうしてでしたか。それは周りの目を気にして、受け止められないこと、否定されることを恐れているからではありませんか。

　もしも、「ダメな自分」を出しても周りは受け止めてくれると感じられたら、人は「ありのままの自分」を安心して出していくことができるでしょう。そのためには、できないことや、みじめな思いも含めて、受

け止められる，認められる経験が不可欠になります。そのような経験を通して，「ダメな自分」でも大丈夫なのだと安心することができ，結果として「できる自分」だけでなく「ダメな自分」も含めた「ありのままの自分」を好きになっていくのではないでしょうか。

つまり，自分を好きになっていくには，周りに向かって安心して「自分のありのまま」を出しながら「自分らしさ」を発揮していけることが必要であり，そのためには様々な「その子らしさ」が受け止められる場（環境）が必要になります。このように，自分らしさを発揮し，それを受け止められることが，その場での自分の存在を確かにし，「自分が好き」という感情につながっていくといえるでしょう。

第2節　「ありのままの自分」を出す

(1) 保育者とつながる経験

入園・進級当初は，保育者との関係もできておらず，子どもも緊張して過ごしていることが多いですね。子どもたちはどのようにして，安心して「ありのままの自分」を出せるようになるのでしょうか。幼稚園3年保育の入園すぐの事例を見てみましょう。

EPISODE

1　初めてつながった心

- -

サヤカは，入園からずっと引きつったような緊張した面持ちで過ごしていた。保育者がスキンシップをとろうとしても体をかたくしていた。

入園して数日後，サヤカも含め数人が粘土遊びをしていた。周りの子どもたちは，保育者のところに粘土でつくった料理を持ってきて，保育者がそれをおいしそうに食べたり「すっぱい！」と顔をしかめたりして反応することを喜び，繰り返していた。サヤカは表情を変えず粘土を触っていたが，保育者と他児との様子に顔を上げて，その様子を見ていた。

やりとりができるかもしれないと感じた保育者はサヤカのところに行き，「おいしそうなのつくってるね。食べさせて」と話しかけた。保育者が近づいてきたのでサヤカは少し緊張した表情になり，動かしていた手が止まった。その様子に保育者は，ものを媒介にすれば何とかなるかと思い，サヤカがつくっていたものに自ら手を伸ばし「これ食べてもいい？」と丸めた粘土のかたまりを手にとった。サヤカは抑揚のない機械的な声で「イイ」と答えた。肯定とも否定ともつかなかったが，「やった。もぐもぐ。おいしいね」と言って食べるまねをした。それでもサヤカの

表情はほとんど変わらなかった。少なくとも否定はされなかったことをたよりに，何とか心を開いてほしいと思っていた保育者は，先ほど他児との様子を見ていたサヤカを思い出し，「ん？この料理，すっぱい？」と聞いてみた。するとサヤカは先ほどと同じように機械的な声で「スッパイ」と答えた。保育者はぶっきらぼうな言い方ながらも「すっぱい」と言ったことが嬉しくなり，「え，すっぱいの？　あ，本当だ。すっぱ～い！」と顔をしかめた。すると保育者を凝視していたサヤカの表情がかたいながらも少しゆるみ，2人の間の空気が初めて溶け合ったように感じた。保育者が「あー，すっぱいけどおいしかった。また料理食べさせてね」と語りかけると，サヤカは「うん」と小声でうなずいた。

　ここでは保育者は，特別な対応をしているわけではありません。「すっぱい」とリアクションすることで子どもたちがリラックスするなど，安心できるユーモアのある場づくりをしているとはいえますが，サヤカはそれでも緊張していました。

　このエピソードで大事だと思われるのは，保育者がサヤカに対して「何とか心を開いてほしい」という願いをもち続けて，サヤカに気持ちを向け続けていることです。それによって，サヤカの気持ちが伝わってきて「今，少し心がゆるんだのではないか」「急に近づいたことで緊張が増したのではないか」などと感じているのです。そして，その感じられた感覚を頼りに，何とかつながりの糸口をつむいでいこうとしていることが分かります。鯨岡（2015）は「接面」という言葉を用いて，このことを説明しています。「接面」とは，人と人が関わるなかで，一方が相手に（あるいは双方が相手に）気持ちを向けたときに，双方のあいだに生まれる独特な雰囲気をもった空間や時の流れ，とし，「接面」が形成されることで，相手の気持ちが伝わってくることを説明しています。

　ここで保育者に問われるのは，その子どもと向き合い，理解していこうとする意志です。津守（1997）は，「自分にとってかかわりにくい子どもや親と本気に向き合うのも，出会う意志である」と，子どもと出会おうとする意志の大切さを述べています。保育者が，その子どもと出会いたい，その子どもを受け止めたいという気持ちをもっていることで，その子どもとの間に「接面」が生まれ通じ合う関係性が生まれてくるのではないでしょうか。そして，保育者と気持ちが通じ合うことで，子どもたちは次第に安心して「ありのままの自分」を出すことができるようになっていくのでしょう。

＊1　鯨岡峻『保育の場で子どもの心をどのように育むのか──「接面」での心の動きをエピソードに綴る』ミネルヴァ書房，2015年。

＊2　津守真『保育者の地平──私的体験から普遍に向けて』ミネルヴァ書房，1997年。

(2) 負の感情を受け止められる経験

第1節で述べたように，自分が大好きになるには，負の感情も含めて受け止められる経験が大切です。5歳児の例を見てみましょう。

EPISODE

2　俺，いいのつくりたい

ヒロキは自分の思い通りにならないと，5歳児になった今でもかっとしやすい面がある。この日，大きな段ボール箱があったので，友達4人と相談して，おばけ屋敷をつくることになった。「ここを入り口にしよう」「中にひもをたらそう」などとアイデアを出し合い盛り上がっていた。

段ボールカッターを手にしたヒロキは，はりきって箱の側面を切り始めた。すると男児が「ヒロくん，そこ違う！」と叫び，他児も「ここから入るって決めたじゃん」と非難するように言った。言われたヒロキは顔を真っ赤にして，段ボールを勢いよく倒し，「もう知らん！」と言ってその場を離れて外に出ていった。

保育者が近づくと，ヒロキは鼻息を荒くして「あいつらが悪い」と怒っていた。一連の流れを見ていた保育者は，はじめはヒロキをいさめようと思う気持ちだったのだが，一方でヒロキが不器用ながらも一生懸命につくろうとしていることも伝わっていた。保育者はまだ興奮しているヒロキのそばに黙って座り，ヒロキが顔を向けている前方を一緒に見ながら怒らせている肩にそっと手を置いて「いいの，つくりたかったんだよな」とささやいた。そして，「悔しかったな」と伝えた。触れていたヒロキの肩からは，興奮から次第に悲しみのようなものが伝わってくるようになった。しばらくして，ヒロキは絞り出すように「俺，いいの，つくりたかった」と泣きながらつぶやいた。そのまま，何も話さず同じ方を向いて座っていた。しばらくしてヒロキが落ち着いた後，保育者は「『いいの，つくりたかった』って伝えに行くか」と言って，一緒におばけ屋敷づくりに戻った。

ヒロキの言動に対して，5歳児にしては幼すぎるし，まずはちゃんと謝らせるように伝えるべき，という意見もあるでしょう。また，他児のヒロキへの伝え方の問題もあるかもしれません。しかし，ここで考えたいのは，ヒロキはこの場面で，「怒らざるを得ない」自分を抱えているということです。それを頭ごなしに間違っていると指摘しても，ヒロキの心には響かないでしょうし，ヒロキはますます自分が嫌いになり，結果として破壊的に行動することは増えるのではないでしょうか。津守(1997)は「一つひとつの子どもの行動をどう見るかによって，保育者がどう交わるかは違ってくる。意味のないいたずらと見るならば，保育者の一方的な判断で止めさせて，保育者の意図に従って次を進めるだろう」と述べた上で，「外部から観察される行動は内なる世界の表現であ

る」として，子どもの行動を表現として理解することの大切さを述べて
います[*2]。段ボールを倒す行動を「自分勝手で迷惑な行動」と理解するの
か，「自分の思いが理解されず，悔しくてそうせざるを得なかった」と
理解するのかによって，保育者のその後の関わりは変わってきます。

　自分の存在を確かにし，自分が大好きになる過程においては，このよ
うな負の感情が受け止められることが不可欠だといえます。保育者の専
門性は，子どもを上手に教え導く面もありますが，子どもの負の感情を
受け止められることこそが，誰にもはできない専門性といえるのではな
いでしょうか。

COLUMN

「褒める」保育はよい保育か？

- -

　「褒める」保育は，よい保育だと思いますか？　そう尋ねると，多くの人がうなずくかもしれ
ません。もちろん，叱ってばかりの保育よりはよいですね。とはいえ，「褒める」ことのもつ意
味は，もう少し考える必要がありそうです。

　保育者はどんなときに褒めているでしょう。「上手にできてすごいね」「ちゃんとお話が聞けて
偉いね」など，子どもが肯定的な行動をとったときによく褒めますね。その「肯定的」とは誰に
とってでしょうか。その多くは保育者の価値基準に照らしてよいと思うことを褒めているのでは
ないでしょうか。するとその結果，何が起こるでしょうか。子どもたちにとって褒められること
は当然嬉しいことですから，結果として「褒められる」ために行動することが増えていくかもし
れません。自分のしたいことより，保育者の顔色をうかがい何をしたら褒められるかを考えて行
動することにつながっている例があるように思います。また，褒められることで自己肯定感が高
まる面もありますが，それは「褒められる自分」が認められることであり，「ありのままの自分」
でないことも多々あります。「ありのままの自分」ではなく，がんばる自分でないと認めてもら
えない，という認識にもつながりかねません。

　そして，ある子どもを褒めることは，できていない子どもを否定する意味も含んでしまうこと
を考慮に入れておく必要があります。「ありのままの自分を出す」ことを支えるために，何気な
く発しているかもしれない「すごいね」「できて偉いね」と褒めることの意味を，もう一度見直
してみる必要があるのではないでしょうか。

第3節　自分らしさを発揮する

(1) 自分らしさが受け止められる経験

　「ありのままの自分」が出せるようになり，保育者に受け止められると，友達の前でも自分らしさを発揮できるようになってきます。そこで，それぞれの子どもの自分らしさを発揮し合い，それを受け止め合う機会が大切になってきます。例えばクラスで名前を呼ぶ場面でも，工夫次第でその子らしさを発揮し，それを皆で受け止め合うことができます。

EPISODE

3　ジャンプで返事

　3歳児クラスで名前を呼んでいるとき，ある子どもがジャンプしながら勢いよく返事をした。それがみんなおかしくて大笑い。保育者が「そんな返事も楽しいね」と同じようにジャンプすると，子どもたちもこぞってまねをし始めた。それから子どもたちは次第に，自分なりのポーズをつけて返事をするようになり，周りの子どもたちもポーズのまねをすることが，このクラスの名前を呼ぶときの楽しみになっていった。

　名前を呼ぶときに，「きちんと，ふざけないで」と伝えている園もあるかもしれません。しかし，このクラスでは，そのことよりも，クラスで集まっている中で，一人一人が自分なりの表現ができること，そして周りの子どもたちがまねをすることを通してその子に注目して受け止めることを大事に考えて，このような名前呼びがつくられていきました。このような積み重ねが，皆の前で安心して「自分らしさ」を発揮することにつながっていきます。

　保育者の意にかなう表現をさせることを求めると，それに合わない子どもも出てきます。保育者は，その子らしい表現ができることをまずは保障しながら，そしてそれが皆に伝わり受け止められるような場づくりをすることが必要となるでしょう。

(2) 先生や友達との思いが交差する経験

　年少組の頃は比較的「ありのままの自分」を出しやすく，周りも受け止めやすいかもしれません。しかし年長児になっていくにつれ，次第に友達との関係の中で，どう思われるかを気にして自信をなくしたり，自

分らしさを発揮しにくくなることもあります。

4　ヒロキのようにはできない

　年長組になって，ダイチは今まで好きだったサッカーなどの運動遊びに参加しなくなった。昨日は久々にサッカーをしたので，保育者は今日もサッカーをするかとダイチを誘ったが，嫌だと言う。面白くないのかと聞くと，サッカーは面白いけど嫌だと答える。「どうして？」とさらに聞いていくと，うつむき加減で少しつらそうな顔をし，しばらくの沈黙の後「上手にできんから，ヒロキのように」と絞り出すように言った。ダイチの中で，自分はヒロキよりも劣っているという思いが強くあることが感じられ，保育者は切実な表情に，これ以上何か言うことははばかられた。

　その日のお弁当のとき，保育者は偶然ダイチとヒロキと一緒のテーブルになった。保育者は今朝のことがずっと気になっていたので，ダイチに「今朝のこと，ヒロキに相談してみないか？」と聞いた。ダイチはそれまで笑顔で話していたのがとたんにかたい表情になって黙り込んだ。「じゃあ，僕が聞いてもいいか」と聞くと，小さくうなずいたので，保育者はヒロキに，ダイチがヒロキみたいにうまくできないで苦しんでいることを伝えた。その間，ダイチからは表情が消え，身動きもせず前方を向いたままかたまっていた。「どうすればうまくなるか」という問いに対してヒロキは，「ボールをよく見る。足を思い切り振る。相手のけるボールがどこに来るか予測する」など的確に答えた。それを聞いたダイチは，相変わらず無反応で，しばらくはかたまったままだった。しかし，意を決したように「じゃあ，どうやったら早く走れる？」と初めてヒロキの方に向きを変えて聞いた。ヒロキは「手を，思い切って振るんよ」と，動作を加えてまた丁寧に答えた。それを聞いたダイチは初めて笑顔を見せた。ダイチから何か吹っ切れたようなものが感じられたので，「じゃあ，お昼から一緒にサッカーをやってみようか？」と聞くと，「いや，サッカーは明日。でも走ってみる」と宣言し，午後からリレーコースを一人で黙々と走り始めた。そのダイチの姿に刺激され，他の子どもたちも走り出し，数人でのリレーになった。ヒロキは「そうそう。いいぞ」などとダイチを励まし，ダイチは張り切って走り続けた。

　年長組ともなると，次第に自分で自分のことを評価するようになり，「ダメな自分」「できない自分」と自信をなくしていくこともあります。それを自身で受け止め乗り越えていくためには，自身でそのことに向き合い，保育者や友達とのやりとりの中で，自分の思いを表出し，その自分が受け止められることが必要です。

　このエピソードで，自信をなくしていたダイチは，まずは保育者にその気持ちを打ち明け，さらに自分が憧れているヒロキに対して自分の本音を開示しました。そしてヒロキが親身になってその気持ちを受け止め

アドバイスをしてくれることで，ダイチは初めてヒロキのようになれない自分と向き合い，受け入れたのではないでしょうか。そして，新たな自分になっていく方向へ力がわいていったのだと思います。

　このように，弱さに見えることも含めて自分の本音を出せることで，そのような自分を周りから受け止められることは，ひいては負に見える面も含めたありのままの自分を受け止め好きになっていくことにつながっていきます。そして，自分の力で行いやり遂げることは達成感を味わうことにつながり，確かな自信につながっていくことでしょう。

COLUMN

「子ども理解」ってどういうこと？

　保育において「子ども理解」が大事なのはいうまでもありません。では，その「子ども理解」とは何を指しているのでしょうか。

　「子ども理解」は，そのときのその子どもの心情を推し量って理解することだというのが一般的でしょう。「今，きっとこんな気持ちなんだな」「この子は，こんなことが好きなんだな」という理解から，保育者の次の関わりが生み出されます。ただし，気をつけてほしいのが，当事者でない保育者の理解は，常に仮説だということです。古賀（2023）[3]は，「子ども理解」は常に仮説であり確定していないことを述べ，仮説であるはずの「子ども理解」を固定化して関わるのは，保育者としての専門性を放棄していると指摘し，保育者は常にこの「子ども理解」を未定のものとして宙づりにして，実践の状況に向かうことが求められるとしています。「この子はいつもこうするよね」「こんな特性があるからこのような関わりをしたらいい」など，保育者はその子どもを固定的に見ようとする傾向があるように思います。しかし，その日の「今・ここ」のその子の思いは常に分からないものであり，その都度理解しようとしていくことが求められるのです。

　津守（2008）[4]も，「保育者の役割は，その子を分からないまま肯定的に，持ちこたえるということにある」としています。「子ども理解」とは，子ども理解の答えを見つけることではなく，わからなさを抱えながら常にわかろうとし続け，その子どもと出会い続けるところにあるのだと思われます。そしてこのような態度で子どもに接し続けることこそが，保育者の専門性といえるでしょう。

＊3　古賀松香『保育者の身体的・状況的専門性』萌文書林，2023年。

＊4　津守眞・津守房江『出会いの保育学──この子と出会ったときから』ななみ書房，2008年。

第4節 「自分ごと」として周りの環境と関わる

(1) 自分たちの遊びや生活について 「自分ごと」として話し合う経験

　園生活は集団での生活です。そこでは必然的に友達や保育者と関わり合い，話し合いながら，遊びや生活を共につくっていくことが求められます。ここで大事なのは，みんなの中で「ありのままの自分」の意見が伝えられることです。つまり，「自分ごと」として自分たちの生活を共につくることともいえます。もし友達に合わせて諦めてばかりいたり，人任せにしたりするばかりで「自分ごと」として取り組むことがないならば，その場でのその本人の存在感は確かなものにならず，そこでの遊びや生活は満足したものにはなりにくいでしょう。ここでは，5 歳児の「当番活動」に関する話し合いの場面を見てみましょう。

EPISODE

5　当番活動について話し合う

- -

　年長児になり，本格的にウコッケイの飼育当番が始まった。年中組のときに引き継いだ当番のやり方では，エサは 3 杯あげることになっていた。しかし，ひなが新たに生まれたのでその量では足りないようだった。保育者があげる量を決めることは簡単だが，子どもたちが飼育当番を自分のこととして考える機会をもつことにした。

　子どもたちにウコッケイが夕方に鳴いていることを伝えると，「ちゃんと 3 回ごはん入れてるよ」とある子が言い，ほとんどの子どもがウンウンとうなずく。「3 回入れるってことになってるの？」と保育者があえて聞くと「そうだよ。前の年長組さんが教えてくれた」と答える。「そうか。でも，3 回じゃ足りないみたいなんだよね。夕方に『お腹すいたよ〜』って鳴くんだもん。エサ入れは空っぽになってるし。どうしたらいいかな？」と問いかけてみた。すると，「いっぱい入れてあげる」という意見が出て，他の子があおり立てるように「20 よ！」「50 は？」「100回くらい？」と口々に言い始め，単に多い数を言うのが楽しいという雰囲気になっていった。

　そんな流れを一気に変えたのが，サトルの「でもさ，食べすぎたらおなかが痛くなるよ」という意見だった。その一言に，みんな妙に納得した。そこで「そうなん？　みんなも食べすぎたらおなかが痛くなるん？」と聞くと「うん」「下痢になったりする」など自分がおなかを壊した状況を思い浮かべながら，その姿とウコッケイの姿を重ね合わせた。すると「多すぎたらいけんけ，10回くらい？」「6〜8回くらいがいいんじゃない？」と，適度な回数で話が進み始めた。

　最終的に何回にするのかは決まりそうになかったので，保育者は今までの倍である 6 回で話を

落ち着かせようとした。多くの子どもが「いいよ～」と納得する中，ユウキが「４人おるんじゃけ，４と４にしたら？」と言った。その４人という言葉に子どもたちはハッと気づいたかのように，ウンウンときながら納得する。そこで保育者は「じゃあ４羽いるから，４と４で……８回にする？」と聞いてみると，多くの子どもが了承した。

　次の日，当番は，保育者が何も言わなくても自分たちで８回エサを入れていた。お昼には，数名の子どもがエサの量を見て，「まだエサ残ってるから，大丈夫そうだね」「８回でちょうどいいくらいかもね」などと会話している様子が見られた。

＊５　松本信吾『身近な自然を活かした保育実践とカリキュラム──環境・人とつながって育つ子どもたち』中央法規出版，2018年。

　当番活動は，多くの園で行われる内容でしょう。しかし，義務でやっていることも多いのではないでしょうか。今回紹介した事例は，その取り組みのはじめの部分なのですが（全体は松本（2018）[＊5]を参照），ここで保育者は，子どもたちが「自分ごと」として話し合って取り組めるように，想像力を働かせて具体的に考えられるように伝えたり，保育者が決めてしまうのでなく子どもたちが合意形成するまで粘り強く待ったりしています。この後も，時には大人には無理だと思われることでも子どもたちが決めたことを尊重していくことで，子どもたちはウコッケイに心から親しみをもつようになり，ウコッケイを育てる責任は自分たちにあることを一人一人が意識するようになるなど，当番活動が次第に「自分ごと」となっていきます。

　このような当番活動と，本章のテーマである「自分が大好きになる」こととは関係のないことのように思うかもしれません。しかし考えてみると，「自分が好き」という気持ちは，周りから受け止められているということと表裏一体です。人は周りの人や社会と引き離されては生きていけません。特に年長児ともなると，遊びや生活の範囲は広がってきます。その際に，身の回りで起こる遊びや生活に対して「自分ごと」として関わっていくことは，自分の生きる世界を広げていくことでもあります。そして，その広がった世界の分だけ，自分の存在が発揮され，保育者や他児に認められ受け止められる可能性も広がっていきます。同時に自身が友達の多様な面に触れ，それらを受け止める可能性も開いていくのです。

　つまり，「自分ごと」として共に遊びや生活をつくっていくことが，自分の存在と友達の存在をより確かなものにし，自分らしさを発揮し受け止められる場を築き，ひいては自信につながっていくといえるでしょう。

(2)「自分ごと」として周りに関わる子どもを育てる

　ESD という言葉をご存じでしょうか。SDGs なら聞いたことがある方が多いかもしれません。ESD（Education for Sustainable Development）とは「持続可能な社会の創り手を育む教育」のことを指します。幼稚園教育要領の前文には，その内容として「一人一人の幼児が，将来，自分のよさや可能性を認識するとともに，あらゆる他者を価値のある存在として尊重し，多様な人々と協働しながら様々な社会的変化を乗り越え，豊かな人生を切り拓き，持続可能な社会の創り手となることができるようにするための基礎を培うことが求められる」と明記されています[6]。自分のよさや可能性を認識し，他者の存在を尊重するためには，周りの人や物事に「自分ごと」として関わっていくことで，自分や他者の存在をその中で確かにしていくことが欠かせません。

　本章の「自分が大好きになる」という内容は，単に自分が好きということだけでなく，様々な人や不都合なことも含めて「自分ごと」として周りとつながっていこうとする態度を育み，自分や周りの人の存在が確かになり，ゆくゆくは自分たちが生きている世界に「自分ごと」として責任をもって関わり続けようとする態度の育成まで射程に入れた内容なのです。

＊6　文部科学省『幼稚園教育要領』フレーベル館，2017年，p. 3.
ウェブ上では以下で閲覧可能。

第5節　**自立心の育ちへ**

　本章は「幼児期の終わりまでに育ってほしい姿」の「自立心」の内容がテーマです。ここで述べられている「しなければならないことを自覚し，自分の力で行うために考えたり，工夫したりしながら，諦めずにやり遂げる」姿になっていくためには，今まで述べたように，「ありのままの自分」を出すこと（第2節），自分らしさを発揮すること（第3節）が，まずは大切になるでしょう。そして，「しなければならないことを自覚」するためには，保育者の強制ではなく，「自分ごと」として周りの環境と関わる態度が育成されていく（第4節）必要があります。

　そのようにして，ありのままの自分を出しながら周りとつながり，自分らしさを発揮していく中で，身近な人や物事に親しみを感じていくことで，「自分は大事にされている，意味のある人間なんだ」という感覚をもてることが，「自分が大好きになる」という内容です。つまり，そ

れが「自立心」を育んでいくことでもあるのです。

✎ 章末問題

1．実習など，自らが子どもと接した関わりの中で，子どもの「負の感情」
を受け止めることができた経験と，逆に受け止めることができなかった経
験を思い出してみましょう。受け止めることができなかった場面では，ど
うして受け止めることができなかったのかを振り返り，記述してみましょ
う。

2．一人一人のその子らしさが発揮できるためには，どのようなことを大事
にすればよいでしょうか。話し合いの場面，製作の場面，ルールのある遊
びの場面など，具体的な場面を想定しながら，保育者として大事にしたい
ことを出し合い，皆で話し合ってみましょう。

📖 文献紹介

★津守真『保育者の地平 ── 私的体験から普遍に向けて』ミネルヴァ書房，
1997年。

★松本信吾『身近な自然を活かした保育実践とカリキュラム ── 環境・人と
つながって育つ子どもたち』中央法規出版，2018年。

★古賀松香『保育者の身体的・状況的専門性 ── 保育実践のダイナミック・
プロセスの中で発現する専門性とは』萌文書林，2023年。

第 9 章

友達が大好きになる
協同する面白さを知る

本章では，子どもたちがどのようにして友達と出会い，関わりを広げ，深めていくのかについて考えていきます。みなさん自身の幼い日のことを思い出したり，具体的な事例を考察したりすることを通して，子どもの側から，その過程を捉え，理解を深めていきましょう。そして，かつて子どもだった保育者が，目の前の子どもの「今」と，どのように関わっていったらよいのか，援助のありようについて考えてみましょう。

THINK

考えてみよう

子どもの身体になってみる

1. この写真は，ある幼稚園での子どもたちの様子です。この写真を見て，感じること，読み取れることを話し合ってみましょう。
2. この写真と同じポーズを周りの人ととってみましょう。身を寄せてみて感じたことを語り合ってみましょう。

カラー写真

（ ヒント ）

・子どもたちの身体に着目してみましょう。
　一人一人の姿勢，身体のありよう，何を見て，何を聞き，どんな話をしているのか，イメージを働かせましょう。
・子どもたち同士の関係性に着目しましょう。
　友達との距離感，同じものを見つめているときの心持ち，その場の雰囲気など，想像しながら考えてみましょう。

　子どもたちは，どのようにしてかたわらで過ごす人を「友達」として受け止め，関わりを深めていくのでしょう。本章では，子どもたちが好きな遊びと出会い，遊びを通して，友達と関わり，自分との違いを感じながらも，その面白さに惹かれ，互いに認め合いながら，関わりを深めていく姿を，3歳児から5歳児までの事例を通して考察していきます。

第1節 「好き」で出会う

(1) 好きなものやことが友達との出会いにつながる

　はじめに，幼稚園に入園したばかりの3歳児が園の暮らしを受け入れ，遊びや友達と出会っていく過程を見ていきましょう。

EPISODE

1　ダンゴムシ見つけが大好きになる[*1]　　　　　　3歳児　4月

　入園して2週間が過ぎ，園の生活に徐々に慣れてきたタカシ。それでもまだ表情はかたい。登園すると「公園，行こう！」と保育者を誘う。タカシは園庭高台（通称：おやま）を公園と呼ぶ。この日のおやまには，ダンゴムシを探す年長児の姿があり，タカシは，その様子に惹かれるようにそばに腰を下ろし，保育者と一緒に地面に目を凝らした。

「いた！　いたいた！」

　じっと見つめるタカシの手のひらに，保育者はつかまえたダンゴムシをそっと乗せた。少しびっくりした表情を見せるものの，丸まって動かないダンゴムシにタカシは安心した様子だった。しばらくして，手のひらでもぞもぞと動き出したダンゴムシを見て，タカシは「ふふふっ」と笑った。

保育者は，ダンゴムシを入れておけるように飼育ケースをとりに行き，タカシに渡した。タカシはすぐにダンゴムシを飼育ケースに入れると，それをおやまの土管の山のてっぺんにもっていき，その場所でじっくりよく観察し始めた。手に乗せたり，腕に這わせたりして，ダンゴムシとひとしきり遊んだ。

　その日から，タカシは登園するとすぐに，飼育ケースをもっておやまに出かけるようになった。ダンゴムシをつかまえると，出会った人に「ダンゴムシ，とったんだ！」と飼育ケースを見せて歩く。興味津々でのぞき込んでくれるのが嬉しくてたまらない様子が伝わってきた。

　土管の山のてっぺんはタカシのお気に入りの場所になった。ここでダンゴムシと遊ぶタカシの姿を見て，保育者にくっついて一緒におやまで遊んでいたアカリは，その楽しそうな姿に惹かれるように，自分から土管の山に登っていった。タカシとアカリの間には何の言葉もなく，ただひたすらタカシの腕を這って進むダンゴムシを2人で興味深く見つめて過ごしていた。

　翌日，アカリはダンゴムシ見つけに，保育者やタカシと一緒におやまに出かけた。ダンゴムシを見つけると，「いたよ〜」と声を上げる。タカシに伝えたいことがわかり，保育者が「ほんとだ，いたいた。タカシくんに伝えようね」と応えると嬉しそうに笑う。「タカシく〜ん，ダンゴムシいたよ。アカリちゃんが見つけたよ」と保育者がタカシに伝える。タカシは嬉しそうに「ありがとう！」とアカリにお礼を言い，ダンゴムシを受け取ると，自分の腕に這わせてアカリに見せた。

＊1　お茶の水女子大学附属幼稚園「文部科学省研究開発学校研究開発実施報告書　幼児の発達と学びの連続性を踏まえた幼稚園の教育課程（3歳児〜5歳児）の編成及び保育の実際とその評価の在り方についての研究開発（4年次）」2022年，p. 26.
カラー写真は以下。

　上の事例は，入園間もない頃の3歳児の姿です。公園で遊ぶことが好きなタカシは，園庭の高台（おやま）を，自分にとってなじみのある「公園」と表現しました。「公園，行こう！」というタカシの言葉には，遊びたい気持ちと一人ではまだ不安だという思いが感じられ，保育者はその両方に応えたいと思い，一緒におやまに出かけました。

　園庭の自然，特に，小さな生き物は，子どもたちと園の暮らしを優しくつなげてくれます。いろいろな生き物の中でも，比較的動きがゆっくりでつかまえやすいダンゴムシは，子どもたちの人気者。この日も，年長児がダンゴムシを探している様子に惹かれ，タカシも保育者と一緒にダンゴムシ見つけを始めました。見つけたダンゴムシをじっと見つめるタカシの様子から，ダンゴムシに興味を寄せるタカシの気持ちを感じ，保育者はダンゴムシをつかまえて見せ，タカシの手のひらにそっと乗せてみました。少し驚いた表情になるものの，丸まって動かないダンゴムシの姿にも興味をもち，タカシは今度は手のひらのダンゴムシをじっと見つめます。そのうちに，ダンゴムシが動き出すと，くすぐったさもあり，タカシは「ふふふっ」と笑いました。緊張がほどけてこぼれた笑い声に，保育者もほっとし，飼育ケースをとりに，タカシの元を離れました。保育者のもってきた飼育ケースにダンゴムシを入れ，タカシは，お

やまにある，さらに高い場所（土管の山の頂上）にそれをもっていきました。その場所で，しばらく一人でじっくりと，ダンゴムシを再び手のひらに乗せたり腕に這わせてみたりと，ひとしきり遊び始めました。

　ダンゴムシとじっくり遊べる場所として，タカシがおやまの上のさらに高い土管の山の頂上を選んだ理由は定かではありません。周りを見渡せるからなのか，たまたま誰もいなかったからなのか，今となっては知るよしもありません。けれど，子どものすることには，すべて大事な意味があります。おやまの上の土管の山の頂上，この場所は，その後，タカシのお気に入りの場所になりました。

　楽しそうに遊ぶ友達の様子を周りの子どもたちはとてもよく見ています。好きなもの（ダンゴムシ）と出会い，楽しんで過ごしているタカシの様子に惹かれたアカリは，一緒におやまに出かけ，ダンゴムシ見つけをするようになりました。まだ互いの名前も知らない2人でしたが，興味をもったものは同じダンゴムシです。アカリの発した「いたよ～」がタカシに向けられていると感じた保育者は，「ほんとだ，いたいた。タカシくんに伝えようね」と応えます。そして，「タカシく～ん，ダンゴムシいたよ。アカリちゃんが見つけたよ」とタカシに声をかけました。タカシが嬉しそうに近づいてきて，「ありがとう！」とアカリに伝えたときには，保育者もほっこり嬉しい気持ちになりました。

　入園間もない頃は，子どもも大人も互いのことがよく分からず，緊張と不安の多い中で過ごしています。保育者と見つけたダンゴムシが，タカシと園の暮らしをつないでくれて，タカシはおやまでのダンゴムシ見つけが大好きになりました。「ダンゴムシ見つけ」という遊びをきっかけに，アカリもダンゴムシに興味をもち，タカシと出会っていきました。自分で見つけたダンゴムシをアカリがタカシにあげます。タカシはアカリからダンゴムシを「ありがとう」と受け取ります。「この人はアカリちゃん」「この人はタカシくん」と，保育者は，2人の名前をやりとりの中で伝えます。同じようにダンゴムシの好きな誰かが，タカシくん，アカリちゃんであるのだと分かると，2人の距離はぐっと近づきました。こうしてタカシとアカリは，互いに登園を待ち，一緒に遊ぶようになっていきました。そしてダンゴムシ見つけは，2人にとって，嬉しい大好きな遊びになっていきました。

＊2　文部科学省『幼稚園教育要領解説』フレーベル館，2018年，p. 167.（ウェブサイト）

厚生労働省『保育所保育指針解説』フレーベル館，2018年，p. 204.（ウェブサイト）

内閣府・文部科学省・厚生労働省『幼保連携型認定こども園教育・保育要領解説』フレーベル館，2018年，p. 239.（ウェブサイト）

(2) 子どもたちが安心して，好きな遊びや友達と出会えるように

　子どもたちが安心して過ごせるように，保育者はどのように関わればよいのでしょうか。要領・指針の解説には，「何よりも教師／保育士等／保育教諭との信頼関係を築くことが必要であり，それを基盤としながら様々なことを自分の力で行う充実感や満足感を味わうようにすることが大切である」とあります[＊2]。

　子どもたちとの信頼関係は，どうしたら築いていけるのでしょう。

　子どもたちが，身の回りのもの，ひと，ことに関心を寄せ，自ら「やってみよう」と心を動かし，身体を動かしたそのときを，保育者も一緒に楽しみながら受け止め，関わってみることが大事なのだと考えます。やり始めたことを受け止めてもらえた嬉しさは，子どもたちに安心をもたらし，もっとやってみたいという気持ちを誘います。嬉しく動き出した子どもの姿は，楽しそうな遊びとして周りの子どもたちにも伝播していくでしょう。こうして，遊びを通して出会った友達との関わりは，ゆるやかで広がりのあるものになっていくでしょう。

第2節　「違う」が面白い

(1) 「同じ」で安心し，「違う」に気付くことで出会う

　次に，自分の好きなもの，好きなことができて，「自分」と出会い「自分」を感じ始めた4歳児が，自分とは違う存在である友達と出会っていく過程を見ていきましょう。

EPISODE

2　入れ替わった2人[＊3]

4歳児　6月

　帰りの集まりの時間，保健室（兼絵本の部屋）に行き，なかなか保育室に戻ってこないユウスケを保育者が迎えに行った。なんとなく所在なく過ごしていたサトルが一緒についてきた。ユウスケは保健室のソファーの背に隠れて保育者が来る様子をうかがっていた。

　「ユウちゃん，どこかな？」と保育者が言うと，

「くっくっくっ」と笑いをこらえる声が聞こえたので，「見つけた！」とユウスケを抱きかかえた。

「さぁ，お部屋に戻ろう！」と誘うが，ユウスケは，読みかけの恐竜の本を読み終えるまでは戻らないと言い張る。「ユウちゃん，みんな待ってるのよ」と声をかける。すると，ユウスケは「ぼくは，ユウちゃんじゃないです」と突然言ってきた。いつもと違った丁寧な言い方がおかしかったが，それにならって保育者も丁寧に「では，いったいあなたはどなたですか？」と尋ねてみた。するとユウスケは「ぼくは，サトルです」と，保育者についてきたサトルの名前を言う。突然名前を呼ばれたサトルはやや戸惑った様子を見せた。

「それじゃ，あなたはいったいどなたですか？」と，今度はサトルに名前を聞いてみた。すると，「ぼくは，ユウスケです」と，サトルは，ユウスケに合わせるように言い，2人で顔を見合わせて笑った。

入れ替わった2人を「さぁどうしたものかしら」と思いつつ，「ユウちゃんも，サトルくんも，よく知っていたはずなんだけど……おかしいなぁ。それじゃ，ユウちゃん（本当はサトル），サトルくん（本当はユウスケ），みんなに紹介したいので，どうぞお部屋にいらしてください」と，とりあえず保育室に誘ってみた。

2人は顔を見合わせてちょっと確かめるようにし，まずは（サトルになっている）ユウスケが「いいですよ」，続いて（ユウスケになっている）サトルが「いいですよ」と言い，保育者の後に続いて仲良く手をつないで保育室に戻った。いつもは進まない帰りの身支度も，入れ替わった2人は実に楽しそうに，さっさと行う。ユウスケはサトルのカバンを背負い，サトルはユウスケのカバンを背負って，2人並んで姿勢よく席についた。が，しばらくすると，「やっぱり，これは違うな……」と言い，それぞれ自分のカバンに持ち替えた。

上の事例は，4歳児6月の頃の出来事です。ユウスケとサトルは，3歳児の1年間を違うクラスで過ごし，進級して同じ4歳児クラスになりました。ユウスケは担任は替わりませんでしたが，サトルは担任も替わりました。3歳児クラスでは，保育者のそばで遊ぶことが多かったユウスケでしたが，進級してからというもの，保育中はほとんど手がかからずによく遊んでいるように見えました。ところが，帰りの集まりの頃になると，保育室を飛び出し，絵本のたくさん置いてある保健室に隠れては，保育者が迎えに来るのを待つ日が続いていました。新学期，クラスの人数も増えて，保育者はいろいろな子どもたちと関わろうと必死です。持ち上がりの子どもたちに対しては「大丈夫だろう」と関わりがついつい後回しになってしまうことがしばしばでした。保健室に隠れて待つというユウスケの行為は，「せめてお帰りのときくらいは自分のことを見てほしい」という気持ちの表現だったのでしょう。一方，サトルは，保育者との関係もまだ淡く，頼りにできるのは昨年も同じクラスだった友

＊3　お茶の水女子大学附属幼稚園「平成26・27年度研究紀要　探究力・活用力が発揮される生活（3・4年次）──「からだ」うごく・うごきだす　つながる・つなげる」2016年，p.12.
カラー写真は以下。

達でした。ところが，この日は，その友達の隣に別の人が座っていて，所在なく立ち尽くしていました。どうしたらよいか分からず，とりあえずユウスケを迎えに行く保育者についてきたのでしょう。ユウスケとサトルが入れ替わることになったのは，保育者はもとより，2人の間でも予定していたことではなかったのは明らかです。ユウスケのとっさの思いつきに，サトルが戸惑いつつも応えていったのは，2人の中に不安な気持ちや所在ない気持ちが，同じようにあったからなのではないかと考えます。同じ気持ちをもっていることを感じ安心したからこそ，入れ替わるということが起きたのでしょう。「入れ替わってみる」という発想は，大人の中にはおそらく生まれないであろう，子どもの世界ゆえのやわらかな発想であり，危機的な場面を，こんなふうにコミカルに超えていこうとする子どもたちには本当に驚かされます。そして改めて，子どもたちから学ぶことはたくさんあることを感じます。

　さて，お帰りの時間の迫る中，保育者は，どうしたら2人を保育室に戻せるか，どうしたら気持ちをこじらせずにこのまま楽しく帰すことができるかと，実は悩んでいました。そして，2人の楽しげな様子を見て，歩調を合わせて関わっていくことが一番よさそうだと判断しました。保育者も含めた3人でお芝居のようにしながら保育室に戻ったところ，入れ替わったユウスケとサトルは，いつもと打って変わってスムーズに帰りの支度を進めました。けれど，互いのカバンを身に付けた瞬間，「ちょっと違うな」と感じ，それぞれのカバンに持ち替えました。友達のカバンを身に付けることで，他者との違いに気づく，それは同時に，自分の感覚と改めて出会うということでもあったのでしょう。

　この出来事をきっかけに，ユウスケとサトルは急接近し，互いに誘い合ってよく遊ぶようになっていきました。ユウスケの得意な描画に刺激を受け，絵を描くことに苦手意識の強かったサトルも並んで描くようになりました（写真9-1）。ユウスケの描く恐竜を，サトルが「ユウちゃん，うまいねぇ」と素直に伝える姿が見られ，ユウスケが嬉しそうな表情を見せることが増えました。ユウスケもサトルに誘われ，ドッジボールや鬼ごっこに加わるようになりました。「サトルくんは，走るのが速いからなぁ〜」とぽろっとつぶやいた言葉に，照れたように笑うサトルがいました。2人は，思いがすれ違いけんかになることももちろんたっぷりありましたが，いつの間にかどちらからともなく歩み寄り，また一緒に遊び始める大事な友達になっていきました。

写真9-1　並んで描く2人[*4]

＊4　写真9-1のカラー写真は以下。

(2) 違いや多様性を認め合う関わりを支えるために

　4歳児になると，3歳児の頃のように友達と一緒にいるだけで嬉しく，楽しいと感じることばかりではないことも起こってきます。友達と一緒に遊びたい気持ちをもちながらも，遊びや生活の中で，自分と友達の思いが必ずしも一緒ではないことに気づき始めます。やりたいことが違って一緒に遊べなかったり，考えていることがうまく伝わらなかったりなど，友達との間で，戸惑ったり悩んだりすることが増えていきます。そして，そんな戸惑いや人知れず抱えている悩みを，周りに理解してほしいと思いながらも，どう伝えたらよいか分からず，葛藤を抱えていることが多いのもこの頃です。共通する同じものを感じ，安心して関わり始めながらも，「違う」ことにも出会い，「違い」を互いのよさとして認め合っていくことができたとき，子どもたち同士の関わりはより豊かなものになることを感じます。

　要領・指針の解説の，領域「人間関係」の内容「(7)友達のよさに気付き，一緒に活動する楽しさを味わう」に，「友達と様々な心を動かす出来事を共有し，互いの感じ方や考え方，行動の仕方などに関心を寄せ，それらが行き交うことを通して，それぞれの違いや多様性に気付いていくことが大切である」とあります。[*5]同じことで安心し，一緒が嬉しいと感じる関係から，さらに「違い」を自分にはない面白さや魅力であると感じることで，友達との関わりは，互いに認め合っていく関係へと広がっていくのだと考えます。解説には，そのための保育者の関わりとして，子どもにとってのよき理解者であることが書かれています。子どもたちの表現にはすべて意味があることを念頭に置いて，その思いを感じ取り，子どもの世界を楽しみながら，共に悩み，考え，関わっていくことが，保育者には求められるのでしょう。

＊5　文部科学省『幼稚園教育要領解説』フレーベル館，2018年，p. 175.
厚生労働省『保育所保育指針解説』フレーベル館，2018年，p. 211.
内閣府・文部科学省・厚生労働省『幼保連携型認定こども園教育・保育要領解説』フレーベル館，2018年，p. 246. ウェブサイトは前掲＊2を参照。

第3節 〉「こと」でつながる

---

(1) やりたい思いが重なり,「こと」がみんなのものになる

最後に,卒園間際の5歳児の姿から,出来事を重ね共有する中で,違いを認め合い,互いのよさを生かし合って仲間として過ごす子どもたちの様子を見ていきましょう。

EPISODE

3　ツリーハウスをつくろう！[*6]

5歳児　3月

卒園間際のある日,園庭の高台（通称：おやま）の柿の木に登り,塀の向こうの沿道を行き交う人たちに手を振っていたアキオ。「柿の木は折れやすいから,もっと丈夫な木にしたら？」と保育者が声をかけたところ,「じゃ,これにする」と大きなイチョウの木登りに挑戦し始めた。それを見た数人が,アキオにならってイチョウの太い幹に手をかけ,しがみついて登ろうとし始めたものの,なかなかに手強く,ほとんど登れない。友達のおかしな姿に笑いながらも,保育者と一緒に「がんばれ〜」と応援していたキョウコは,イチョウの木の上の方にちょうどよい枝が伸びていることに気づき,そこを指さす

と,「イチョウの木の上に,おうちがあったらいいのにね」と言った。「いいわね〜。とってもすてき！」と保育者も,周りにいた子どもたちも賛同。それを聞いていたのか,早速,ケイスケが設計図を描いて持ってやってきた。「いいね！」と言いつつも,「まさか,本当につくるつもりなの？」という人たちも多く（少なくとも保育者は,その一人）,「自分たちも登れないのに,家をどうやってつくるの？」など意見が飛び交う。そんな中,「絶対登ってやる！」とひたすらイチョウの木に登ろうとするメンバーと,とりあえず,家をつくって,できてから考えようとするメンバーとに分かれて,なんとなく準備が始まっていった。

　木登りメンバーが,体力づくりと称して,走り回ったり,ジャンプしたりと落ち着かない中,家づくりの人たちもなかなかに苦戦していた。家の壁や屋根になるような大きな材木がない。「どうしようか？」と保育者も悩んでいると,「とりあえず,家の中にあるテーブルならつくれそうなんじゃない？」とキョウコが言う。「そうだね！」となり,材料の板やのこぎり,釘などの道具を見つくろうため,保育者も一緒に教材室に向かった。保育室で作業するのかと思いきや,見つくろった道具や材料を,子どもたちはおやまの上までせっせと運ぶ。のこぎりの扱いに慣れ

ているハルオが，おやまの上で，きれいに板を切ると歓声が上がり，「刃の中央を使って，押したり引いたりするのがいいよ」とみんなにコツを伝授する。作業しながら，最近のみんなのお気に入りの歌である「ともだちになるために」を口ずさみ始め，いつしか大合唱になった。

　歌声を聞いて，なんだなんだと集まってきた他の子どもたちも，状況を把握すると，今度は，「テーブルに乗せるお皿が必要だ」と保育室からままごとの皿をもってくる，「食料はどうする？」と夏みかんとりを始める，煮炊きできるようにとレンガを運び，かまどをつくり始める……など，思い思いに動き始めた。

　この遊びはこの後も続きましたが，小さなテーブルは無事に完成したものの，もいだ夏みかんをそこで食べるのがやっとで，ツリーハウスの完成はもちろんのこと，イチョウの木登りも，かまどで煮炊きも，とうとうできないまま，子どもたちは卒園の日を迎えることになりました。

　やりたかったことを残したままだったのですが，なぜか遊びきった，満足した感じが子どもたちの中にはありました。保育の最終日には，テーブルや使った道具をみんなですっきり片付けました。卒園式当日，証書を抱えて戻ってきた保育室で，アキオは「20歳になったらみんなで集まって酒を飲もう！」と言いました。「飲もう！」と笑いながら手を挙げる子どもたちに，保育者も，一緒にいた保護者も，みんなで大笑いしました。

　イチョウの木に登り始めたアキオを見て，「あの木の上におうちがあったらいいなぁ」と夢を描いたキョウコ。キョウコのつぶやきは，いつしかみんなが思い描くおやまの風景になっていきました。「イチョウの木の上にツリーハウスがあって，中には手づくりのテーブルがあり，煮炊きのできるかまどで，何かおいしいものをつくって食べよう！」

　卒園間際であり，園で過ごす時間が限られたものであることは，子どもたちが一番よく分かっていたことでした。それでも，おやまに思い描いた風景を共有しながら，子どもたちは，自分が思いついたこと，できることをそれぞれにやり始めました。友達のしていることに「いいね！」と声をかけ合い，協力したり，さらに違うアイデアを重ねてみたりしながら，子どもたちのおやまでの遊びは，保育者の予想を超え，どんどん展開していきました。子どもたちの口ずさむ歌からは，園での暮らしを心から楽しむ気持ちが伝わってきました。

＊6　特集「5歳児の世界」『幼児教育じほう』50(8)，2022年，pp. 4-26.
カラー写真は以下。

⑵ 多様な感じ方や考え方が重なり合う
　　豊かな関わりを支えるために

　要領・指針の解説では，育ってほしい姿の「協同性」において，「友達と関わる中で，互いの思いや考えなどを共有し，共通の目的の実現に向けて，考えたり，工夫したり，協力したりし，充実感をもってやり遂げるようになる」と書かれています[*7]。ここでいう「共通の目的」は，先に挙げた EPISODE 3 では，何にあたるのでしょうか。

　ツリーハウスをつくることでもなければ，イチョウの木に登れるようになることでもなかったことに気付くでしょう。そして，それらはすべてやり遂げることはかないませんでした。ここでの子どもたちの共通の目的は，「イチョウの木の上にツリーハウスがあって，中には手づくりのテーブルがあり，煮炊きのできるかまどで，何かおいしいものをつくって食べることができる，そういうおやまの風景を思い描きながら，一人一人が主体的に関わり合いながら過ごすこと」だったのではないかと考えます。思い描くおやまの風景はゆるやかで広がりがあり，誰が関わってもいい自由さがあります。関わる人のアイデアやイメージが多様に重なっていくことが許されています。だからこそ，一人一人の違いや特性が生かされ，認め合いながら，面白がりながら，遊びが展開していきました。完成させることが目的ではなく，今まで楽しんできた様々な体験を織り交ぜながら，友達や教師と共に過ごすことが目的であり，子どもたちはその過程を十分に楽しんで，充実感をもって，卒園していくことになったのでしょう。そこで起こったことや味わった気持ちは，おそらく，成人してお酒をくみ交わしながら，懐かしく語り合うことになるだろうと，まだ生まれて 6 年ほどの幼い子どもたちが，未来を想像し宣言しているのです。

　保育者には，こうした子どもの声を聴き，その思いを受け取り，子どもの世界を共に楽しみながら生きる人であることが求められているといえるでしょう。

＊7　文部科学省『幼稚園教育要領解説』フレーベル館，2018年，p. 58.
厚生労働省『保育所保育指針解説』フレーベル館，2018年，p. 68.
内閣府・文部科学省・厚生労働省『幼保連携型認定こども園教育・保育要領解説』フレーベル館，2018年，p. 54. ウェブサイトは前掲＊2を参照。

✎章末問題

1．あなたの幼い頃を思い出してみましょう。どんな遊びが好きでしたか？一緒に遊んだ友達のことを覚えていますか？

2．問1で思い出されたエピソードから，友達になっていく過程について考えてみましょう。

3．子どもたちが，友達と出会い，違いを認め合い協同する面白さを味わい

ながら，関わりを深めていくために必要な環境や保育者の役割について，
語り合ってみましょう。

📖 文献紹介

★津守真『保育の体験と思索——子どもの世界の探究』大日本図書，1980年。

★子どもと保育総合研究所（編），佐伯胖ほか（著）『子どもを「人間として
みる」ということ——子どもとともにある保育の原点』ミネルヴァ書房，
2013年。

★川田学『保育的発達論のはじまり——個人を尊重しつつ，「つながり」を育
むいとなみへ』ひとなる書房，2019年。

第 **10** 章

友達と共に楽しむ

本章では，友達と共に関わり合って遊ぶことが楽しくなってくる姿から，そこで子どもたちはどのようなことを経験しているのか，そして保育者として何を大切にしたいのかを考えます。特にルールのある遊びについて，まずは友達との間で自分の思いを出し切る中で，自分らしくいられる関係が育まれていくこと，そして友達の違う思いや考えも次第に受け取っていくようになっていくプロセスを，エピソードを通して見ていきます。

フルーツバスケットをしてみよう

フルーツバスケットをしてみましょう。本気になって，たっぷり楽しんでください。

【遊びの流れ】

①3〜5種類のフルーツを挙げ，一人につき1つフルーツを割り当てる。

②人数より1つ少ない椅子を，内側に向けて丸く並べて座る。

③輪の真ん中に立つ人を1人決める。

④輪の真ん中に立つ人は，①のフルーツの中から，好きなフルーツを1つ言う。

⑤自分のフルーツの名前を言われた人は，座っていた席から離れて，他の空いている席に座る。真ん中に立っていた人も空いている席を探して座る。

⑥椅子に座れなかった人が輪の真ん中に立ち，好きなフルーツを1つ言う。

⑦これをどんどん繰り返す。また，輪の真ん中に立つ人が「フルーツバスケット」と言ったときは，全員が立ち上がって他の席に移動する。

ヒント

ひとしきり遊んだ後，次のことについて話し合ってみましょう。

・どんなときが一番わくわくしましたか。また心が動きましたか。

・自分のフルーツが呼ばれたとき，また自分のフルーツが呼ばれない間は，どんな気持ちになりましたか。

・椅子に座れなかったとき，真ん中に立ってフルーツを言うときは，どんな気持ちになりましたか。

・遊んでいて新しく付け足したくなったルールはありますか。

・意見を出し合って新しいルールをつくり，2回目をしてみましょう。

第**1**節 思いを出し切る

　自分が大好きになって，友達が大好きになると，共に過ごし一緒に遊ぶことがぐっと楽しくなってきます。その中では，嬉しさや楽しさと共に，自分とは違う，友達の思いや考えとの出会いもあります。それは時に，辛かったり悲しかったり大変だったりしますが，マイナスなことではありません。むしろ，それらは「共に」生きていく上で，とても大切な，避けては通れない出来事です。本章では，友達と一緒に遊ぶことが大好きになってくる中で，子どもたちはどのようなことを経験しているのか，そして保育者としてそこで何を大切にしたいのかを，実際のエピソードを通して一緒に考えていきます。

　まず，クラスで集うひとときに，ハンカチ落としを楽しんでいる3歳児クラスでの一場面を紹介します。簡単なルールのある遊びがぐっと楽しくなってきた子どもたちの姿から，このときに大切にしたいことを考えていきましょう。

EPISODE

1-1　ハンカチ落としをする中で　　　　　　　　　3歳児クラス　10月

- -

　1学期の終わりにも楽しんでいたハンカチ落としを，先週からまた楽しみ始めていた。ハンカチを「おばけちゃん」と呼び，「おばけなんてないさ」を歌いながら，目を伏せてハンカチが落ちるのを待つ。子どもたちは，自分のところに落ちるだろうか，どこに落ちるだろうかというドキドキ感を楽しんでいる。そして自分の元にハンカチが落ちた人はおばけちゃん役になり，今度はハンカチを落とす側になる。おばけちゃん役になった人は，誰に置こう，いつ置こうと迷いながら，時には何周も何周もするのだが，それもまた楽しい。もちろん，「まだー？」と待ちきれない人もいる。「早くおばけちゃんをやりたい」という人もいれば「おばけちゃんはしたくない」という人もいたり，「○○ちゃんの隣に座りたい」という人もいたりして，いろいろな声があちこちから上がってくる。保育者が「そうなんやなぁ」と寄り添ってそれぞれの思いを聞きながら，遊びはゆっくりと進んでいく。

　ハンカチ落としが進む中で，自分の元に落としてほしい人はその気持ちがどんどん募って，高まってきた。その分，落とす役になった人も誰の元に落とそうか，うんと迷ってくる。保育者は「どうかな，まだ来ないかな～」と自分の元に落としてほしい人の気分を代弁しながら，「自分のところに落としてほしいよ～っていう人～？」と尋ねる。そこに，「はい！　はい！」と今日もうすでにおばけちゃん役をしたa児が手を挙げると，b児が「2回したらずるい！」と声を上げた。

　さて，もしあなたが保育者だったら，子どもたちにどのように応じますか。少し考えてみましょう。紙やスマートフォンのメモに書き出してみてもいいですね。

　書き出してみましたか？　それでは，実際にこの保育者はどのように応じたのか，事例の続きを見ていく前に，ここまでのそれぞれの子どもたちの姿をじっくり見てみましょう。

　まず，子どもたちの姿は本当に様々です。ハンカチを落とす役がしたくてドキドキ待っている人もいれば，落とす役をしたくない人もいたり，隣に座る人にこだわっている人もいたりします。ハンカチ落としというと，みんなハンカチを落としてもらいたいと思いそうになりますが，一つの遊びでもそこで何を楽しんでいるかは一人一人違います。

　もちろん，落としてもらいたい人はたくさんいて，その人たちは遊びが進むほどにその気持ちが高まり，その分落とす役の人も迷っています。それは落とされるかどうかを待っているときのドキドキ感や，そうじゃなかったときのちょっと残念な気持ちや，自分の元に落ちたときの興奮を経験しているからこそでしょう。そんなおばけちゃん役がよっぽど楽しかったのか，a児はまだまだしたいと手を挙げました。とても自然な，前向きで嬉しい気持ちです。そして，b児はそれを「ずるい！」と言いました。b児もまたこの遊びにのめり込んでおり，友達のことをよく見ていたからこそ，a児が2回目であることにすぐに気付き，おばけちゃんをしていない人もいるのに「ずるい」と思ったのでしょう。

　保育者によれば，ハンカチ落としを最初に始めた頃は，まずは一人一人がこの遊びの楽しさを十分感じられるようにと，時間をたっぷりとって，クラス全員が一人1回おばけちゃん役ができるまで遊んでいたそうです。b児が2回目はずるいと思ったのは，全員がおばけちゃん役をするまで終わらないという遊び方を経験していたこともあるでしょう。その後，ハンカチ落としを繰り返し遊んだり，椅子取りゲームや玉入れゲームといった別の簡単なルールのある遊びを楽しんだりすることを通して，ハンカチ落としでも，その日おばけちゃん役ができる人もいればできない人もいるという遊び方をするようになってきたところでした。

　さて，ここまで読んで，改めて，もしあなたが保育者だったら子どもたちにどのように応答しますか。もしかしたら，少し考えが変わってきた人もいるかもしれません。それでは事例の続きです。

1-2　2回目はずるい？

「2回したらずるい！」と声を上げたｂ児に，保育者は「どうしてそう思ったの？」と尋ねる。「だって2回目やから」と答えるｂ児。保育者は「そっかぁ，でも2回したくなるくらい面白くて楽しいんじゃない？」とａ児にも尋ねると，ａ児は頷く。「2回目でもしたいんだって」とｂ児に伝え，遊びを再開していく。

　まず，保育に唯一の正解はありません。自分の考えと違っていて残念，合っていてよかった，というクイズをしたいわけではなく，ここでしたいのは，あなたはその関わりで何を大切にしたいと思ったのか，それを丁寧に掘り下げることです。それでは，この保育者は何を大切にしたいと思っていたのでしょうか。保育者は，この日の保育を振り返ってこう話しています。

　　今までは全員がおばけちゃん役を経験できるようにしてきたけれど，繰り返して遊ぶ中で，おばけちゃん役をしないまま終わる状況もできてきて。その中で「おばけちゃんしてない人〜？」って尋ねて，「○○ちゃんも△△ちゃんもしてないんやって。どうしよっか〜」とは言うのだけれど，もう1回おばけちゃんをやりたい人もいて，それも大事にしたい。なのでそこからは，「やっていない人に落として」とは言わず，子どもに任せました。そういうルールにすることもできるけれど，もう1回やりたかったって落ち込んでいる人の表情を見るのも大切にしたくて。友達の動きや表情から気持ちを感じ取ってほしい，そして自分の思いを出し切ってほしいという思いで関わっていました。

　この保育者の思いから，ポイントを2つ示したいと思います。

　まず1つ目は，ハンカチ落としにおいて，この日は何を大切にしたいと思っていたかです。友達と遊ぶ楽しさを味わうことはもちろんですが，そのためにつつがなく遊びを進行しようとは考えていませんでした。もしうまく進行することを優先するのであれば，おばけちゃん役は一人1回まで，というルールを決めた方が簡単でしょうし，みんなが楽しく遊べるよう我慢するようにａ児を諭すかもしれません。しかしそうではなく，ここで大切にされていたのは，「友達の動きや表情から気持ちを感じ取ってほしい，そして自分の思いを出し切ってほしい」ということでした。友達と遊ぶ中では，いろいろな人の，いろいろな思いが湧き起こ

ってきます。その思いは，重なり合って同じ方向を向いていくこともあれば，真っ向からぶつかること，あちら立てればこちらが立たぬということもあります。少し話は大きくなりますが，人が人と共に生きていく中で，それは必ず起こってきます。その中で，まずは自分の思いを安心して出し切ってほしい。そして周りの人の出し切っているところも見て，その思いを感じ取ってほしい。その経験がまずあって，本当の意味で「共に遊ぶ」ということは実現されると保育者は考えていたのです。

　そして2つ目は，子どもたち一人一人が自分の思いを出し切り，友達の思いも感じられるような場にしていくための具体的な保育者の関わりとして，保育者が答えを出すことを控えているということです。落とす人も誰に落とそうか迷っているので，保育者は，おばけちゃん役をしたい人やまだ落としてもらっていない人を尋ねて，状況を整理したり，したい人の気持ちを受け止めたりはしていますが，そこから先は子どもに任せ，ルールを決め切りませんでした。また，b児に対して「2回したくなるくらい面白くて楽しいんじゃない？」とa児の思いを伝えていますが，そこでb児に意識の変化を求めるわけでもなければ，a児の「2回したい」という思いを肯定することも否定することもしませんでした。保育者は何かを決めたり，答えを出したりすることを控えていたのです。このような余白のある遊びのルールや保育者の言葉が，子どもたちが思いを出し切ったりその思いを感じようとしたりする間をつくり出していました。

　さて改めて，あなたは何を大切にしたいと思ったでしょうか。そしてこれから何を大切にしたいと思うでしょうか。ぜひ，この後も続く子どもたちのエピソードを通して，何より実際の子どもたちとの関わりの中で，考え続けていってください。

第2節　自分らしくいられる関係が育まれる

　次に一緒に読んでいくのは，前節で見たハンカチ落としの続きです。この後，今度はc児たちの間で，また新しい出来事が起こりました。

EPISODE

1-3　順番がまわってこない日

　ハンカチ落としが再開され，続いていく中で，ｃ児は自分の番が来ないことがだんだん嫌になり，泣き出してしまった。両隣のｄ児とｅ児はぎゅっとくっついて寄り添い，ｂ児とｆ児はティッシュで涙をふきに行った。保育者もその気持ちに寄り添いながら励ます。

　実はｃ児は，この前日にしたハンカチ落としでもなかなか自分の番がまわってこず，ハンカチ落としの輪から離れて半泣きになるということがあった。周りの人も心配してｃ児のことを見ていた。保育者が「こっちおったら順番まわってくるからさ，先生の横においで」と声をかけると保育者のそばに戻ってきて，保育者が子どもたちみんなに「どうかな，まだ来ないかな～。まだまわってきてない人？　１回まわってきたけどもう１回やりたい人？」と尋ねて子どもたちの思いを受け止めながら遊んでいるうちに，ｇ児がｃ児の元にハンカチを落とし，ｃ児は満足することができた。

　しかし，その次の日にあたるこの日は，結局ｃ児の元にハンカチが落ちることはなかった。ｃ児は満足のいかない表情をしている。遊びを終えて帰りの支度をする前に，保育者は「おばけちゃん」（ハンカチ）と「またね」のタッチができるように子どもたち一人一人の元をまわっていくのだが，ｃ児はタッチをしても変わらず不満そうな表情をしていた。保育者は「おばけちゃんをおうちに戻してあげようか」とｃ児に声をかける。ｃ児は保育者と一緒にハンカチをしまいにいくと，少し気持ちが晴れたように帰りの支度にとりかかり始めた。

　読んでみて，いかがでしたか。「遊びってもっとスムーズに進むかと思っていたけれど次から次にいろいろなことが起きて大変そうだな」と心配になった人もいるかもしれません。ｃ児が泣き出してしまって，うまく遊べなかったと思った人もいるかもしれません。ぱっと見たところではそう思える場面かもしれませんが，自分の思いを出し切ること，そして友達の思いを感じることを大切にしているからこそ育まれているものを，この場面からは捉えることができます。

　まず，先ほど「２回したらずるい！」と言っていたｂ児は，ティッシュでｃ児の涙をふいてあげています。ｂ児が友達のことをよく見ていることがこの姿からも伝わってきます。また，この日ｃ児にぎゅっと寄り添ったｄ児，ティッシュで涙をふいたもう一人のｆ児は，実はそれまでに楽しんでいた椅子取りゲームで座れなかったときに泣いていた人たちでした。保育者が「そっかそっか悔しかったなぁ」と共感しながら，そこで座れなかった人同士で「また次，また次がんばろう」と励まし合う中で，それでも泣けて泣けてしょうがなかった人たちなのです。そんなｄ児とｆ児の気持ちが前向きになったのは，ｇ児がきっかけでした。

g児は泣いている2人のもとにやってくると,「わたしも泣いちゃったけどね」と笑って言いました。そこでd児とf児の気持ちはすっと切り替わったのです。g児もまた,それ以前にしていた玉入れゲームで負けたときに,悔しくて泣けてしょうがなかったことがあった人でした。その姿をd児もf児も知っています。そんなg児が「わたしも泣いちゃったけどね」と笑っていることが,d児とf児の心に響いたのでしょう。ちなみに,前日のハンカチ落としでc児のもとにハンカチを落としたのも,このg児でした。こうして子どもたち一人一人のこれまでの経験のつながりを見ていくと,ここで捉えられることは,例えばc児がもっと成長しなければならないとか,他の人は優しいとか,そういうことではないということが見えてくるのではないでしょうか。

　これに関して,トラブル場面における子どもの自己回復を支える保育者の関わりとして「感情の受け止めと表現」が多く見られます。そこで感情を解き放つことは,感情のまま行動することではなくその感情を認識することであり,自分のネガティブな感情を認知することは,感情のコントロールの出発点になるとされています[*1]。悲しい気持ちや悔しい気持ちを「悲しいね」「悔しいね」と受け止めてもらう中で出し切る経験は,自分の思いを保育者や友達に受け止めてもらう経験であるとともに,自分でその思いを受け止める経験でもあるのです。それは自分の弱いところも含めてまるごと周りの人たちに受け止めてもらうとともに,自分で自分自身を受け止めようとする経験でもあります。そして,それが「一人」ではなく「関係」の中でなされていることは重要な点です。一人で完全な個人になろうとするのではなく,互いに関心をもち,ケアされケアするケアリング関係[*2]が構築されることが,様々な局面においてしなやかに,自分らしくいられることにつながっていくのです。そして,自分の思いを出し切ること,友達の思いを感じることを大切にしているからこそ,そうした関係性が育まれていることが,この場面から感じられるでしょう。

＊1　友定啓子「対人葛藤における社会化──自己創出を支える」友定啓子・青木久子『領域研究の現在〈人間関係〉（幼児教育　知の探究16）』萌文書林,2017年,pp. 108-155.

＊2　N. ノディングズ,立山善康ほか（訳）『ケアリング──倫理と道徳の教育　女性の観点から』晃洋書房,1997年。

第3節　違いを受け取る

　ここまで,思いを出し切ることを通して,自分らしくいられる関係が育まれることについて考えてきました。次は,5歳児クラスにおいて,

思い思いに遊ぶ時間に園庭でドッジボールを楽しんでいる中で起こった
出来事を紹介します。[*3]

EPISODE

2　「ドッジボール，やりたい」　　　　　　　　　　　　5歳児クラス　11月

　A児が「ドッジボール，やりたい」と言ってきた。私（保育者）が「他にやる人は？」と尋ね
ても「誰もいない」と言って，友達を誘う様子は見られなかった。その様子を見かねた私は，A
児を後押しし，周りの友達に声をかけるよう促した。するとB児が「ぼく，ドッジボール知っ
てる！　やってもいいよ」と快い返事をしてくれた。園庭にドッジボールの線を引き，2色のゼ
ッケンと新しい青色のボールを出してくると，その魅力に惹きつけられて集まってくる子どもた
ち。人数も十分となったところでA児が「ジャンプする人！」と声を張り上げ，ジャンプトス
からゲームは始まった。「ボールから逃げて！」「当たったらあっち（外野）に行って！」と，A
児は自分もやりながら，友達にルールを伝えようと必死だった。こうして，毎日のように園庭の
真ん中でドッジボールが繰り広げられ，様々な顔ぶれが出入りするようになっていった。

　そんなある日，C児が初めてドッジボールに参加した。C児はその楽しそうな雰囲気に誘われ
るように，すっと輪の中に入ってきた。ボールが飛び交う中で，C児はボールをよけようとする
が，その場からは動かず，体だけをくねくねと動かすので，すぐに当てられてしまっていた。そ
のたびに，A児は「早く（外野に）出て」と促したが，C児はその場（内野）にとどまった。納得
いかないA児は「Cくんが出てくれない」と私に言ってきたが，「そうだね」と受け止めつつ，
見守っていた。A児は友達に同意を求めようとさらに働きかけた。しかし，D児が「Cくんに当
たった！」とボールを当てられたことを喜んだり，E児が「Cくんって面白いね！」と言って，
その場に笑いが起きたりして，A児の言うことは周囲にぴんとこない様子だった。それでもA
児は，C児にボールを当てては外野に出るよう促していた。次の瞬間，C児がふっと外野へ出て
いった。A児は驚いて周りを見回しながら，「5回当たったら出た！」とほっとしたようにほほ
えんだ。その後も，C児は出たり出なかったりを繰り返したが，A児は「何回か当てれば出るか
ら，大丈夫！」と言いながら，ドッジボールを続けた。

　A児が始めたドッジボールに友達がたくさん集まってきてくれ，A
児はドッジボールのルールを必死に友達に伝えます。それを素直に受け
取ってくれる仲間と遊びが進むにつれて，A児は自分が頼りにされて
いることを実感して自信をつけ，その分，ルールに対して強く言うよう
にもなっていきました。

　そんなときに現れたのがC児です。ボールを当てられても外野に出
ようとしないC児に，A児は戸惑います。A児が「正しい」と思うル
ールから外れた，自分の考えや想定とは違うC児の行為は，A児にと

＊3　お茶の水女子大学附
属幼稚園『平成28・29年度
研究紀要　子どもの内にあ
る感受性を探る』2018年，
p. 17より引用。

っては困った「誤り」なのですが，C児の飄々（ひょうひょう）としたたたずまいはこのルールを揺らがせました。実際，C児のおかげでボールを当てることができて喜んでいる人もいれば，その面白さを楽しんでいる人もいるのです。この自分の考えとは違うC児の行為を一概に「誤り」とはいえない雰囲気の中で，A児は何度もC児にボールを当ててみています。それを通してA児は，C児は「何回か当てれば出るから，大丈夫」と納得していきました。A児はC児に自分なりに関わってみることを通して，C児が自分に応答してくれるということを知ったのでしょう。

　ここで重要であるのは，A児とC児のどちらが正しいかでもなければ，ルールはどうするのがいいのかということでもありません。C児が外野になかなか出ないということを踏まえて「5回当てられたら外野に出る」という新しいルールをすぐにつくって共有すればよいのか，というとそうでもないように思います。実際，そのような判断や進行を，保育者はしていません。そのときの思いを，保育者は次のように記しています。

　　納得のいかないA児は，教師に思いをぶつけてきたが，私としては，初めてドッジボールに参加したC児が，楽しいと感じ，安心してその場にいつづけられることを願い，同時に，A児に対してはルールにとらわれすぎず，柔軟な気持ちをもってほしいと願い，かかわった。周りの友達が自分のことに一生懸命であり，またC児に対して批判的でない姿を目の当たりにし，A児の気持ちは揺れた様子だった。[*4]

保育者は，C児にルールを守ることも，A児にルールを変えることも，そのどちらをも求めることなく，まずはただ思いを受け止めていました。それはA児にルールにとらわれすぎずに柔軟な気持ちをもってほしいという思いからでした。保育者が白黒をつけることなくただ思いを受け取る中で，C児の行為に対して周囲の子どもたちから様々な応じ方が表れ，そのことが一概に「誤り」とはいえない雰囲気をつくり出していきました。その中で，A児はC児に自分で関わっていくのです。ここで重要であるのは，A児が正しいとするルールを参加する友達に伝達するという構図に風穴があき，A児はC児に関わることでC児なりの思いや考え，C児なりの秩序やルールのようなものを見つけようとすることに開かれたということでしょう。そこでルールは，既存のものであり

伝達するものから，変わりうるもの，そして共につくるものとなったの
です。

　これに関して，幼児期の終わりまでに育ってほしい姿の一つに「道徳
性・規範意識の芽生え」がありますが，そこには，「きまりを守る必要
性が分かり，自分の気持ちを調整し，友達と折り合いを付けながら，き
まりをつくったり，守ったりするようになる[5]」とあります。ここできま
りは，守るだけものでなく，つくるものとされています。ドッジボール
の事例の子どもたちの姿に沿って言い換えるならば，それはきまりを守
る必要性が分かって，自分の気持ちを調整して友達と折り合いを付けな
がらというよりも，相手と関わることを通して，自分とは違う相手の思
いや考え方を知ることによってなされようとしています。そして，そこ
でルールをつくり替えていくことは，すでに決まっていて正しいものだ
と思い込んでいた自分たちの枠組みをほぐし，他の人の思いや違う考え
を受け取って，共に過ごしていくことに通じます。つまり，大切なのは，
ルールをつくり替える行為そのものではなく，それを通して互いの思い
や考えの違いを受け取り合いながら，共に過ごし，共に楽しむ方法をつ
くり出そうとすることなのです。

　このことを強調したのは，つい，ルールを守っているかどうかや，う
まくいかないときにルールをどうするかを話し合って決めること，はて
には「さっきこういうルールって決めたじゃない」と決めたルールにこ
だわることに，大人は誘われやすいからです。ルールを決めるというこ
とは，「ここではこういうことにしておきましょう」と思考をいったん
停止するということでもあります。そのことによって安定的に過ごした
り遊びを楽しんだりもできるのですが，ルールが揺れるタイミングは，
思考停止が揺るぎ，相手の思いや考えを知ろうとすることに開かれて，
共に生きていく新たな方法やあり方を考えていこうとするチャンスでも
あります。

　ここで思い出したいのは，保育者がルールを守ることもルールを変え
ることも求めなかったということです。白黒をつけない状況の中で，A
児はC児に関わり，C児を知ろうとしていきます。そのことが大切な
のです。そのうちに，やっぱり外野にすぐに出てくれないことで困るこ
とが起きてルールをつくる必要性が出てくるかもしれませんし，全く異
なる展開になるかもしれません。いずれにしても重要なのは，ルールそ
のものをどうするかではなく，自分の前提を崩し，相手の思いや考えを
知ろうとすることに開かれて，共に生きていく新たなあり方を考えてい

＊5　文部科学省『幼稚園
教育要領解説』フレーベル
館，2018年，p. 55.
ウェブ上では以下で閲覧可
能。

こうとする身体を，園生活で大好きになった友達とたっぷりと遊び込む中で養っていくことといえるでしょう。それは，思いを出し切ること，そしてそれを通して育まれる自分らしくいられる関係性があってこそです。だからこそ，子どもたちが思いを出し切ったりその思いを感じようとしたりする関係を育む余白のある遊びのルールや言葉かけ，そしてルールをすぐに決めようとせずにその揺れの中での子どもたちのかかわり合いをじっくり保障することが大切になってくるといえるでしょう。

🖊 章末問題

1．実習などで子どもたちとルールのある遊びなどを楽しむ中で，楽しかったことや面白かったこと，どのように関わったらよいか迷ったことや戸惑ったこと，子どもたちの育ちを感じた姿などについて，書き出してみましょう。
2．子どもたちが互いに関わり合って遊ぶ経験を援助していくにあたって，保育者として何を大切にしたいか，皆で話し合ってみましょう。

📖 文献紹介

★子どもと保育総合研究所（編），佐伯胖ほか（著）『子どもを「人間としてみる」ということ──子どもとともにある保育の原点』ミネルヴァ書房，2013年。
★帚木蓬生『ネガティブ・ケイパビリティ──答えの出ない事態に耐える力』朝日新聞出版，2017年。

第 **11** 章

いろいろな人と共に楽しむ

友達や先生，身近な人との関わりの中で子どもたちが学び，育つことについて理解を深めてきました。本章では，子どもたちの身近な世界を少し広げて見ていきます。子どもたちは，園に携わってくれる地域の人や自分の住んでいる地域の人たちなど「いろいろな人」との出会いや関わりを楽しみながら，どのようなことを学んでいくのかについて，具体的な事例を通して考えていきます。

考えてみよう

消防署で出会うもの・こと・人から

これは，ある幼稚園が園外保育で地域の消防署に出かけたときの写真です。

1．この園外保育で子どもはどのようなことを思ったり，感じたりしているでしょうか。
　子どもの発言や思いを具体的に考えてみましょう。

2．子どもたちは消防署への園外保育の経験を園内での遊びにどのように取り入れるでしょうか。想像してみましょう。

3．この園外保育やその後の遊びを通して子どもたちは様々なことを学びます。どのような学びが見られるか，考えてみましょう。

カラー写真

ヒント

　子どもは生活や遊びの中で出会う「人」「もの」「こと」から様々な気付きや思いを感じます。保育者は，それらを読み取って次の遊びが展開できやすいように環境構成や配慮を考えて，ねらい・内容をもとに保育計画を立てていきます。

　本章では，地域の環境や人との触れ合い・関わりを通して子どもが地域や人々を身近に感じ，そのよさに気付き，地域に思いを寄せ，地域の一員として役に立ちたいという思いに至った保育について，京都市立深草幼稚園の実践事例から紹介します。

第1節　地域の人と関わる力

(1) 市民農園との関わりから

　子どもたちが地域の自然に触れ，季節を感じながら様々な自然体験をできるようにと願い，長年，市民農園でサツマイモの苗植えや大根の種まき，それらの収穫の自然体験をしています。入園した4歳児たちは，市民農園でサツマイモの苗植えの園外保育は初めての経験です。

EPISODE

1-1　「畑のKさん」[*1]　　　　　　4歳児　2016年5月17日（火）

　降園前に明日の市民農園への園外保育についての話をした。畑を知っているかどうかクラスの子どもたちに尋ねると，「おじいちゃんとこうやって土を掘ったりしたことある」と，動きを付けながらナミが言う。兄が在園中，親子で大根を収穫するときに母親に連れて行ってもらったアイコは市民農園を思い出し，「あ！　知ってる！　行ったことある」と言う。

　市民農園のKさんの写真を見せ，野菜のことを何でも知っている野菜名人だと伝えると，「トマトのことも？」「ブロッコリーも？」「大根も？」……と次々，野菜の名前を子どもが言う。うなずきながら私が，この前の竹林へタケノコ掘りに行ったときにお世話になった方とKさんは友達であることも伝える。「じゃあ，仲間やったん？」と尋ねるソウタロウ。「そうだよ。みんなで幼稚園の子どもたちを大事に思ってくださってるのよ」と返した。

　その後，降園準備ができた子どもたちが，先ほどの写真の前に集まってきた。ナゴムは，鍬を持って畑仕事をしているKさんの写真をすかして「うーんKさんの顔，よく見えへんなぁ」と言う。ソウキが「畑に悪者が来たら，これ（鍬）でやっつけてくれるの？」と聞くので，私が「畑の悪者って何？」と聞くと顔の横で両手を上げ，指で○をつくる。「虫のこと？」と尋ねるソウタロウにソウキがうなずく。みんなが集まり，私は明日の園外保
育により期待が湧くように絵本『でてこいおいも』を読んだ。絵本の中のアリがサツマイモを守

っている場面で，子どもたちは「ほんまかな」「へぇ〜」等と声を上げた。私は「これも本当か，明日 K さんに聞いてみようか」と提案した。

WORK 1

∘ K さんへの興味や関心が表れている子どもの姿を見つけてみましょう。

∘ 4 月に入園した子どもたちが畑や K さんへ興味や関心をもつきっかけとなったのはどのようなことでしょうか？

＊1　EPISODE 1-1 のカラー写真は以下。

明日の園外保育の話の後，降園準備を終えた子どもたちは写真の周りに集まり，畑に悪者の虫もいるかなという想像や，畑仕事をする K さんが持っている鍬は何かという疑問等が出てきました。保育者の話や絵本から，次第に好奇心を抱き，自分なりに考える姿が見られます。思考力の芽生えの育ちにつながっていると読み取ることができます。

また，保育者が用意した写真や話，絵本，そして友達との会話から，K さんの顔をもっと見てみたいと思ったり，野菜名人や疑問を聞ける人としてイメージをもったりし，K さんへの興味や関心が芽生えています。つまり，これからの自分の生活に関係する人への興味や関心が高まり，活動への期待感が表れている姿と捉えられます。

EPISODE

1-2 「K さんに聞いてこよっと」

4 歳児　2016年5月18日（水）

植えた苗の水やりが終わり畑周辺の草花で遊んでいたとき，畝（うね）にいるアリを見つけたアイコ，アヤカのそばにいたソウキが「ねえ，アリがサツマイモを守ってくれるの？」と K さんに尋ねた。K さんが「そうだよ。虫も野菜にとっては大事なんだよ。クモもよく嫌がる子がいるけど，大事にしてほしいな。ミミズも畑を耕してくれる大事な虫なんだよ。だから，虫も大事にしてね」と言うと，周りにいた子どもから「え〜！　ミミズ?!」と驚きの声が上がった。それを聞き，ソウタロウが「あ！　じゃあこの虫は？」と畝を歩いていた黒い虫を指さした。K さんは「その虫はどうかな？」と周りの子どもに投げかけた。私は「K さんが昨日の写真と同じもの（鍬）を持っていらっしゃるよ。これも聞く？」とソウキを促した。ソウキが「これで悪い虫をやっつけるの？」と尋ねた。「これは，畑の土を耕したり，畝をつくったりするときに使うの」という K さんの言葉を聞き，「へぇー」とうなずいた。私は「そうなんだって。いっぱい教えてもらえてよかったね」とソウキたちに伝えた。

WORK
2

- EPISODE 1-2 で，子どもが主体的に K さんに関わる姿を見つけてみましょう。

- その姿が見られるための環境構成や保育者の援助を考えてみましょう。

　保育者が子どもと K さんとの間をつなぎ，子どもが思った疑問を K さんに尋ねたことから，いろいろな虫と野菜の生長との関係や畑道具の使途，K さんの虫への思い等を知り，子どもたちの K さんや虫に対する印象が変わっていきます。K さんに尋ねた行動は，「自分で考え，自分で行動する」ことであり，K さんとのやりとりの中で「自分の思ったことを相手に伝え，相手の思っていることに気付く」姿が見られます。いろいろなことを教えてくれることや K さんの自然への思いに触れ，信頼感や尊敬の気持ちにつながり，自然への興味が高まるだけでなく，K さんが身近な人となり，その人との関わりの楽しさを感じています。それは，好奇心や探究心をもって考え，言葉などで表現しながら身近な事象への関心が高まるといった自然との関わり・生命尊重の姿であるともいえます。

(2) 学校運営協議会の人との関わりから

　学校運営協議会の方が幼稚園のいろいろな行事や預かり保育に関わってくださっています。5 歳児が前年，種をまき，育てたえんどう豆がたくさん実り，入園式に来られた来賓の学校運営協議会の人たちも子どもたちの栽培の様子を喜んでくださっていました。そこで，当年度は学校運営協議会の人を招いて，一緒に豆ごはんパーティーをしました。

EPISODE

2-1　5 月生まれの人は挨拶を　　　　　　　　　2016 年 5 月 10 日（火）

　私は，豆ごはんを食べる前の挨拶をする当番を 5 月生まれの子どもにと呼びかけた。すると 4 歳児と 5 歳児の子どもたちだけでなく，学校運営協議会の A さんもみんなの前に出てきてくださった。

EPISODE

2-2　豆ごはん，嫌い

2016年5月10日（火）

　Bさんは豆ごはんを一口食べたときに「うわっ！　甘っ，甘いお豆やね」と。その言葉を聞いた同じテーブルのマコトは，えんどう豆が嫌いだったのに，思わず，口に運んだ。別のテーブルのCさんが「ハナちゃん，ハーナちゃん」と声をかけるものの，ハナは何も言わない。私がどうしたのかと尋ねるとCさんが「ハナちゃんは豆ごはんが嫌いなんやな」と代弁する。それを聞いてハナがようやく「嫌い」と口を開く。

EPISODE

2-3　手紙を書いたら？

2016年6月9日（木）

　5歳児はジャガイモ掘りの園外保育の後，例年5歳児がしているように，4歳児を招く28日のカレーパーティーのために，必要な材料を考え，近くの市場への買い物の計画を立て始めた。すると，マユやジュンが，学校運営協議会の人もカレーパーティーに来てほしい，手紙を書いて知らせたい，とアイデアを出した。そして，「カレーパーティーにきてください」「おいしいのをつくってまっています」と子どもが絵入りの案内状を，私が住所を書き，幼稚園近くのポストに投函した。

WORK
3

- 学校運営協議会の人に親しみをもっている子どもたちの姿を見つけましょう。

- カレーパーティーにも学校運営協議会の人を招待したいという思いの背景には，何があったのでしょうか。

　EPISODE 2-1，2-2から，学校運営協議会の人とのやりとりの中で，子どもたちは自分たちを受け止めてもらえる安心感や信頼感をもったのではないでしょうか。それらをもとに，カレーパーティーにも来てほしい，一緒に楽しみたい，喜びたいという見通しをもち，生活を展開していこうとしています。「自分の生活に関係の深いいろいろな人と触れ合い，自分の感情や意志を表現しながら」「人と関わることの楽しさ」につながる姿だといえるでしょう。

　市民農園や学校運営協議会の人との関わりの事例では，地域の身近な人に触れ合う機会が継続する中で，いろいろな人とのコミュニケーションのとり方やいろいろな人の思いに触れ，様々な関わりを楽しみ，地域

に親しみをもつようになる姿が見られます。そういった地域の人と関わる力が育まれていくことが確認できます。

第2節　地域の一員としての自覚の芽生え

　学校運営協議会の人と一緒に楽しんだカレーパーティーの最後に，5歳児は「幼稚園に飾るための遊戯室の天井に届くぐらいの大笹がほしい」という願いを伝えました。そこで，5歳児が学校運営協議会の人と一緒に七夕の笹を市民農園にもらいに行くことになりました。学校運営協議会の人が大笹を，子どもたちは家に持ち帰る用の笹を持ち，園に帰ってきました。そして学校運営協議会の人が大笹を遊戯室に飾ってくださいました。

(1) 地域の人への思い

EPISODE
3　みんなの笹・みんなにとっての願いごと[*2]
2016年7月5日（火）

　子どもたちは，学校運営協議会の人に大笹を立ててもらった感動を思い起こしたり，今までにつくっていた飾りを付けたりした。

　私は各自が持ち帰る笹との違いを感じてほしいと思い，「この笹は幼稚園に飾ってもらった笹だけど，これは幼稚園だけの笹だと思う？」と聞くと，子どもたちは「みんなの笹」と言う。「みんなって誰？」と私が尋ねると，自分たちと年少児，未就園児たち，家族，学校運営協議会，先日交流活動をした進学する小学校の人たち，地球のみんなと口々に言う。子どもから学校運営協議会の名前が出てきたので，『ふかくさえんじとちいきのみんなとなかよくあそべるよう』といった学校運営協議会の人が書かれた願いごとをいくつか紹介した。

　その後，「短冊にみんなが嬉しいなと思えるようなお願いを考えてみよう」と私が投げかけると，すぐにミアは「みんながけがをしないで大きくなりますように」，シュウタは「みんなが嬉しい気持ちになりますように」，ナナは「みんながみんなとなかよしになれますように」，ハルタは「みんな，元気」など，次々に自分の考えた願いごとを話した。そして，友達と机を囲み，短

冊に絵を描き始めた。絵を描き終えた子どもは，私に自分の願いごとを伝え，私がそれを文字にして書いた。ほとんどの子どもが「みんなが」という言葉に続けて「なかよくなれますように」「たのしくなれますように」などと話した。長い時間短冊に絵を描いていたアイミは，たどたどしく「大きな……笹にかざって……みんなの願いがかなうように……」と言う。「この笹に飾るみんなの願いがかなうようにってこと？」と私が聞くとうなずいた。そして先ほどは手を挙げずに考えていたナオキもやってきた。「ぼく，決めた！　毎日，晴れますように」と言う。私は思わず笑顔になり，「ほんまや。毎日晴れたらみんな嬉しいもんな」と返した。

WORK 4

- 一人一人の思いや願いごとからどのような学びが見られますか？

- 子どもたちが考えた願いごとの背景（どのような経験からその願いごとが出てきたのか）を考えてみましょう。

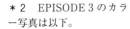

＊2　EPISODE 3のカラー写真は以下。

　遊戯室の天井に届く笹がほしいという子どもの願いが受け入れられ，学校運営協議会の人と市民農園に行き，もらった大笹を一緒に立てた感動から始まり，地域の人たちへ思いを寄せて願いごとを短冊に書く活動へとつながりました。保育者に支えられながら，子どもから「周囲に働き掛けることにより多様な感情を体験し」「前向きな見通しをもって自分の力で行う」充実感を味わっています。短冊の願いごとは地域の人に対する思いやりの気持ちにあふれています。それらは「親しみをもち，人と関わることの楽しさや人の役に立つ喜びを味わうこと」につながっています。

(2) 地域の人が喜ぶために

　毎年，PTA主催のバザーが開催されます。5歳児は5月から様々な野菜や花の種を自分で選び，栽培活動をしていました。例年は5歳児が近くのお店から仕入れたパンの売り手をしていましたが，今年は育てた野菜や花の苗でお花屋さんをしたいという子どもの思いを受け，バザーで苗のプレゼント屋さんをすることになりました。

> **EPISODE**
>
> ### 4-1　自分が渡したい　　　　　　　　　　　　　　　　　　2016 年 7 月 9 日（土）

　子どもたちは，初めて出会うお客さんに「これください」と言われると，選ばれた苗を無言で受け取り，無言で袋に入れて，渡す手もぎこちなかった。私が率先して「いらっしゃいませ！」「お花と野菜，どうですか」と声を張り上げたり，子どもと一緒に言ったりしていた。そのうち，保護者も来てくれ，「こんなにたくさんあるなんてすごいね」と褒めてもらってにぎわうようになった。普段から活発に話すアヤノは「これは朝顔です」「これはミニひまわりです」と大きな声で呼びかけ，花の苗を受け取ったお客さんに「ありがとう」と言われ，嬉しそうにはにかんだ。ヒナノも「ありがとうね」とお客さんに言われ，小さな声だが「ありがとう」と応えた。中には「種から育てたの？　すごいね，大事に育てるからね」と話しかけてくれる人もいた。子どもたちは徐々に「自分が渡したい」と，それまでは選ばれた苗をすべて一袋に入れていたが，一人のお客さんのいくつもの苗を何人もの子どもが一つずつ袋に入れて手渡すようになった。

> **EPISODE**
>
> ### 4-2　知らない人が「ありがとう」って　　　　　　　　　　2016 年 7 月 11 日（月）

　土曜日のバザーについて，子どもと振り返った。「お客さんがいっぱい来てくれて嬉しかった」とアヤノ。「（お客さんが）ニコニコしてた」とミア。「『ゴーヤありますよ』って言ったら『ありがとう』って言ってくれはった」とシュウタ。ヒナノは「いろんな人が苗を袋に入れたら『ありがとう』と言ってくれた」と。カズオは「知らない人が『ありがとう』って言ってくれた」と。多くの子どもが「ありがとう」と言ってもらえたことの嬉しさや喜びを感じていた。私が，知らない人もたくさん来てくれたこと，この地域にはたくさんの人がいることや，子どもたちも嬉しい気持ちになったが地域の人たちもすごく嬉しい気持ちになっただろうということを話した。子どもたちは照れくさそうな，でもどこか誇らしげな表情だった。

> **EPISODE**
>
> ### 4-3　「ハルコたちが育てた花や」　　　　　　　　　　　　2016 年 7 月 22 日（金）

　バザーの後，「幼稚園に来る道で（バザーで渡した）花が植えてあるのを見つけた」「私も」「僕も」と子どもたちは発見を伝えてくれた。それぞれの苗には子どもが描いた絵と苗の名前，幼稚園名を書いた名札を付けていたので，自分たちが育てた苗であることが分かったようだ。

　夏休みに入り，宿泊保育の朝の地域の散歩で，先頭を歩いていた私は通りがかりの家の玄関前プランターが目に留まった。「あーっ，見つけた」と思わず発した声に子どもたちが集まった。「あっ，ハルコたちの花や」とハルコ。「これ（名札の絵），ユウタくんが描いた絵」とナオキ。「これはふうせんかずらや」と口々に言いながらプランターを囲んで喜んだ。

WORK
5

○ 子どもたちが主体的に地域の人に関わる様子を探してみましょう。

○ EPISODE 4-1 から 4-3 までのバザーのプレゼント屋さんの活動で，子どもは何を学び，どのような育ちが見られたでしょうか。

○ EPISODE 4-1 の日から EPISODE 4-2 や 4-3 の日まで，かなり経過しています。その間，子どもの思いが継続したことの理由は何だったのでしょうか。

＊3　各要領・指針における領域「人間関係」（3歳以上児）の「内容の取扱い」より。ウェブ上では以下で閲覧可能。
文部科学省「幼稚園教育要領」2017年。

厚生労働省「保育所保育指針」2017年。

内閣府・文部科学省・厚生労働省「幼保連携型認定こども園教育・保育要領」2017年。

＊4　各要領・指針における「幼児期の終わりまでに育ってほしい姿」より。

　子どもが出会ったことのない地域の人が来園するバザーで，自分たちが育ててきた野菜や花の苗をプレゼントすることは，思いを込めて地域の人に関わるきっかけとなりました。知らない人にも言葉を交わせるようになるのは，会話が通じていく5歳児ならではの姿です。また，数か月にわたって自分で土づくりをし，種を選び，まいて育てるという活動は，自分が育てたという実感を伴い，「自分で考え，自分で行動する」取り組みだといえます。地域の人は，苗を受け取り，子どもが世話をしてきたことや育てた思いを受け継ぎ，大事に育てようという思いを子どもに伝えています。物を介して思いを通い合わせることの喜びを子どもも感じ，地域の役に立っている自分を自覚し，「地域の人々などの自分の生活に関係の深いいろいろな人と触れ合い，自分の感情や意志を表現しながら共に楽しみ，共感し合う体験を通して」「人と関わることの楽しさや人の役に立つ喜びを味わう[＊3]」姿が見られます。

　地域の人々のための七夕の願いごとや，バザーの花や野菜の苗のプレゼント屋さんの事例に見られる子どもの姿は，「幼児期の終わりまでに育ってほしい姿」の「社会生活との関わり」の「地域の身近な人と触れ合う中で，人との様々な関わり方に気付き，相手の気持ちを考えて関わり，自分が役に立つ喜びを感じ，地域に親しみをもつようになる[＊4]」そのものだといえます。

第3節　人間関係が育まれる継続した保育

　第1節や第2節での事例から，地域の人への安心感や信頼感，尊敬の気持ちから人と関わることを楽しみ，自分自身の立ち位置，地域の一員

としての自覚を感じ，人の役に立つ喜びを得た子どもの学びを見つめて
きました。そういった学びや育ちのために，保育者が構築する保育につ
いて考えてみましょう。

(1) 協働する体制づくり

　学校運営協議会の人が幼稚園の活動に参画し，関わる機会が定着する
中，より幼稚園生活や遊びが深まるためにはどのような工夫が必要とな
るのでしょうか？

┌─ **EPISODE**

5-1 「なかよし会がいいのとちがうかな」　　　2016年5月10日（火）
- -

　学校運営協議会の人たちが豆ごはんパーティーに来てくださった。会場準備で待っているその
方々に，私が，学校運営協議会というのでなく子どもが覚えやすい名前がよいかという提案をし
た。すると「なかよし会がいいのとちがうかな。小学校でも学校運営協議会として関わっている
けど，その名前もなかよし会だから，子どもが進学しても，そしておうちの人にも同じ方が分か
るのじゃないかな」とご意見があり，その名前を豆ごはんパーティーで子どもたちに紹介した。

┌─ **EPISODE**

5-2 「ひらがなで書いてくれないか」　　　2016年5月10日（火）
- -

　豆ごはんパーティーが終わり，学校運営協議会の人が自分の名札について「この名札をひらが
なで書いてくれへんかな。子どもの中にはひらがなを読める子どももいるやろう」と提案してく
ださる。私はその提案に今まで気付かなかったことを反省し，すぐにひらがなの名札を用意した。

WORK 6

- 子どもが人に親しみをもつためには，何が必要でしょうか。
- 地域の人が子どもに親しみをもつためには，何が必要でしょうか。考えられる
  ものを挙げてみましょう。

　学校運営協議会の人たちが保育に参画し，より子どもと親しくなるた
めに子どもと目線を同じにして食前の挨拶を一緒にしたり，より子ども
が親しみを感じるためにと子どもが分かりやすい「なかよし会」という
名前や呼びかけやすい「ひらがなの名札」を提案してくれました。共に

保育をする中で，何が必要か，どのような工夫をすればよいか等，子どもの姿を見ながら保育改善をすることは，保育全般にいえることでもあります。保育に関わる大人同士が子どものためにと考えを出し合い，コミュニケーションを深めていく中で，地域社会との充実した関わりができる環境がつくられていきます。

(2) 継続した保育展開

幼稚園教育要領には，「これからの時代に求められる教育を実現していくためには，よりよい学校教育を通してよりよい社会を創るという理念を学校と社会とが共有し，それぞれの幼稚園において，幼児期にふさわしい生活をどのように展開し，どのような資質・能力を育むようにするのかを教育課程において明確にしながら，社会との連携及び協働によりその実現を図っていくという，社会に開かれた教育課程の実現が重要となる」とあります。[*5] 地域の人に，保育に参画してもらうことの意義や保育の中での位置づけを明らかにする年間指導計画の一部を提示しました（図11‐1）。

＊5　文部科学省（2017）「幼稚園教育要領」の「前文」より。

図11‐1　年間指導計画（一部抜粋）

出典：京都市立深草幼稚園

```
WORK
  7        ｡この年間指導計画から気付いたことを挙げてみましょう。
```

　子どもの発達に合わせてその時期のねらいや内容，地域の人が参画する遊びや生活，そして幼児期の終わりまでに育ってほしい姿の「社会生活との関わり」が示され，活動の中で見られる子どもの姿から育ちを確認できます。前年度の同様の活動の写真や子どもの言葉を載せることで，各活動の子どもの姿が予想しやすかったり，場所や関わる人を明記することで，活動の見通しをもちやすかったりする工夫があります。この社会に開かれた教育課程をもとに保育を展開し，さらに，カリキュラム・マネジメントをすることで，組織的・計画的に保育の質の向上を図っていくことができます。

　子どもが安心感や信頼感，尊敬の気持ちを土台に，親しみを感じ，地域の一員としての自覚や役立ち感を味わうに至るには，保育に関わる地域の人や保育者が協働し，単発の遊びや活動でなく，継続したつながりのある保育が根底にあることが重要になります。

📝 章末問題

　本章では，地域の自然資源や人的資源を織り込みながら，子どもの主体性を大事にし，保育を構築していくことを紹介しました。自分の住んでいる地域を見直し，その自然環境や社会環境をもとに継続的に子どもが関わり，主体的に学ぶ保育を考えて，グループで話し合ってみましょう。

📖 文献紹介

★ 松本理寿輝『まちの保育園を知っていますか』小学館，2017年。

★ 三輪律江・尾木まり（編著）『まち保育のススメ──おさんぽ・多世代交流・地域交流・防災・まちづくり』萌文社，2017年。

★ まちの保育園・こども園，東京大学大学院教育学研究科附属発達保育実践政策学センター（著），秋田喜代美・松本理寿輝（監修）『保育をひらく「コミュニティコーディネーター」の視点』フレーベル館，2021年。

第 **12** 章

その先の自分を
楽しみにして，
今を一層楽しむ

本章では，幼児教育と小学校教育の円滑な接続について理解していきます。幼児が，小学生への憧れや小学校への安心感，小学生になることを楽しみにする気持ちを育むための保育者の役割について，具体的な事例を通して考えていきます。幼児と小学生の交流活動を意義あるものにするためにはどのようなことが大事なのか，理解を深めていきましょう。

交流活動での子どもの気持ち

　これはある幼稚園の4歳児クラスと小学校4年生の図画工作科「ゆめのまち」の単元での交流活動の様子です。4年生がつくったゆめのまちに4歳児の子どもたちが招待してもらいました。この写真を見て，以下の問いについて考えてみましょう。

出典：筆者撮影

1．4歳児，4先生の子どもたちはそれぞれ，どのようなことを思っているでしょうか？
2．交流前に，どのような導入が行われたでしょうか？
3．この交流の後，遊びはどのような展開があったでしょうか？

カラー写真

ヒント

　交流活動は，何のために行うのでしょうか？「楽しかった」だけではなく，幼児，小学生，それぞれにねらいをしっかりもち，交流活動で子どもたちにどのような育ちがあるのか，見取ることが大事です。また，それが，イベントのような一過性のものとして終わるのでなく，子どもたちの連続した生活の中にあることを大事にします。

　本章では，幼保小接続の先進的な事例と共に，幼保小接続をする意味は何か，子どもたちにとって意義ある（互恵性がある）交流のためには何が必要か学んでいきます。

第**1**節　楽しみな気持ちを育む

　幼児が，小学生になることを楽しみにする気持ちを育むためには，どのような経験が大切なのでしょうか？　京都市立楊梅幼稚園と下京 雅小学校の実践をもとに考えていきます。

(1) 幼稚園と小学校とで共通の視点をもつ

　京都市立楊梅幼稚園は，1888年，小学校の一室に設立された幼稚園です。創立以来，小学校や中学校に隣接，または，同敷地内で保育をしてきています。設立当時から，中学校の校庭で保育をするなど，地域や学校との関わりが当たり前に行われてきました。

　2020年度からは，小学校の統合により開校した下京雅小学校の敷地内で，新校舎，新園舎での教育が始まりました。同敷地内での教育にあたり，2019年度より新たな連携・接続のあり方を追究しながら教育を進めています。

　まず，3歳児から6年生までの9年間の子どもの育ち，学びをつなげたいと考えました。これまでも，給食交流，縦割り遊び，卒業式などの行事で，交流活動は行っていましたが，子ども同士の関わりだけでなく，一歩進めた，幼小接続をしたいと考えていました。そのために，幼稚園と小学校で育てたい資質・能力を共有することから始めました。

　互いの子どもたちの実態を見つめ直すと，幼稚園では，素直で人に親しみをもっているが自分でやろうという気持ちをもちにくい様子があり，小学校では，考えを伝えることが難しい様子や自信がない様子があるといったことが分かりました。共通した教育課題に，主体的に学ぶ力，友達との人間関係を構築する力，自信をもって物事をやり遂げる力等を育むことが挙げられました。そこで，幼稚園，小学校の9年間で育てたい資質・能力を「探究」（自ら学び，考え続ける力），「ふれあい」（磨き合う力），「誇り」（自分を見つめる力）としました。

　幼小で一つの研究組織を立ち上げ，互いの教育についての理解を深めること，子どもの9年間の学びをつなぐことを目的に取り組みを始めました。

　始めた当初は，幼稚園と小学校の教員に様々な幼小接続に対する思いや疑問などがありました。「楊梅幼稚園から入学してくる子どもたちは

写真12‐1　　5歳児の劇遊び[*1]

出典：筆者撮影

＊1　写真12‐1のカラー写真は以下。

多くないのに，交流する意味があるのか？」「幼稚園は遊んでいるが，どう見ていいのか分からない」「幼小接続は5歳児と1年生だけでよいのでは？」「小学校の教育は，自分の小学生時代しか知らない」など，教員もお互いのありのままを伝え合い，研究主任，幼小接続主任を中心にしながら，まずは，互いの子ども，保育，授業を見合うことから始めました。

　幼稚園では年間に2回（6月と2月），1週間9時〜4時まで，いつでも参観してもらい幼稚園の生活を知ってもらう「ミシルウィーク」（見て知ってもらうウィーク）の取り組みを行いました。2月のミシルウィークは，生活発表会前に行いました。5歳児の子どもたちが，劇遊びをしている様子（写真12‐1）を参観した小学校教員は，5歳児の探究を，「話の中に没入し，自分の役割になりきって声，動き，言葉の工夫などを考えて表現している姿」と，捉えました。共通の視点があることで，ただ遊んでいると見えていた幼稚園の遊びから，幼児の育ちを見取ることができました。

　また，小学校の2年生の英語の授業を参観していた幼稚園教員は，小学校の担任が子どもを「Ken」「Kumi」と呼ぶのを見て，幼稚園での魔女ごっこの遊びを思い出しました。その遊びで，子どもたちは，自分で魔女になったときのニックネーム（「スミス」「クリスティーヌ」「エメラルド」など）で呼び合うことで，普段の自分とは違う，魔女になりきることを楽しんでいました。この英語の授業でも，担任の先生から普段とは違う呼ばれ方をし，幼稚園でのごっこ遊びの要素があるからこそ，子どもたちが，英語を話す人になりきることができ，探究が深まるのではないかと考察しました。

　このように，保育や授業を通して，子どもの育ちを「探究」「ふれあ

表12-1　揚梅幼稚園・下京雅小学校「探究・ふれあい・誇り」資質・能力系統表

		探　究 思考の持続性 〜自ら学び考え続けよう とする力〜	ふれあい こころのふれあい 〜共に磨き合おうとする 力〜	誇　り 省察の高まり 〜自己を見つめようとす る力〜
育てたい 子ども像	揚梅	自ら考え粘り強く取り組む子ども	ふれあいを喜ぶ子ども	自分らしさを大切にする子ども
	下京雅	探究する子ども	ふれあいを大切にする子ども	誇りをもてる子ども
育みたい 資質・能力	幼児期	身近な環境に興味をもって関わり，試したり考えたりしようとする力	さまざまな人・もの・ことと出会い，自分の思いを出し関わり合おうとする力	安心感をもち自分でできる喜びを感じ，ありのままの自分を発揮しようとする力
	低学年	身近な環境に興味や疑問をもち，自ら学び考えようとする力	互いの思いを出し合い，みんなで頑張ろうとする力	自分の姿を見つめ，がんばりやよさを見つけようとする力
	中学年	物事の魅力や疑問に触れ，自ら学び粘り強く考えようとする力	相手の思いや考えを受けとめ，みんなで高め合おうとする力	自分の姿や心を見つめ，自分らしさを見つけようとする力
	高学年	物事の魅力や疑問に触れ，自ら学び考え続けようとする力	相手の思いや考えを尊重し，みんなで磨き合おうとする力	まわりに感謝し，輝く自分を見つめようとする力

出典：令和3年度下京雅小学校・揚梅幼稚園教育研究発表会研究冊子を一部改変

い」「誇り」の視点で見取り，9年間の育ちを表12-1のようにまとめました。

　共通の視点があることで，子どもの連続した発達が見え，互いの教育の理解が深まりました。こののち，さらに，夢中・熱中する保育や授業の改善，心が動く教育の実践や，子どもたちが主体的に自ら学び続ける力を育むための心が動く教育の実践について，幼稚園と小学校が合同で研究を進めています。

　幼小接続というと，交流活動をするということに思いが行きがちですが，子どもの発達をつなぐ，互いの教育を知り合うという視点が最も大事なことなのです。

⑵ 5歳児と1年生の体育「マットあそび」での交流

　交流活動は，様々な学年・年次，教科で計画しています。その中で，5歳児と1年生の体育科の「マットあそび」（全7時間単元）の交流の様子を紹介します。

① 互いにねらいをしっかりともつ

5歳児と1年生の交流のねらいを次のように共有しました。

5歳児　・いつもと違う人間関係の中で，多様な刺激を受け，関わりや遊びを広げる。

　　　　・小学校の体育館の場で小学生と小学校教員と共に遊びを楽しむことで，小学校に対して安心感と期待感をもつ。

1年生　・5歳児に遊び方，準備や片付けの仕方等を伝えるなど，相手を思いやる気持ちを行動として表す。

　　　　・5歳児に親しみや愛着をもったり，自分の成長に気付いたりする。

② 出会いを工夫する

幼稚園では交流を進めるにあたり，次のようなことを大事にしました。

・幼児にとって学習の先取りにならない。

・グループをつくり，同じメンバーで継続して関わりたい。

・幼児期の遊びを通した学び，環境構成の視点を授業に生かしたい。

そこで，「忍者になって修行」というストーリーを設定し，少人数のグループで遊ぶことを提案しました。

EPISODE
1-1　忍者学校，1年生とやってみたいな [*2]

【11月初旬】

忍者の格好に変身した教師が，5歳児と1年生と一緒に，忍者の絵本の読み聞かせを行った。その後，5歳児は，1年生から「忍者学校で一緒に修行をしよう」と誘われ，大喜び。子どもたちは同じグループの1年生から名前を呼んでもらい，休み時間に忍者の体操（幼稚園で日頃から遊んでいた体操）を一緒にした。同じグループの1年生に親しみをもち，さらに「一緒にやってみたい」と，互いに意欲の高まりが感じられた。

出典：筆者撮影

---

*2　EPISODE 1-1 のカラー写真は以下。

③ 子どもの心が動く交流活動

子どもたちは，1年生と忍者の絵本を見たり，体操をしたり，グループの友達を知ったりし，忍者の修行というイメージを共有したことで，交流がより楽しみになりました。子どもたちは，出会いの次の日から，

幼稚園で，巧技台やマット，跳び箱などでコースをつくり，忍者の修行の遊びを楽しんでいました。そして，いよいよ，交流の当日。子どもたちはとても楽しみに小学校へ向かいました。

＊3　EPISODE 1-2 のカラー写真は以下。

EPISODE
1-2　1年生みたいにやりたいな[＊3]

【11月24日】

　幼児と1年生が同じ環境で活動できるように，体育館に図12-1のような環境を構成した。

　初めて体育館でマットで遊ぶ日。5歳児A児はマットの準備を終えると，グループの1年生と一緒に小学校の壁登り逆立ちを始めた。A児は，1年生がしているのを見よう見まねでやってみた。A児は壁に足を付けて横向きに足を進めるが，手を動かすことが難しい様子。教師が見守る中，少しずつ，手を動かし，進んでいった。端まで進んで，「できた」と，幼稚園の教師に伝えに来る。「やったでござる！」と教師が声をかけると，1年生が「すごいな」とつぶやき，そばで見ていただけの1年生B児が，壁登り逆立に挑戦を始める。その姿から，「もっとできるぞ」という気持ちが伝わってくる。幼稚園教員の「いいぞ，その調子！」という励ましに，最後まで進むことができた。

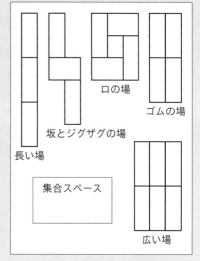

図12-1　体育館の環境構成
出典：筆者作成

【11月26日】

　マットを広く敷きつめた場に，小学生数人が足をもって長くつながりながら，転がっている。その楽しそうな雰囲気を，5歳児C児が見ていた。それに気づいた小学校教員が，「Cさんも一緒にやろう，ここ（小学生の足）持って！」と，促す。C児の表情が，ぱっと明るくなり，すぐさま，寝転んで体を伸ばし，端の小学生の足を持った。小学生の「せーの」というかけ声に合わせて，小学生の足をしっかり持って，C児も回ることができた。C児の様子を見て，D児，E児もやってきた。小学校の教師が，「一緒にやろう」と声をかけ，よりたくさんの子どもたちが一緒につながることができるように，さらにマットを持ってきてつなげた。より長くつながった子ど

もたちは，途中何度も手が離れ，そのたびに，1年生と
5歳児の体が重なり合って，歓声を上げた。何度も何度
も繰り返し楽しんだ。

出典：筆者撮影

　交流後，幼稚園の遊戯室で，C児たち数人が「あれ，
やろ」と誘い合って，マットを用意している。小学校で
のマットの遊びを，幼稚園で自分たちだけで再現して楽しんでいた。

WORK 1

1．A児は初めての場には緊張する子どもです。この交流では，積極的に環境に
　　関わり楽しんでいました。その要因となったことを環境，教師の援助という視
　　点で考えてみましょう。

2．C児の気持ちを考えてみましょう。小学生の遊びに気づき，遊びを見てい
　　るとき。小学校の教師に誘われたとき。小学生とつながって一緒に回っている
　　とき。幼稚園で遊びを再現しているとき。

(ヒント)

　子どもたちにとって，交流の場が自分の思いを出すことができる安心できる場であるこ
とは，何より大事です。そのための環境の工夫として，幼稚園で親しんだ環境と共に，新
しくやってみたい環境があること，少人数の互いの名前がわかるグループでの交流がある
こと，そして何より，幼稚園，小学校の教師の互いの子どもたちへの認めや励まし，見守
りといった，安心できる人的環境が大きいです。幼児にとって安心できる場であることで，
交流するからこその「もっとやってみよう」「こんなこともしたい」「一緒にやって楽しか
った」との思いが生まれ，小学生への憧れや小学校の先生への親しみの気持ちが育まれる
のです。

第2節　互恵的な交流活動と援助

(1) 互恵的な交流活動のために

① 事前，事後の打ち合わせ

　幼児にとっても小学生にとっても意義ある交流（互恵的な交流活動）と
するためには，保育者と教師の事前，事後の打ち合わせが大事になりま
す。打ち合わせの内容は，「日時や内容などの計画」や，「具体的な進め
方」といった手順が中心になりがちです。しかし，その中で大事にした

いのは，互いの「ねらい」を尊重することや，子どもの実態を話し合い，子どもたちがその交流で何を経験するのか，また，事後に，どのような姿があったか，互いの教師が見取った姿を伝え合うことです。

第1節で紹介した交流でも，7回の交流の前後で打ち合わせをしました。交流での子どもたちの様子を話し合う中で，幼稚園だけでは気付くことができなかった子どもの様子を知ることができるなど，今後の指導に生かすことができました。また，幼稚園と小学校で大事にしている「探究」「ふれあい」「誇り」がどのような姿として表れていたかなどについても共有しました。さらに，交流の姿から次の交流保育の環境をどのように工夫するかといった，子どもたちの教育を共に創っていく話し合いもなされました。

② カリキュラム・マネジメントを行う

交流活動は重要ではありますが，できるだけたくさんすればいいというものではありません。幼稚園や保育所等，そして小学校の日々の保育，教育を充実させながら，子どもたちにとってどのような交流の経験が必要なのかを考えていくことが大事です。そのためには互いの教育の内容や子どもの様子を確認したり理解したりするための情報交換を行い，しっかりと事前，事後に検討し，交流を精選していく必要があります。

本園では，幼稚園と小学校の教師同士が相互に理解し合おうとし，対話を重ね，別々になされていた教育実践をつないできました。そのために，指導計画を一緒に立案しています。それにより，幼稚園と小学校の教師の専門性が発揮され，協働しながら教育を進めることが当たり前になってきています。交流活動においても，毎年を踏襲するのではなく，子どもたちにとってどのような経験が必要なのか，年間交流計画を見直し，実施，評価，改善していくカリキュラム・マネジメントが必要です。

交流活動が続かない要因として，よく挙げられるのは，関わっていた先生の異動です。担任や交流していた教師が代わっても，継続していくことができるように，幼稚園，小学校の互いの教育課程に交流活動が位置付けられ，互いに幼小接続主任を置き，継続できる仕組みをつくることが大事です。

③ 保育者の援助

　子どもたちは，他の幼児と関わりながら，遊んだり生活したりする中で，友達のよさや自分のよさに気づき，人に対する信頼感を育んでいきます。子どもたちは，その信頼感を基盤に，小学生と交流し，関わりを広げることで，様々な人との信頼感を築く心地よさや協同していく楽しさを感じていきます。さらに，子どもたちは，小学生への憧れの気持ちや，小学校の生活に期待をもちながら，今の遊びや生活をより楽しんでいきます。そのためには，保育者が，一人一人がどのようなことに興味をもち，遊びを楽しもうとしているのか，どのようなことを感じて，小学生と関わろうとしているのかを丁寧に見取ることが，まずは，大事です。また，子どもたちが，日常に関わっている友達とは違う，小学生と関わることで見せる様々な姿を，前向きに認めていくことが大切です。

WORK 2

カラー写真

出典：筆者撮影

1．写真は5歳児と1年生の色水遊びでの交流の様子です。子どもたちはこれから，交流を始めます。2人の先生が前で話をしていますが，5歳児と1年生の担任は，それぞれどちらだと思いますか？　その理由も考えてみましょう。

2．担任の先生たちは，同じように白衣を着ています。なぜ，そのような格好をしているのか，考えてみましょう。

ヒント

　5歳児担任と1年生担任は，どちらがどちらか分からないくらい，互いの子どもたちの様子を一緒に見ています。互いの子どもたちのやろうとしていることを互いに大事にし，尊重し合うことが，何よりも大事です。その心もちがあることで，子どもたちへの言葉かけが変わってきます。それぞれの子どもたちがやろうとしていること，交流すること，感じていることを見取り，認めることが大切です。

WORK 3

カラー写真

1．写真は，5 歳児と 1 年生が活動（マットあそび）の前に一緒に準備をしている写真です。あなたが保育者だったら，子どもたちにどのように声をかけますか？考えてみましょう。

出典：筆者撮影

ヒント

　交流活動は，それぞれが関わって遊んでいることだけでなく，準備や片付けなどでの交流も大事な経験です。このような関わりでこそ経験できることを見逃さず，認めたいものです。「一緒に準備して嬉しいね」「みんなが持つことができるように，考えているね」など，子どもたちが進んでしようとしている姿を認めたいです。

(2) 様々な交流活動

　京都市立楊梅幼稚園と下京雅小学校は，同敷地内にあり，子どもも教職員もすぐ行き来できて，恵まれた環境であるといえます。楊梅幼稚園が行っている他の交流活動を紹介します。他の就学前施設でも生かしていくことができる交流活動について考えてみましょう。

① 行事での交流活動

　○運動会：幼稚園の子どもたちが小学校の運動会（下京雅スポーツフェスティバル）でかけっこをするプログラムがある。また，互いの運動会（当日やリハーサルなど）を応援している。
　○作品展，生活発表会，学習発表会など：子ども，教職員が互いを参観し合い，感想などを書いて伝えている。
　○園外保育：一緒に近くの公園に出かける（5 歳児と 1 年生が一緒に，どんぐりや落ち葉といった秋の収穫物を見つけに行く）。
　○給食の様子を見せてもらう，給食を試食させてもらうなど。

② ICT 機器などを使った交流

　○ビデオレター：幼稚園の様子，学校の様子などを動画で子どもたちに紹介する。

表12-2　楊梅幼稚園と下京雅小学校の交流計画（2022年度）

学年	教科	時期	内容（案）
1年生 5歳児	生活科	4月〜 5月頃	学校探検の単元の中で，幼稚園探検に行き，交流のきっかけをつくる。
	生活科	年度末	もうすぐ2年生の単元の中で，年長児を小学校に招く。
2年生 4歳児 いずれかの 教科	生活科 「遊んで試して工夫して」	3学期	おもちゃランドのようなものに，幼稚園を招き，一緒に遊ぶ。
	図工科 「ときめきコンサート」	3学期	つくった楽器を持ち寄って一緒にコンサート。
3年生 3歳児	国語科	10月	読み聞かせ。
4年生 4歳児	図画工作 「ゆめのまち」	10月	4年生がつくった街に招待，遊ぶ，一緒につくる。
5年生 5歳児	国語科	未定	1年生に伝えようの単元の中で，絵本をテーマにして，幼稚園の子どもに手紙などで思いを伝えたり，読み聞かせをしたりする。
6年生 3歳児	国語科 話す聞くの単元	2，3学期	6年生が遊びを計画して，一緒に遊ぶ。おそらく小グループで。
育成学級 5歳児 3歳児	生活科	5月 10月 11月	なかよし会で交流する。 ハロウィンでつくった衣装を幼稚園の子どもに見せる。 『おしごとたんけん』幼稚園の先生の仕事の様子を見る，子どもたちの前で読み聞かせや手遊びをする。
保健 3・4・5 歳児		いつでも	幼稚園の保健指導に小学校の養護教諭が参加。
栄養 3・4・5 歳児		いつでも 給食交流	料理の種類や栄養の話をする。

出典：筆者作成

③ その他の交流活動

　　○楊梅幼稚園と下京雅小学校の2022年度の交流計画（表12-2）。

④ 教員の交流

　　○合同研修：互いの保育，授業を見合い，共通の視点で話し合う（共通の視点に「幼児期の終わりまでに育ってほしい姿」を用いるのもよい）。

章末問題

1．3学期の5歳児と1年生の交流を計画しましょう。

2．計画した研修について，グループでディスカッションしましょう。

ヒント

　5歳児は小学校の就学時健康診断や体験入学などを経験し，もうすぐ1年生になる期待が高まっています。しかし，学校での生活に不安ももっています。どのようなことが不安だと思いますか？　安心するためにどのような活動があればいいと思いますか？　それを実現するためには，小学校に，どのように働きかけたいですか？　小学校生活が具体的にイメージすることができたり，小学生や小学校の先生に親しみをもったりして，小学校が楽しみになるような交流を計画しましょう。

文献紹介

★秋田喜代美（編著）『保幼小連携──育ちあうコミュニティづくりの挑戦』ぎょうせい，2013年。

★文部科学省国立教育政策研究所教育課程研究センター（編著）『発達や学びをつなぐスタートカリキュラム──スタートカリキュラム導入・実践の手引き』学事出版，2018年。

★無藤隆（編著）『10の姿プラス5・実践解説書』ひかりのくに，2018年。

架け橋がかかる：お互いが大事にしていることを開く

　楊梅幼稚園が下京雅小学校と合同研究組織で研究を進める中で，子どもたちの9年間の発達や互いの教育についての理解が進みました。特に，見えにくいといわれる幼児教育に対して，幼児の遊びの中の育ちや学び，さらに，幼児期の遊びの重要性や，教師の情緒的な援助や意図的な環境構成など，小学校教員の理解が深まりました。幼児期に培った，主体的に，心を動かして，夢中になって学んでいく姿勢を，小学校以降ももち続け夢中になって学び続けるような授業や，幼児がより夢中になり遊び込むことができる保育を目指したいと両校園の教員が考えました。特に小学校教員が幼児教育の要素を取り入れ，子どもが生き生きと学ぶ授業改善に取り組みたいという熱い思いは，幼稚園教員にとっても，はたして本当に幼児は夢中になれているのか，没頭して探究の渦に入り込む満足感や達成感をみんなが経験しているのかと，大変刺激になりました。互いの専門性から刺激を受け，様々な捉え方が自身の教育観を広げていきました。幼稚園教員は小学校教員のねらいをもった働きかけや振り返りについて，小学校教員は幼稚園教員の子どもの意欲を引き出す言葉かけや認める，見守る，待つ関わりの意義について，多くの学びがありました。互いの教育を知り，子どもの発達を知ることで教育の質が向上し，子どもが自らこうありたいと願う方向に向かおうとすること，それこそが，幼保小接続の意義であると考えます。保育者と教師が互いの教育を尊重すること，そして子どもが幼児期を夢中になって遊ぶことこそが，幼保小接続においても大事であることを再確認しました。

　さらに，小学校の入学後には，安心できる環境が大事です。小学校でも，みんなが気持ちよく過ごすための規律があります。幼児期に夢中になって遊んだ子どもたちは，先生や友達に親しみをもち，友達と協同する喜びを知っています。安心して自分を発揮することができると，集団生活の中で，必要なルールを自ら守ろうとするようになります。楊梅幼稚園と同敷地内の下京雅小学校では，子どもたちが安心できる入学式後の教室の環境を，幼稚園と小学校の教員が一緒につくっています。子どもたちが，安心して小学校生活をスタートできる環境のヒントは，幼児教育にあります。小学校に発信し続けることで，安心した環境の下，一人でも多くの1年生が幸せに小学校生活を楽しんでほしいと願っています。

出典：筆者撮影

カラー写真

第 13 章

領域「人間関係」の
現代的課題と動向

保育の質向上を考える

本章では，少子化や女性の労働力率上昇，育児観の変化といった，子どもを取り巻く
現代の社会状況を捉えた上で，保育において多岐にわたる特別な配慮が必要とされて
いること，質の高い保育を実現する専門性が求められていることについて学びます。
これまでになく多様性が共存する現代社会において，子どもも保護者も保育者も，そ
れぞれのありようを認め，生かし合う保育と子育て支援について考えていきましょう。

少子化と保育

　少子化や人口減少が大きな社会問題となっています。総務省が発表した人口動態の統計（市区町村別）によると，2021年の各市町村別の出生数が10人以下の自治体が161となっています（10年前の2011年では94）。また，厚生労働省が発表した人口動態統計速報によると，2022年の出生数は79万9,728人と80万人を切る過去最小値となり，2021年に比べて5.1％減少し，合計特殊出生率も1.27と推計されています。このことが保育にどのような影響を及ぼすのか，考えてみましょう。

1．5歳児クラスの人数が30人の場合と，10人の場合とでは，保育実践において何がどのように異なるでしょうか。場面ごとに具体的に考え，書き出してみましょう。

・朝の受け入れ場面

・子どもが自由に遊ぶ場面

・昼食場面

・園外保育場面

2．問1で考えた保育場面の様相に対して，子どもの生活と遊びが豊かになるように，保育者はどのように関わっていくことが求められるでしょうか。

ヒント

　人数が多い方または少ない方がよいという単純な問題ではありません。それぞれによさもあれば，留意して取り組まねばならないところも出てきます。

　子どもたちは常に影響し合う関係で生活し，遊んでいます。5歳児クラスの子どもたちのそれまでの育ちを考慮して，何がどの程度できるようになっているか，友達関係の育ちはどうかなど，想像を膨らませて考えてみましょう。

本章では，領域「人間関係」をめぐる現代的な課題と動向を踏まえ，主体としての子どもが育つ保育を，社会とのつながりの中で捉え直していきます。また，そこで求められる保育の質や保育者の専門性の向上についても見ていきましょう。

第1節 子どもを取り巻く人間関係の狭まり

(1) 少子化

2005年に合計特殊出生率が1.26となって以来，様々な少子化対策がなされ，多少回復傾向にありましたが，2015年をピークに再び低下しています（図13-1）。この少子化問題は，現在インドや中国など，人口規模の大きな国においても進んでいることが話題となっています。中国においては，1979年から始まったいわゆる一人っ子政策が撤廃され，2016年に二人っ子政策の全面的実施，2021年には3人目の出産を容認する方針も出されましたが，2016年をピークに出生率の低下は止まらず[7]，2022年末に前年から85万人減少したと報じられました[8]。保育料が完全無償化されている韓国では，2022年の合計特殊出生率は0.78（暫定値）となり，7年連続過去最低を記録し，OECD加盟国最下位となっています[9]。これらのことから，少子化の問題は単に国内の保育政策の問題にとどまらず，女性の社会進出をはじめとする社会構造の変化，医療技術の進歩な

*1　総務省「令和4年1月1日住民基本台帳人口・世帯数，令和3年（1月1日から同年12月31日まで）人口動態（市区町村別）（総計）」2022年。

2023年4月15日閲覧

*2　総務省「平成23年3月31日住民基本台帳人口・世帯数，平成22年度人口動態（市区町村別）」2022年。

2023年4月15日閲覧

*3　厚生労働省「人口動態統計速報（令和4年（2022）12月分）を公表します（プレスリリース）」2023年。

2023年4月15日閲覧

*4　合計特殊出生率　15〜49歳までの女性の年齢別出生率を合計したもので，一人の女性がその年齢別出生率で一生の間に生むとしたときの子どもの数に相当するもの（厚生労働省（2023）「令和3年人口動態統計」）。

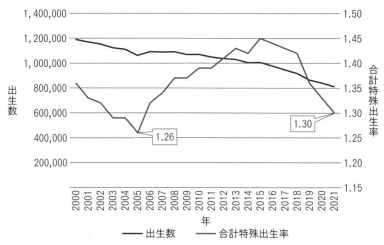

図13-1　日本における2000年以降の出生数と合計特殊出生率の推移

出典：厚生労働省「令和3（2021）年人口動態統計（確定数）の概況」をもとに作成

＊5　星野卓也「子どもを持つ選択は『ぜいたく』になったのか？」第一生命経済研究所 Economic Trends マクロ経済分析レポート，2022年。

2023年4月15日閲覧

＊6　熊谷章太郎「加速するインドの少子化〜人口ピークのタイミングは2040年代に早まる可能性〜」日本総研リサーチ・フォーカス，No. 2021-051，2022年。

＊7　河野円洋「中国の人口が61年ぶりに減少，出生数は初の1,000万人割れ（ビジネス短信）」JETRO，2023年。

2024年1月10日閲覧

＊8　United Nations (2022) *World Population Prospects 2022.*

2023年4月15日閲覧

＊9　金明中「韓国の出生率0.78で，7年連続過去最低を更新—少子化の主な原因と今後の対策について—」ニッセイ基礎研究所基礎研レポート，2023-03-09. 2023年。

2023年4月15日閲覧

＊10　夫婦の完結出生児数　結婚持続期間が15〜19年の初婚同士の夫婦の平均出生子ども数のこと（国立社会保障・人口問題研究所，2022）。

ど，様々な要因が絡み合う複雑でグローバルな問題と理解すべきであることが分かります。

　少子化の傾向は容易に止められないと予測するならば，私たちはこの状況の中で，子どもたちの生活や遊びをいかに豊かにしていくかを考えなければなりません。すでに家の近所の商店はほとんどなくなり，大型スーパーに車で行く生活は普通で，そのスーパーに無人レジが登場していますし，ファミリーレストランの注文はタッチパネル，ロボットが配膳してくれるところもあります。人と接する量と質が，10年前には想像もできなかった変化を迎えているのです。子どもが家庭以外で大人と会話する場所は，園か病院か習いごとくらいになりそうです。夫婦の完結出生児数[10]は1.90人に低下し[11]，2人に満たない状況が続いています。親戚が集まっても，子どものきょうだいが少なく，子どもが寄り集まって遊ぶ状況が生まれにくいことが想像されます。子どもが出会う大人も子どもも少なく，また出会う場や関係性の範囲も狭くなってきているのです。冒頭の問いで考えてもらいましたが，これから人口減少が進むと園やクラスの規模が小さくなることが想定されます。少人数でじっくりと育ち合うことも大切なものです。一方で，様々な人と出会い，多様な感情体験をし，楽しみが広がる経験も大切です。今後は多様な施設間の交流や異年齢保育のあり方等，保育内容の一層の工夫が必要になるでしょう。

(2) 保護者の生活と育児観の変化

　1999年に男女共同参画社会基本法が施行され，男女が社会の対等な構成員であるとされてから，すでに20年以上が過ぎました。この間，女性の就業率の「M字カーブ」[12]解消が目指されてもきました。2020年の国勢調査の結果では，女性の労働力率が1950年以降過去最高となり，さらにはM字カーブが台形へと近づきつつあることが報告されました[13]（図13-2）。その要因を見ると，未婚者の増加のみならず，有配偶者の労働力率の上昇も影響しています。1985年時点では，25〜29歳で，未婚者の労働力率88.5％に対して有配偶者は38.0％とその差が最大になっていたのが，2020年には30〜34歳でその差が最大になり，未婚者91.8％に対して有配偶者では70.1％と，差自体が大幅に縮まっています。今や母親の生活スタイルとしては働きながら子育てをする方が多数派であり，生活の中での育児の位置づけが変化してきているのです。

　ベネッセ教育総合研究所がおよそ5年ごとに実施している幼児の生活アンケートの2022年の調査結果では[14]，子どもが園生活以外で平日一緒に

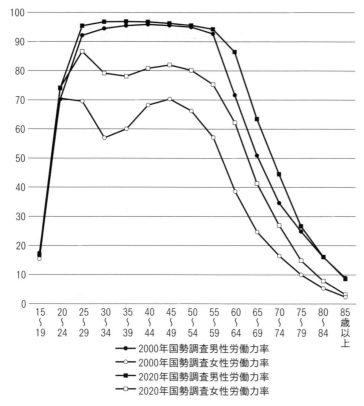

図13-2　男女労働力率（2000年・2020年）

出典：総務省「平成12年国勢調査及び令和2年国勢調査」をもとに作成

＊11　国立社会保障・人口問題研究所「第16回出生動向基本調査　結果の概要」2022年。

2023年4月15日閲覧

＊12　M字カーブ
女性が結婚・出産を機に一度退職することで，女性の就業率が30代にいったん下がる現象のこと。

＊13　永井恵子「台形へと近づきつつある『M字カーブ』の状況──令和2年国勢調査　就業状況等基本集計の結果から」総務省統計局　統計 Today, No. 184, 2022年。

2023年4月15日閲覧

＊14　ベネッセ教育総合研究所「第6回　幼児の生活アンケート　ダイジェスト版」2022年。

2023年4月15日閲覧

なお，この調査結果の解釈には，調査時期が2022年3月というコロナ禍の影響を受けていること，調査対象が首都圏の母親という偏りがあることに留意する必要がある。

遊ぶ相手で「きょうだい」「友だち」が減少し，「母親」「父親」が増加しています。そのほか，子どものタブレット端末の一日使用時間が平均15分程度増加，子育てへの否定的感情が大幅に増加，現在の生活や子どもの成長に対する満足度の低下等が明らかにされており，子どもの園生活以外で触れる人間関係の狭さやその質が懸念されます。

　そして，この調査結果でもう一つ注目されるのは，母親の育児観の変化です。「子育ても大事だが，自分の生き方も大切にしたい」という考え方が，専業主婦において大幅に増加し，有業者との差がほとんどなくなっています。今後，長時間保育がますます選択されるようになり，園生活の質が子どもの成長にとって一層重要になるでしょう。さらに，保護者が育児に対する肯定感をもてるように支えたり，家庭で過ごしやすくなるような知恵を共有したり，親同士の仲間づくりを支えたりする，子育て支援の重要性も一層高まっているといえるでしょう。

第2節　多岐にわたる特別な配慮と保育

＊15　平田悠里・遠藤利彦「虐待・不適切な養育とアタッチメントの未組織化」遠藤利彦（編）『入門 アタッチメント理論』日本評論社，2021年，pp. 169-180.

＊16　Ahnert, L., Pinquart, M., & Lamb, M. E. (2006). Security of Children's Relationships With Nonparental Care Providers: A Meta-Analysis. *Child Development*, **77**(3), pp. 664-679.

＊17　篠原郁子「保育・教育の場におけるアタッチメント」遠藤利彦（編）『入門 アタッチメント理論』日本評論社，2021年，pp. 181-194.

＊18　Howes, C., & Hamilton, C. E. (1992). Children's Relationships with Caregivers: Mothers and Child-Care Teachers. *Child Development*, **63**(4), pp. 859-866.

＊19　厚生労働省「2019年国民生活基礎調査の概況」

2023年4月15日閲覧
（OECDの所得定義の新基準に基づき，2012年とは異なる算出方法による）

＊20　国立社会保障・人口問題研究所「2017年 社会保障・人口問題基本調査 生活と支え合いに関する調査——結果の概要」

2023年4月15日閲覧

(1) 虐待等をめぐる子ども・家庭・保育

　全国の児童相談所による児童虐待の相談対応件数は毎年増加しており，2021年度の相談件数総数は20万7,660と前年度比2,616件増加し，過去最高を更新し続けています（図13-3）。虐待を受けたり，保護者のアルコールや薬物依存等による不適切な養育を受けたりした場合，子どものアタッチメント形成，また心身や関係性の発達に深刻な影響を及ぼすことが懸念されます。情動調整がうまくいかない，ストレスに対して脆弱である，また攻撃性や多動性，問題行動の多さとの関連が見られ，仲間関係を築くことが難しいといった傾向が見られます[15]。そういった発達にリスクを抱えた子どもが，幼児教育施設においては保育者と出会います。親子間のアタッチメントが不安定でも，保育者との間に安定した関係を築くことができることなど[16]，良好な保育者との関係は，親子関係による否定的影響が子どもに及ぶリスクを調整することが明らかにされてきています[17]。子どもが発する様々なサインを保育者が敏感にキャッチし，子どもの視点でその意味を読み解き，タイミングよく応じていくことが，子どもの安定したアタッチメント形成にとって非常に重要です[18]。保育者の温かさ，感受性の豊かさは，これまでも保育において大切にされてきましたが，虐待等の不適切な養育を受けた子どもにとって非常に重要な

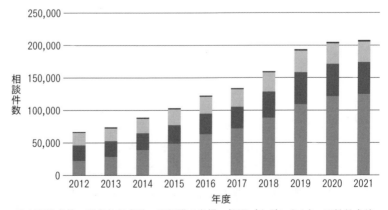

図13-3　2012年以降10年間の児童虐待の相談種別件数の年次推移
出典：厚生労働省「平成28年度福祉行政報告例の概況」「令和3年度福祉行政報告例の概況」をもとに作成

ものなのです。

　さて，こういった深刻なケースを考えるとき，どうしても，その配慮が必要な子どもとどう関わるか，という個別のケアに気持ちが向くかもしれません。しかし，保育とは集団の中で育ち合うことを考えるものです。みなさんなら次のような事例に，どのように関わっていきますか。考えてみてください。

＊21　総務省統計局「労働力調査　長期時系列データ（基本集計）1-a-6　完全失業者【年齢階級（10歳階級）別】―全国，月別結果」

2023年4月15日閲覧

> **EPISODE**
>
> ### 1　育ちの気になる年長児に出会う
>
> ------
>
> 　年長になって転園してきたシュウは体も大きく，親子ともに言葉遣いが乱暴で，目立つ存在だ。時々送り迎えのときに母親がシュウに手を上げる場面があり，出くわした保育者が母親の手を止めては母親の話を聞いている。
>
> 　5月のある日，園庭で年長クラスの子どもたちが鬼ごっこをしていたときのこと。シュウと同じくらい背の高いタケルがじゃんけんで負けて鬼になり，みんなを追いかけている。途中，タケルはシュウに追いつき，「タッチ！」とシュウにタッチしたが，シュウはすぐにタケルの方に振り向き，グーでタケルの肩をパンチして逃げていった。鬼ごっこのルールを守らないどころか，暴力を振るって逃げていったシュウを保育者は追いかけて手をつかんだが，その手を振りほどこうとして暴れている。一方のタケルは怒って保育室に帰ってしまい，一緒に鬼ごっこをしていた子どもたちは，ばらばらに他の遊びに移っていってしまった。

WORK 1

- あなたならこの場面でどのようにシュウ，タケル，クラスの子どもたちに関わりますか。

- シュウにどのような育ちを願いますか。また，シュウと周りの子どもたちや保育者との間にどのような関係が生まれることを願いますか。

- 2つ目の問いの願いの実現に向けて，どのような遊びを取り入れ，保育者としてはどのようなことに留意して関わりますか。

　ここで考えるべきポイントを，短期的なことと長期的なことの両方で整理していきます。短期的には，シュウがタケルをパンチしたときの気持ちを聞き，受け止め，保育者がシュウの気持ちの理解者であろうとしていることをまずは伝えることが大切になります。その上で，タケルの

＊22　厚生労働省「令和4年度「離婚に関する統計」の概況―人口動態統計特殊報告」

2023年4月15日閲覧

＊23　厚生労働省「人口動態調査　人口動態統計　確定数　離婚　年次別にみた夫妻が親権を行う子の数別離婚件数及び百分率・親が離婚した未成年の子数及び率（未成年人口千対）」

2023年4月15日閲覧

＊24　厚生労働省「令和3年度　全国ひとり親世帯等調査結果報告」

2024年2月7日閲覧

＊25　大石亜希子「母親の非典型時間帯労働の実態と子どもへの影響」『子育て世帯のウェルビーイング──母親と子どもを中心に』JILPT資料シリーズ，No. 146, 2015年，pp. 21-44.

2023年4月15日閲覧

全国の住民基本台帳から二親世帯2000世帯，ひとり親世帯2000世帯を対象とした調査で，二親世帯1219票，ひとり親世帯982票を有効回収票とするもの。

＊26　労働政策研究・研修機構「子どものいる世帯の生活状況および保護者の就業に関する調査2014（第3回子育て世帯全国調査）」

2023年4月15日閲覧

＊27　北川恵「アタッチメントの病理・問題と臨床実践」遠藤利彦（編）『入門アタッチメント理論──臨床・実践への架け橋』日本評論社，2021年，pp. 155-167.

気持ち，人と共に生活する上でのルール，遊びを楽しむためのルールを伝えていく必要があるでしょう。できることならタケルと共に話をし，タケルの納得いかない気持ちや憤りや痛みを言葉にするのを支え，共感的に受け止め，シュウに伝えることも必要です。ただ，シュウにそのことを理解し受け止めることをその場で求めすぎたり，注意することがシュウの存在を否定するようなことになったりしてはいけません。人は，否定的な気持ちも含めて自分のことを受け止められる経験なくして，相手の気持ちに気付き受け止めることはできません（第3章参照）。そこで必要になるのは，その場での対応だけでなく，長期的な対応です。

　では，長期的に考えるべきことにはどのようなことがあるでしょうか。シュウは日常的に保護者から暴力を振るわれている可能性があること，引っ越してきたばかりでシュウと保育者，クラスの子どもたちの間の関係性が十分形成されていないこと，保護者と保育者の関係も，保護者同士の関係も築いていく必要があること，シュウが少しずつ気持ちに折り合いをつける情動制御の力をつけていく必要があること等が挙げられるでしょう。このままでは，周りの子どもたちがシュウのことを一緒に遊びたくない存在として見てしまい，シュウが孤立したり，力で相手をねじ伏せようとしたりする悪循環に陥ることも想像できます。まずは，一緒に遊んで楽しかったという経験の積み重ねが必要です。そのためには，保育者がシュウの好きな遊びを知り，保育者が一緒に楽しく遊ぶことから始め，次第に，一緒に遊んでみたい，一緒に遊ぶと楽しいとお互いに思える子ども同士の関係を育むことが大切になるでしょう。それと共に，親子の様子を日々よく観察し，保護者への支援をどのように進めていくか，関係機関と連携しながら，きめ細かな支援を長期的に行っていく必要があります。

(2) 貧困をめぐる子ども・家庭・保育

　子どもの貧困については，2012年の調査で子どもの貧困率が16.3％となり，日本の子どもたちのおよそ6人に1人が貧困というデータが社会に衝撃を与えました。その後，子どもの貧困率は徐々に低下傾向にあり，2018年には14.0％となっていましたが，コロナ禍後の大規模調査は2023年4月時点でまだ実施されておらず，現状ははっきりしません。しかし，大幅に改善しているという推測は成り立ちにくい現状です。2017年の調査では，過去1年間に経済的な理由で家族が必要とする食料が買えなかった経験をもつ世帯は，13.6％でした。2020年コロナ禍が世界を襲った

年には，8月に国内の完全失業者数が200万人を超えています[*21]。

　子どもの貧困問題を一層深刻にするのが離婚です。現在，結婚した3組に1組が離婚しているとされ[*22]，2021年の離婚件数18万4,384件中子どもがいるケースは10万5,318件で，6割近くに上ります[*23]。子どもがいる場合に離婚すると，ひとり親家庭となります。離婚によりひとり親となった世帯のうち母子世帯の割合は約9割です[*24]。また，母子世帯の就業状況では，パート・アルバイト等と派遣社員を合わせた非正規雇用者は42.4%です[*24]。母子世帯の母の平均年間就労収入は236万円であるのに対して，父子世帯の父の場合は496万円とその差は2倍以上の開きがあります[*24]。子どもがいる現役世帯のうち大人が一人の世帯の貧困率は48.3%と深刻です[*19]。

　この貧困の問題は，生活上の余裕のなさにつながっていきます。母子家庭の場合，平日の日中以外の非典型時間帯で勤務している割合が高く，また，副業をもつ比率が全体の約2倍程度高くなっています[*25]。非正規雇用による低収入は，いわゆるダブルワーク，トリプルワークにつながりやすく，つまりは子どもと過ごす時間と引き換えになりやすいのです。

　また，就業と健康の関係では，ふたり親世帯の場合，母親の抑うつ傾向は15.7%である一方，ひとり親世帯の母親の場合，有業者で32.6%，無業者では53.4%の抑うつ傾向というデータもあります。また，父子世帯の父親の抑うつ傾向も23.7%と，決して低くないことも分かっています[*26]。抑うつ状態にあると，対人関係における敏感さが発揮しにくい状態に陥ります。養育者が子どもの出したシグナルに敏感に気付き，読み取り，適切に応答することは，アタッチメントの形成において重要です[*27]。しかし，貧困の問題は，就労時間と育児時間のトレードオフや，メンタルヘルスの悪化といった悪循環を引き起こし，さらにはアタッチメント形成という人間関係の基盤を揺るがすインパクトをもつのです。被虐待児と同様に，ここでも家庭外で受ける質の高い保育，温かく感受性豊かな保育者との出会いの重要性が，改めて指摘できます。

(3) 医療的ケア児

　2016年の児童福祉法の改正により，「地方公共団体は，人工呼吸器を装着している障害児その他の日常生活を営むために医療を要する状態にある障害児が，その心身の状況に応じた適切な保健，医療，福祉その他の各関連分野の支援を受けられるよう」，体制整備に関して必要な措置を講ずるように努めなければならないとされました[*28]。その後2021年に

*28　児童福祉法第56条の6の②。

*29　医療的ケア児及びその家族に対する支援に関する法律第2条。

*30　田村正徳（編）『医療的ケア児に関する実態調査と医療・福祉・保健・教育等の連携促進に関する研究』2019年。

2023年4月15日閲覧

*31　末永美紀子（2023）「誰もが住みたい地域で，ともに暮らせる共生社会への一歩に」倉石哲也（編）『人口減少時代に向けた保育所・認定こども園・幼稚園の子育て支援』中央法規出版，2023年，pp. 116-123.

*32　前掲*31。なお，ここでの「チーム」とは，専門的なケアに携わる保育者や看護師によるものを指す。

*33　菊池良太・小野稔・絹川弘一郎・遠藤美代子・水田耕一・浦橋泰然・井原欣幸・吉田幸世・伊藤秀一・上別府圭子「小児臓器移植患者の保護者の養育負担感の検討」『移植』50（2・3），2015年，pp. 203-210.

「医療的ケア児及びその家族に対する支援に関する法律」が成立・施行されています。この法律で「医療的ケア」とは，「人工呼吸器による呼吸管理，喀痰吸引その他の医療行為」のこととされ，「医療的ケア児」とは，「日常生活及び社会生活を営むために恒常的に医療的ケアを受けることが不可欠である児童」とされています。[29]この医療的ケア児は，医療技術の進歩により増加傾向にあります。[30]障害の有無にかかわらず，子どもたちが当たり前に育ち合える共生保育の場が全国各地に必要とされています。[31]

　ここで考えたいことは，ケアという言葉から感じられる「する─される」関係です。ケアを受ける側，ケアを提供する側という認識をしてしまうと，医療的ケア児は主体ではなく客体となってしまいます。保育で目指すことは，そうではありません。医療的ケア児はケアを必要としていますが，今を生きる主体です。このことについて，医療的ケア児を含めた共生保育に取り組む末永（2023）[32]は，「リスクを取り去りたい，減らしたいあまりに『子どもの最善の利益』や『子どもが成長し学べる機会』を減らしていないか，失っていないかを，常に保護者とチーム内でも共有し，安全に関する説明と合意を重ねていくことが大切」と述べています。どの子どもも当たり前に子ども，大人，もの，こととの関係の中で，遊ぶことを十分に楽しむ生活を送ることができるようにしていく必要があります。そのためには，医療の専門職と保育の専門職，保護者等が，それぞれのもつ専門的な知識や技術を共有し合い，学び合い，高め合う関係を実現しなくてはなりません。

　また，医療的ケア児を抱える保護者もケアを必要としています。昼夜を問わず，わが子の痰を取り除く生活を想像してみてください。その育児負担感は相当なものでしょう。医療的ケア児の保護者に関する研究では，家族機能とソーシャルサポートが充実している場合，育児負担感が低いということも明らかにされています。[33]保護者の生活の大変さも聞き取り，引き受ける子育て支援が重要であることはいうまでもありませんが，ショートステイ[34]やトワイライトステイ[35]との連携など，ソーシャルワークの視点も生かした専門性の発揮が求められるでしょう。

(4) 多言語・多文化化

　現在，日本で過ごす外国人幼児等がどのくらいいるのか，統計的な資料はありませんが，学齢期以降の統計資料では，2010年度には2万8,511名だった児童生徒数が2021年度には4万7,619名と約2万人増えて

＊34　ショートステイ
短期入所生活援助事業の別称。保護者の疾病や仕事等の事由により児童の養育が一時的に困難となった場合，又は育児不安や育児疲れ，慢性疾患児の看病疲れ等の身体的・精神的負担の軽減が必要な場合に，児童を児童養護施設等で一時的に預かる事業のこと（厚生労働省「平成19年度母子家庭の母の就業支援施策の実施状況」より）。

＊35　トワイライトステイ
夜間養護等事業の別称。保護者が仕事その他の理由により平日の夜間又は休日に不在となることで家庭において児童を養育することが困難となった場合その他緊急の場合において，その児童を児童養護施設等において保護し，生活指導，食事の提供等を行う事業のこと（厚生労働省「平成19年度母子家庭の母の就業支援施策の実施状況」より）。

＊36　文部科学省「日本語指導が必要な児童生徒の受入状況等に関する調査結果報告書（本編）」

2024年3月20日閲覧

＊37　複言語環境
家庭で2つ以上の言語を使用している場合や，家庭と社会一般で使用されている言語が異なる場合を指す（内田千春「複言語環境で育つ乳幼児期の子どもの『ことばの獲得』を考える」『子どもの日本語教育研究』1，2018年，pp. 31-37.）。

＊38　国立教育政策研究所（編）『幼児教育・保育の国際比較 ── OECD 国際幼児教育・保育従事者調査

おり，幼児についても増加傾向であろうと推測されます。実際の園においても複言語環境[36]にいる乳幼児が複数在籍しているケースも珍しくなくなってきました。例えば，日本語以外の母語が同じ子どもが複数いる場合，子ども同士がその母語で会話しているところに日本語話者の保育者がどう関わっていけばよいのか，といった新たな保育の課題が生まれています。また，宗教に関わって生活習慣や食習慣等が大きく異なる場合もあります。それぞれが思う"当たり前"が異なる中で，保育者がどう受け止め，子どもたちに伝え，相互理解を促していくことが望ましいのか，丁寧に考える必要があります。特に日本は島国で，陸続きの隣国関係がある諸外国と異なり，これまで多言語・多文化共生の視点をもちにくかったという影響もあるかもしれません。OECD 国際幼児教育・保育従事者調査2018では，日本の園長・所長の多様性への取り組みに対する重要性の認識が調査対象国の中で最も低いことを明らかにしています[38]。現在急激に進むグローバル化への対応は，保育現場の喫緊の課題です。

　こういった現状を受けて，文部科学省では，「外国人幼児等の受入れにおける配慮について」という資料[39]や，動画による研修資料[40]を作成し，各園や自治体における理解推進を図っています。外国人幼児等の受入れについては，その子どもと家族の言語や文化というアイデンティティに深く関わる内容が問われています。誰にとっても，自分が慣れ親しんだ言語や習慣，振る舞いは，大切なものです。保育者は他の子どもと同じように，その子どもの理解を深めると同時に，自分にとっての"当たり前"について改めて振り返り，捉え直す必要があるでしょう。互いの違いを受け止め，尊重し合う関係のあり方は，どの子どもにとっても，所属感と自己肯定感を高めるものになると考えられます[41]。

　さらに，内田（2021）[41]は日本と異なる言語・文化をもつ家庭が抱える幼保小接続期のリスクとサポート格差について指摘しています。保育者はそのサポート格差を認識し，格差拡大を防ぐ方策を小学校教師や研究者等と連携しながら，具体的に講じていかなくてはならないでしょう。

2018報告書　質の高い幼児教育・保育に向けて』明石書店，2020年。

＊39　文部科学省「外国人幼児等の受入れにおける配慮について」

2023年 4 月15日閲覧

＊40　文部科学省「外国人幼児等の受入れに関する研修　基礎理論編　言語・文化的に多様な背景を持つ子どもたちが共に過ごせる保育を」

2023年 4 月15日閲覧

文部科学省「外国人幼児等の受入れに関する研修　課題別研修 1　多文化共生の学級経営―「多様性を受け止め，育ち合う学級づくり」の基礎知識を学び，実践の方法について考える―」

2023年 4 月15日閲覧

文部科学省「外国人幼児等の受入れに関する研修　課題別研修 2　外国人幼児等の言葉を育むために―小学校での生活や学習を意識して―」

2023年 4 月15日閲覧

第 3 節　専門家としての資質向上の重要性

　ここまでくると，みなさんは保育者の仕事の幅広さや考えるべきことの多さに圧倒されるかもしれません。これまで欧米での長期縦断研究に

＊41　内田千春「就学前教育・保育の視点から教育格

差を考える―言語文化的に
多様な子どもたちと接続期
の支援―」『異文化間教育』
54，2021年，pp. 19-38.

＊42　例えば NICHD Ear-
ly Child Care Research
Network（Ed.）.（2005）.
*Child care and child de-
velopment : Results from
the NICHD study of early
child care and youth de-
velopment*. Guilford Press.

おいて，家庭養育の質が低い場合でも，保育の質が高い場合には子ども
は発達上肯定的な影響を受けることが明らかにされてきました。[42]保育者
は，様々な子どもの発達を支えることのできる，非常に重要な存在です。
子どもの遊びや生活が充実するように関わりの質，保育の質を高めてい
くことが求められます。

　保育とは，常に社会と接している営みです。変動する社会，多様化す
る子どもや家庭，それを受け止める保育のあり方は相互に影響を与え合
っています。保育の現場で対応すること，そのことをよく振り返ること，
生じている物事の捉え方を学び，次に生かすことという，実践と省察と
改善のサイクルを常に動かしていくことが重要です。また，それを保育
者個人で行うだけでなく，共に保育を見合ったり語り合ったりしながら，
保育者同士も支え合い学び合う関係をもつことや，実践と研修のサイク
ルを循環させていくことも大切です。

　また，保育者の専門家としての働きは，保育現場だけで完結するもの
ではありません。これまで見てきた虐待，貧困，医療的ケア，多言語・
多文化化をめぐっては，児童相談所，市町村，医療機関，警察，児童福
祉施設，児童家庭支援センター，児童委員，保健師，小学校教員等との
多職種間連携が必須です。専門家同士がそれぞれの知識や技能を生かし
ながら，子どもを真ん中にして，質の高い協働的な実践を生み出してい
くことが求められます。

第4節　それぞれが主体として生きる社会へ

＊43　本田和子『フィクシ
ョンとしての子ども』新曜
社，1989年。

　本書は，主体としての子どもが育つことを支え，促す保育について考
えてきました。一方で，今，子どもが子どもらしく生きにくい社会にな
っているのではないでしょうか。子どもが自己主張する姿を「イヤイヤ
期」と呼び，大人への反抗と捉える見方は，子どもを大人に従わせよう
とする大人主体の見方の反映のように思えます。効率主義・成果主義社
会を生きる大人から見ると，子どもは無秩序で非効率的で制御不能なよ
うに思え，何とか制御しようとするのかもしれません。これに対して本
田（1989）[43]は，子どもを大人に向かって発達する過程にある未成熟な状
態と見るのではなく，子どもを異文化として見ることで，人間集団の多
様性を水平に分散させたまま認識する見方を提示しました。今，保育現

場には，本章に挙げただけでも様々な子どもがいます。文化的背景や家庭的背景の多様化も進んでいます。この本田の多様性を並置して見る見方は，それぞれのありようを認め合いながら共にあろうとする，これからの社会のあり方へとつながっているのではないでしょうか。子どもも保護者も保育者も，それぞれが個性的な主体として自らの思いを発揮しながら，互いに受け止め合い関わっていく。"違い"を排除する対象として見るのではなく，新たなものを生み出す楽しみとして受け止める，自分と異なるものの見方や考え方に出会うことを面白い広がりを生み出すことにつなげていく。そのようにして，共に生きることの楽しさとエネルギーが湧いてくる，そんな共主体保育の時代をひらいていくときが来ています。

✎ 章末問題

1．これまで関わり方に戸惑う子どもと出会ったことはありますか。その子どものどのような様子に，なぜ戸惑ったのか，捉え直してみましょう。その上で，これから保育の専門家として学ぶべきことは何か，考えてみましょう。

2．多様な子どもが遊びを通して出会い，関わり合う園庭環境について，3〜4人のグループで考えてみましょう。異年齢や関心の異なる子どもの姿を具体的に思い浮かべながら，様々な遊びが交じり合うような園庭イメージ図を大きな紙に描いてみましょう。

📖 文献紹介

★本田和子『それでも子どもは減っていく』筑摩書房，2009年。

★山口慎太郎『「家族の幸せ」の経済学 ── データ分析でわかった結婚，出産，子育ての真実』光文社，2019年。

★毎日新聞取材班『世界少子化考 ── 子供が増えれば幸せなのか』毎日新聞出版，2022年。

終 章

領域「人間関係」と「主体」を再考する

ここまで，領域「人間関係」の視点から，「主体としての子どもの育ち」とそれを支える保育者の役割について考え，学んできました。

終章では，まず「人間関係」の「ねらい」「内容」「内容の取扱い」を再整理し，子どもの育ちとそこへの保育者の関わり方について改めて考えます。

次に，本シリーズのテーマの一つである「主体」について，哲学や発達心理学，OECD Education2030，子どもの権利など複数の観点と共に見ていきます。「主体」という概念を通して，保育・幼児教育，遊びを捉え直し，理解を深めていきましょう。

　領域「人間関係」は子どもと人との関係を育てることを目指しています。何より園の生活は多くの子ども，また保育者等から成り，日々，その人たちとの関係の中で暮らしている以上，そのことから人との付き合い方，交渉の仕方，さらに子ども集団，園という社会における振る舞い方を身に付けていくといえます。以下では，要領・指針の整理に則り，そこで目指していることを解説します。

(1) 領域「人間関係」のねらい

　領域内容は「ねらい」「内容」「内容の取扱い」から構成されています。ねらいは，何を目指して保育者は指導するか，そしてこの領域の範囲を示します。内容は，子どもが活動するその姿に即して実現していくところを列挙し，具体的な内容としての範囲を示します。内容の取扱いは，保育者の援助の要点を示しています。

　ねらいは3つから成ります。第一は自立心，すなわち自分の力で行動することです。このねらいが「人間関係」にあるのは，自立について，他者への依存から自分で行うことへの流れを想定するからです。同時に，そこでの自立は他者との関係の中で発揮されるものでもあります。自立が完成するというより，自立しようとすることの充実感に焦点を当てています。第二は他者へ親しみ，関わることです。いわば仲良くしていくことであり，他者への愛情や信頼感をもてるようになることです。特に子ども同士が仲良くなり，友達関係を形成することです。第三は社会生活で望ましい習慣や態度を身に付けることとされます。

　友達関係を形成していくとともに，社会的に望まれるやり方やルールを守るようになっていきますが，それは協力することを中核とした成長であることが内容のところから分かります。また，社会生活として園のみならず，園の外の社会への広がりも展望しています。その成長のいずれにあっても，知的な工夫と共に愛情その他の感情的つながりを重視しています。

(2) 内容の特徴

　個々の内容は3歳以上児の場合，13の項目で構成されていますが，大きく分けると次のようになります。

　最初に園で友達・保育者と共に過ごすことが楽しいと感じることが前提です（項目1）。その上で，自分でできることはいろいろやろうとして，やり遂げようとするところへと進みます。すなわち，自立に向かいます（項目2〜4）。次に友達との関わりが起きていきます。積極的に関わり，感情を共感し合い，自分の考え・思いを伝え，相手のことも気付いていきます。さらに，一緒の活動の楽しさへと進み，そこから共通の目的を見出して，工夫し協力するようになっていきます。

このように仲良くすることから協同へと進むのです（項目5〜8）。最後に，社会とのつながりを図る項目が並びます。社会が社会として成り立ち，そこに子どもたちが参加していき，その一員になっていくはじまりが幼児期に芽生えとして起こります。それは善悪の区別のはじまり，思いやり，きまりを守ること，共同のものを皆で使うように配慮すること，高齢者その他の地域に暮らす人々につながっていくことです。社会というものは，多種多様な人が暮らすところであり，その生活には皆が使うものが多く用意され，そこに共同規範が成り立ち，さらにそれを支える善悪の道徳的判断が働きますが，それを実際に可能にするのは友達同士の思いやりからです。

　このようにして内容を整理し直すと，いくつかの特徴があることが分かります。まず，人間関係の成立の基底にあるのは，園でのいろいろな人との暮らしそのものであるということです。そこで一緒になる同年代や多少とも年齢の異なる子どもたち，また保育者やその他の職員が共に暮らす場に日々いて，そこになじんでいくことです。おそらく人間関係とは，そのように共に暮らし，いろいろな活動を共にする，あるいはそばにいることにより，互いのいわば呼吸が感じられるようになっていくことでしょう。感覚としてであり，むしろ身体的なものとして存在が感じられ，そしてそれぞれの人の気持ちのありようを受け止め，呼応していくのです。

　その上で自立に向かって子どもは動き始めます。それは何より子どもが自らの力を使って思い付くことを実施したいという思いが働くからであり，そこに遊びのはじまりがあります。思うようにやれることは，楽しいものです。そして周りの人がすでにやっているなら，それを自分でもやってみたくなります。そうやって遊び，生活する中で，一人でやれることも増えて，それをすることを楽しむのです。そこからやってみたい，さらに多少とも時間をかけて実現したい願いが生まれ，それをなんとかやり遂げようとします。ここに自立に向けての育ちが起こります。子どもの生活そのものとそこに遊びが生まれ，思い付いてやってみたくなることをやってみて，さらに少し先で形を成すようなことを実現したいという願いが生まれます。その実現へと粘り強く取り組み，工夫するようになっていきます。このようにして，自立心の育ちには資質・能力の育ちが密接につながっているのです。自立とは生活訓練ではなく，暮らしとしての日々の生活の中で共にそこにいて，活動を共に行う，またそばにいることを通しておのずと基盤が形成されるのです。そこから遊びを通して自らやろうとする気持ちが育ち，踏み出していくのです。子どもの主体的な活動が成り立ち，そこから自立に向かっていき，それがさらに主体的な活動を可能にしていきます。

　また，自立は必ずしも一人で行うことではありません。人と，特に同年代の日々出会う子どもたちと互いに関わり，感情を共にし，共感しながら，一緒に活動します。共感性がベースとなり，感情を共有し，親しい関係となっていきます。一緒に遊び生活することでそのつながりが深まっていき，信頼感が生まれます。そうなったとき「友達」と呼ばれるのです。互いの気持ちを伝え合い，通じ合い，分かり合う。互いの素敵さを感じ，一緒だ，仲良しだという感覚を共にする。そうして一緒に遊ぶうちに，共になって実現したいことが生まれてきて，それを工夫して実現しようとし，そのときに一緒にいる相手との協力を通してそれを進める。仲良し関係から協同する関係へと育っていくのです。ここでも，濃密な感情の交流が基盤となりつつ，それと相まって目

的を実現するための工夫をし，互いに協力するための交渉を行います。そこには，感情（情動），知性，社会性が共になって進む循環過程が働くことが分かります。

　以上のことを園の中の人間関係として見たときには，対仲間へと進展していくので次第にグループやクラスという集団レベル，さらに園としての振る舞い方やルールに気付くようになります。それは園においては，様々なルールが成立していて，それを守るようにしているので，それに気付くことが大きな契機になっています。

(3) 内容の取扱いから指導の仕方を考える

　「内容の取扱い」（指導上の留意事項）として，３歳以上児について６点が挙げられています。それらは「人間関係」の項目を指導するにあたり，どういう点に配慮すべきか，またそれぞれが目指すところは何か，それに向かうプロセスはどうあるのかを整理して論じたものです。いずれも子どもがどう育つのかを基本に置きつつ，それを支え促し導くための保育者の援助があって，その育ちが成り立つのだということを述べています。

① 保育者との信頼関係

　保育者との信頼関係がベースとなり，子どもはその生活を形成していきます。信頼関係とは，いつでもそこに頼ることができて，そこからいわば旅立っていけるというものです。愛着を核としつつ，それより広く，子どもと保育者の相互的配慮関係であり，子どもが愛情を向ける関係であり，見習う関係でもあります。それに支えられ，子どもの園での生活は形づくられます。その安定したあり方に支えられ，子どもは様々な試みを行います。周囲の環境に関わり，感情を豊かに感じるようになります。すると，対象と関わる活動が好きになり，その愛情に基づいて，繰り返し関わり，またそこでの遊びからやってみたいこと，実現したいことが生まれ，さらにそれに向けて粘り強く取り組む過程が成り立ち，達成感や充実感を味わうのです。まさに資質・能力としての主体的なあり方が生活において実現していく過程の中で，人間関係に配慮する要点が経験され理解されていくのです。

② 集団における自己発揮

　園の中で子どもは集団としての生活を経験します。集団としての人間関係のあり方は一対一の関係とは異なり，集団レベルの規範が成り立ち，そこでの同調や友好関係や時に排除の関係が生まれます。そこでの規範に基づく秩序への適応が優先されるのではなく，子どもが自分のやりたいことを見出し，やっていこうとして，そこに他者である保育者・他の子どもが関わること，また一緒にやることがさらにその活動を拡大し楽しくすることを見出します。同時に，そこで自分が達成感を抱くだけでなく，他の人に認められ，自分自身への信頼を抱くようになります。そこに集団での行為の意義を感じ，さらに自己発揮の機会を見出し，自分のやりたいことを集団のルールの中で実現することも可能だと感じていくのです。

③ 子ども同士の協同

　子ども同士が協同することは人間関係の大きな働きです。協同を通して一人ではできない大きなことでも可能になるからです。それは相手に依存することではないので，一人でもやれることならするということが育っていかねばなりません。同時に並行して，一緒にする，互いにまねし合う，さらに分担するという協同の行為が進んでいきます。そこに共同の目的が生まれると，それを目指して，どう実現するかということで話し合い，分担を取り決め，進め方を相互に調整するなどのプロセスが生まれていきます。その過程を十全に行うまでに至らないまでも，一人ではできないことが協同でできるようになる喜びを味わうことで，協同するときの工夫や時に妥協の仕方も分かっていくでしょう。

④ 道徳性の芽生え

　人間関係を規定する一つの大きな面は道徳的な規範に従うことです。物事の善悪を自律的に判断し，それに従って行為できるようになる道徳的主体の形成は教育の重要な目的の一つです。しかし，それが幼児期にどこまで可能でしょうか。道徳性の「芽生え」は見出せるはずであり，その育成を図るのです。それは，生活習慣をはじまりとしながら，他者の尊重・共感をもとにして，他者へ道徳的配慮を示すことです。それは単に他者の言動や自他の関係について善悪の判断をするにとどまらず，思いやりなどの心情が育ち，そういった喜怒哀楽などの感情の豊かさに支えられています。その思いやりは相手との親しさ・信頼感から起こるでしょうが，それを超えて，多くの人の気持に共感し，思いやりを届かせることへと進んでいきます。

⑤ 規範意識の芽生え

　道徳性は世の中の規則のうち，特に普遍的に当てはまるはずの善悪に関わりますが，もっと広く多くの規則（ルール）はある特定の状況で守られねばならない規範性をもち，子どもはそれに気付いて，守ろうとするようになります。しかし，そのルールは他の状況では必ずしも守らなくてもよく，また別なルールが適用されるかもしれません。社会的な規範である交通ルールは道路を移動するときには守らねばなりませんが，公園では別なルールが適用されます。個々の遊びのルールは遊びが異なれば別なルールが使われ，またルールを改変していくことも多くあります。幼児期は，多くのルールが世の中，園の中，またそこでの各種の活動において守られるべきだということを知っていきます。それらのルールが曖昧だったり柔軟に変更されて使われることも分かっていきます。時に，こうあるべきだという考えが対立して，子ども同士で意見が食い違い，いざこざになることも珍しくありません。一方の規範が正しいときもありますが，むしろ妥協し，中間をとったり，じゃんけんなどでやり方を決めたりすることでもよい場合もあります。それぞれにやりたいことや考えることが対立したときは，どちらかに力で決めてしまうのではなく，互いの話し合いの中で折り合いをつけて，妥協案を見出す経験を繰り返ししていき，それにより，ルール（きまり）の意義を把握することやルールの対立の折り合いの付け方を学びます。さらに，

常に自分の考えが通るとは限らないことも知り，自分の気持ちに収まりをつけていく自己調整の機会が増えていくでしょう。そのような自己調整力の育ちは幼児期の大事な成長の一つです。

⑥ 様々な人との関わり

　世の中にはいろいろな人がいて，園の中の同年代の子どもたちとそれを支える保育者，また家族がおり，家族以外に地域には多種多様な人が多数暮らしています。家庭の中の関係，そして園の中の関係から，その外へと視野を広げていく必要があります。もとより幼児期に世の中の多様性のあり方を十分に知ることは難しく，まず家庭での団らんや園での同年代の仲間との遊びの経験が最優先されます。さらに，世の中に自分や自分の家族とは異なるように見える人たちが高齢者，障害のある人，外国系の人などの中に多くいることを少しずつ見聞きし，その人たちとも交流をして，一緒の活動を多少ともすることを通して共感する関係へと育てていくのです。さらに，世話されるだけでなく，幼い子どもなりに自分から相手にひいては世の中に役立つことを見出し，少しでも試みる経験をします。家族との間柄でも，世話されるだけでなく，同居する家族や同居していないにしても家族同様の人たちからの愛情を自覚し，自分も相手を大切にしようとする心情を培うようになります。

　以上をまとめると，人間関係の育ちとは，自分がやりたいことを発揮しながら，次第に園の中での仲間また保育者との関係の中で配慮するようになり，またそこでこそ必要なルールや思いやり・善悪を判断し，守り発揮しようとすることだといえます。それは自己調整する育ちへとつながると同時に，集団の中で生活し，世の中で生きていくことを理解することへと学びの芽生えが生まれていきます。仲間とは友達という親しさを感じ，仲良くなることの楽しさを知ります。その上で，その仲間と協同することで，一人でやれる以上の大きなことができると分かり，けれどもそのためには自分も折り合いをつけ，気持ちを切り替えるのです。そのような人間関係での学びは，さらに世の中の多様な人が暮らすあり方へと視野を広げていきます。子どもたちがいて，保育者が支え，それらを含めた園が成り立ち，その園は地域の社会の中にあり，そして子どももそれぞれの家庭がそこにはあり，その家庭に自分を含めた家族が暮らしている。暮らしの中の多様なあり方を少しずつ知っていくのです。

第2節 乳幼児の主体的な活動が幼児教育・保育の中核をなす

　現代の幼児教育・保育では「主体的な」保育，子どもの「主体性」といった用語をしばしば用いるようになりました。例えば，三要領・指針（幼稚園教育要領，保育所保育指針，幼保連携型認定こども園教育・保育要領）では「主体的な活動」という言い方をします。「主体的なあり方」「主体

的な関わり」「主体性」なども，そのような意味であると解釈できます。

　この「主体」は，英語では，agency とか subjectivity と呼んだりします。さらに，Co-agency という概念も登場してきました。おのおの，「エージェンシー」あるいは「（権利）行為主体性」「主体性」，また「コ・エージェンシー」「共主体性」と呼ぶことが多いようです。その意味をここで整理するにはあまりに歴史的，哲学的，また実証的に複雑であり，紙幅が許さないので，ここでは，幼児教育を考える上で必要な，あるいはそこで用いられる意味に限定して紹介します。とりわけ幼稚園教育要領およびそれと連動した保育所保育指針や幼保連携型認定こども園教育・保育要領などでの使い方とその意図を明示化して論じたいと思います。

(1) 主体性およびエージェンシーの哲学論から

　主体性またエージェンシーの概念はもともと哲学の中で論じられてきました。ここでは要点を哲学事典から挙げます。

　主体性とは何でしょうか。『岩波 哲学・思想事典』には，「認識や行為の主体でありまたそれらに責任を取る態度のあることを言う[*1]」とあります。明治時代以降，subject の訳語として用いられました。「主観」が知識的自我を意味するのに対して，「主体」は最も具体的かつ客観的な実在として，認識や行為の担い手と見なされます。近代人は人間をも操作的知性の対象として，つまり人間が特定の目的に向けて人間を操作し変えていくというやり方をいわば採用したのです。そのために，個々人の内面的統一，人格同一性（個体性）が難しくなってしまっています。そこに「同一性の危機」が生まれます。こうした状況は，人間とは何か，人間性の復活と保持は可能かという問いを生み出し，近代の主体主義への反省を迫っていると同事典にまとめています。

　その反省の中で「行為」概念が求められるようになり[*2]，その概念はエージェンシー概念に近いものといえそうです。西洋哲学の流れの中で，「行為」とは個人の主体的な環境とのダイナミックな相互作用が起こる中で生じるものとして捉えるので，客観的な描写による「行動」と区別して使われます。さらに行為者が自らの心的状態に基づいて主体的に選択した動作を意味しているのでもあります。行為選択の自由ないし自由意志が，個人が主体として成り立つことの前に可能であるべきだとなります。「行為」が決定論や他からの強制に基づくのでなく，主体の自由に基づくとされるのです。そうすると，そこに何が重要で要となるかの価値の捉え方が同時に成り立っているはずです。行為を，実践するのが望ましいという価値性と結び付けて捉える中で，動機，格率（こうすべきであるという優先されるべき事柄），目的，責任，義務，権利などの近代的な概念が成り立ちます。

　『教育哲学事典[*3]』には「主体とエージェンシー」という項目が立てられています。上記と同様の議論が展開されますが，特に「近年の教育界における主体とエージェンシーの台頭」という節

＊1　廣松渉ほか（編）『岩波 哲学・思想事典』岩波書店，1998年，pp. 744-745.
＊2　前掲＊1，pp. 481-482.
＊3　教育哲学会（編）『教育哲学事典』丸善出版，2023年。

において，OECD の Education2030 プロジェクトから「生徒エージェンシー」について解説を加えています。それは周囲との関わりの中で発揮されるエージェンシーであり，自律的個人という近代的主体像と必ずしも一致しません。さらに，ビースタやデューイの理論を参照して，エージェンシーを個人が所有する特性でなく，状況との相互作用で達成されるエコロジカルな性質として規定しています。

(2) エージェンシーの実証的検討から

エージェンシー（agency）の発達的な形成についての検討が発達心理学の流れでも行われています（Sokol et al., 2015）。また宮下（2016）はその要点を短く紹介しています。

特に心理学者のソコルは主体性（Agency）の視点から発達過程を捉え直しています。

①感覚運動的活動における Agency：乳児は活動する人の動きを主体の目標と関連づけて理解することに対する敏感性を有している。

②象徴的・言語的活動における Agency：表象作用と言葉や心の理論の発達により，子どもが自分のことをこの世界における主体（Agent）であると捉え，「主体性の理論（Agency of Mind）」を構築する。

③自己制御的活動における Agency：言葉や周囲とのやりとりを通して活動の自己制御をよりよくできるようになる。

④道徳的活動における Agency：目的的で意図的で責任を伴うものとしての道徳的な主体へと発達していく。社会の中の一個の責任ある主体となる。

子どもは既存の規範やルールに，単に従うだけではなく，それを自分のものとし，必要があれば規範やルール自体をよりよいものへとつくり替えていく立場にも立つことができるようになります。そのことは，一般に，既存の知識体系・価値体系の中に生まれ育つ人間が，新たなものを創り出すことができ，自ら文化の発展に貢献する可能性をもつことに広げて考えることができるでしょう。教育や保育は，それを可能にする問題として捉えられなくてはなりません。そこでは，

---

*4　ガート・ビースタ：オランダの教育学者（1957-）。その主著の訳者である藤本によると「ガード・ビースタは，生徒が教師をはじめとする他者による統制の「客体（object）」ではなく，「主体（subject）」として生きるための支援として「教えること／教授（teaching）」を再発見しようと試みる。この試みは，過去20年ほどに教育の世界で起こっていると彼が考える「学習（learning）」への転換，および「学習」する人工知能などの台頭にたいして，「『教えること』を教育に取り戻〔したい〕（give teaching back to education）」という彼の意欲に裏打ちされている。」（藤本奈美「ガート・ビースタ著 上野正道監訳『教えることの再発見』（東京大学出版会，2018年）」*Modern Education*, **28**, p. 183.）

*5　ジョン・デューイ：アメリカの哲学者・教育学者でプラグマティズムに立つ。学習が経験と共に生じるという見方は，日本の学校教育の考え方にも大きな影響を与えている（1859-1952）。

*6　Sokol, B. W., Hammond, S. I., Kuebli, J., & Sweetman, L. (2015). The development of agency. In W. F. Overton et al. (Eds.). Handbook of Child Psychology and Developmental Science: Theory and Method (7th ed.). Wiley, pp. 284-322.

*7　宮下孝弘「主体性（Agency）の発達と教育実践への示唆──アクティブ・ラーニングの要因について」『初等教育学科紀要創刊号』（白百合女子大学人間総合学部）2016年，pp. 61-66.

実際の生活における活動への参加という要因が主体性の発達に最も重要です。主体である人間は自身の主体性（Agency）の発揮のための条件を自らつくり上げる能力を備えているし，自由で民主的な社会は人権の尊重に基づき，そのような主体性をエンパワーするものとして機能しなくてはならないのです。

(3) OECD Education2030 プロジェクトから捉える
エージェンシーの考え方の展開

　OECD Education2030 とは，諸国の教育政策の基本となる枠組みを提案するものであり，今，日本を含め，ほぼ国際的に準拠されるものとなってきました（その作成に参加した白井俊が OECD Education2030 の枠組みを整理し解説しています[*8]）。日本の学習指導要領の改訂では，以前の改訂を受け，また諸学問や実践の進展を整理しつつ，同時に，この OECD の動きを常に参照してきました。

　白井は以下のようなキーワードについて解説しています。

> キー・コンピテンシー　21世紀型スキル　コンピテンシー重視のカリキュラム改革　VUCA　エコシステムとしての教育制度　プロセス重視　能動的な学習への参加　ウェルビーイングという目標　ラーニング・コンパス　**エージェンシー　共同エージェンシー（Co-agency）**　４種類の知識　３種類のスキル（認知的，社会・情動的（非認知），身体・実用的）　態度・価値観　３つのドメインとコンストラクト　変革をもたらすコンピテンシー（新たな価値の創造，対立やジレンマへの対処，責任ある行動）　発達の基盤　AAR サイクル（見通し，行動，振り返り）　カリキュラム分析（意図された，実施された，達成された）　カリキュラム・オーバーロードの問題　カリキュラムの効果的な実施の問題　カリキュラムにおけるタイムラグ

　そこでエージェンシーとは，変革を起こすために目標を設定し，振り返りながら責任ある行動をとる能力としています。その育成にあたり，教師と生徒が教えと学びの過程（教授・学習過程）を協働して創っていくときに，共同エージェンシー（Co-agency）を形づくることになります。

　以下では，そのような考え方と連動しつつ，乳幼児期の教育としてエージェンシーないし子ども主体あるいは子どもの主体的な活動として何を構想しているかを，要領・指針の発展の意義をより明瞭にしていくことを通して論じていきます。

(4) つながりという視点からの幼児教育・保育

　子どもが周りとつながっていく，その過程の援助が保育であると基本的にはいえるでしょう。それは現代において，家庭での子育てと異なる顕著な特徴をもつに至りました。

＊8　白井俊『OECD Education2030 プロジェクトが描く教育の未来——エージェンシー，資質・能力とカリキュラム』ミネルヴァ書房，2020年。

そもそも知的発達とは，諸概念のネットワークの形成とその推進過程にあると整理できます。だからこそ，教科ごとの学校教育が成り立ちます。同様にそれと絡みつつ，感情的発達が成り立ち，その感情の豊かさと制御の発達が起こります。それらの内的なプロセスは，外側に関わって起きていく活動の中で，子ども主体と他者そして多くのものとが互いに動的に関わり変動していく過程を支え，つなげていきます。

　要領・指針を貫く幼児教育の捉え方にあっては，園という環境は子どもを囲む環境であり，広く世界へのつながりを図ることを目指します。それは園という保育の時間的・空間的制約の中で展開されます。子どもの活動は単発ではなく，それが次へとつながり，発展し，その連続が起こることで理解そして考え，また態度の形成へとつながります。面白い活動となっていくからです。同時に子どもの活動は空間的です。まず周りの環境に関わり，そこで生じる心情から関わりの進展が始まります。さらにその身の回りの環境の多彩さから発して，そのつながりは園の外へと展望を広げるでしょう。その多様性を保障するのが保育内容であり，それは子どもが今そして今後生きていく世界を経験することであり，世界を経験することの芽生えとしての体験となるのです。

　それらの関わりは，幼児教育・保育において，子どもの活動が主体的に現れ，同時に園の空間・時間の制約の中での活動として展開することを可能にします。

　その保育空間での遊びは２つのつながりを可能にします。一つは，思いつきで行動する自由のゆえに，想定されない組み合わせや動かし方が生まれることです。もう一つは，子どもにとってちょっと先の時間につくり出したい目標が生まれ，それを目指して工夫するという，現在を未来へと開いていくつながりをつくり出すことです。それらにより，幼児は周りの環境としての世界の可能性が多様に開かれることを知り，同時に，自分のやってみたいことの実現が時間軸の形成の中で可能であることを予期するようになります。

　そういった遊びという次元に貫かれる幼児期の活動は，それらの活動を楽しいものとしつつ，自分が立てた目標を達成するということにより有能感（パワフル感）を感じさせ，同時に物事の様々な特徴の把握の可能性を開きます。その関わりの可能性を具体化し定着させていくには，おそらく，文化的な材料と道具に触れ用いることが必要になり，それが例えばリテラシーや科学的な芽生えにもつながるはずです。楽しさとパワフルさは子どもの感性と感情の豊かさを広げ，生きて楽しいという感覚をつくり出すでしょう。それは保育空間を，幸せで面白く同時に知的な刺激に満ちたものにしていけます。

　そういう物事へのつながりは同時に，仲間の成立とその関係をつくり出すものでもあります。他者がいることは，自分と同様の人であることで興味をかきたて，さらに相互模倣行為を刺激し，その理解や関心の共有が協同性を可能にし，一人ではできないことを仲間としてできるようにしていくことを通して集団的な肯定感とパワフルさをもたらします。そこに，集団的なつながりの中の学びが協同性と配慮の関係として成り立つのです。

　このような子どもを視点としたつながりを，保育者を視点としたところに移すと，保育者の共主体的なあり方が浮かび上がります。それは保育者が主体的であると同時に，保育者のあり方が，

子どもの主体的なあり方が発揮される方向へと働くものであるからです。

　子どもが主体的な活動を行うとはどういうことでしょうか。現在の要領・指針では，資質・能力の発揮のプロセスとして概念化されています。特に，身近な環境に対して心情を感じ，そこからその物事へと関わろうとする意欲が生まれ，さらに関わっていこうとする態度となっていくとしています。その過程において，自分のやりたいことの実現へと向かうための工夫が生まれ，さらに，対象となる物事の特徴にも気付くでしょう。このように要領・指針では主体的な活動を具体化して捉えられるようにしたのです。

　そこで，保育者は，環境また関わりを通してそのような資質・能力の発揮のプロセスを子どもが実現していくように，働きかけを工夫することとなります。その働きかけは，保育者が一律の計画で細部まで規定して，あることを実施するというより，その都度の子どもの動きに応じて，工夫を図ることとそれが今後どうなっていくかの見通しを立てる中で実現していくでしょう。そのための指導の計画や環境構成，その都度の対応，そしてそれに応じて保育を変更していくあり方が，主体的なあり方となります。

　その背景には保育者が育ってきた保育という伝統と文化があり，養成校での学びや初任の保育者としての経験を重ね，その文化を受け継ぎつつ，修正し発展するあり方があります。それが研修や保育の記録による自己省察，さらに園としての保育者同士の協働過程により支えられます。

　保育者は一人の専門家として保育を実施しつつ，同僚の保育者や園を超えた保育者・園とつながり，家庭との関係をつくり，さらに過去・現在学んできている事柄を受け止めます。そうする中で，そこでの人たちとのつながりが生まれて，それが保育者を支えていきます。その営みはさらに，保育者一人一人が保育の文化に根ざし，そこに一介の保育者としてつながることでもあります。

　こう見ていくと，子ども自身は，他の子ども・人，さらにものとつながり，その世界を切り開きつつ，その内面的展開が知的・情動的に広がり，内・外の多様なつながりをつくり出す中で活動をしているのです。それと並行して，保育者は目の前の子どもに関わり，環境を変更し，その展開に応じて動的に関わりを変えていき，子どものつながりを育てるつながりにコミットするのです。個人によって，また園によって異なりながら，我々はある程度共通する保育文化の中に生きて，そこに寄与する形で保育そしてもっと大きな社会としての文化へとつながっていくのです。保育者の中で，内の志向や感情や知識や思考と，外の情報や同僚や多くの知見が，保育活動を通してつながっていきます。そのダイナミズムに子どもと保育者の双方が参加して進めていくのが，保育の活動なのです。

(5) 子どもの権利の考え方から

　幼児教育・保育が進められていて，そこに人権の考えが生まれたから，その世界に改めてに導入しようというのではありません。幼児教育・保育は権利の考えの進展の中で生まれたのです。人の権利は18世紀に見出されたといいます。その後の歴史の中で，まず拷問の廃止など個人の自律性の尊重が起こりました。それは言論の自由へと広がります。個人はある限界をもち，その境

界の中には他者，政治権力，宗教権力は立ち入れません。ついで，当初はそのように自律していると見なされなかった人への共感を通して，その人の人格としての内面から理解される人の根源的な尊厳と自由の発見が広がります。それは，ユダヤ人，黒人，奴隷，貧民，女性，精神的障害のある人，子どもへと広がりました。さらに動物愛護へと拡大されます。

そのようにして人類全体に教育を及ぼすことは，どの人についてもその人の権利の認識と権利行為主体の尊重と育成に至ります。その幼児への適用が幼児教育であり，19世紀半ばに本格的に始まりました。だから，幼児教育・保育はそもそも子どもの権利を確保し尊重して，権利を実質的に発揮させるために子どもを育成していくのです。幼児教育・保育は，子どもの権利の実質化と呼ぶことができます。実質化とは，幼児教育・保育が単に子どもに権利を認め，擁護するだけでなく，権利の行使者としての権利の発揮を促し，その機会を用意し，それを通して，権利を発揮していく権利主体者の育成をその使命としていることです。権利の発揮を小さな形で繰り返し行うことを通して権利主体者の育成を可能にします。そのような育成という目的を，具体的に育成の手立てに組み込むことを自覚的・専門的に追求することが，現代的な幼児教育として成立します。そこでは，乳幼児の「主体的な活動」を保育の中核としたのです。そのあり方を言い換えると子どもが「エージェンシー」であることとして特徴付けるようになりました。

(6) 子ども（乳幼児）の共主体的あり方への発展へ

子どもは環境の中で誘われて，あるいはそこからの呼びかけに呼応して何かをやってみたくなり，やろうとします。それが主体的活動のはじまりです。そして主体的な活動は，資質・能力の三つの柱が次々に生じていく過程をいいます。要領・指針では，単に主体性の尊重ではなく，「主体的な活動」の尊重であることに意味があります。この世界に主体的な活動を進める多くの人たちがいて，共にそこに参加していくという行動的で活動的なあり方が根本なのです。たとえ乳児といえども，静かにそこにいるに止まらず，まわりの養育者や環境に関わり，活動していっているのです。

主体的あり方をもっと大きくいえば，子どもの権利が認められ，それを実質的に実現していく過程にあることです。幼児教育は，その実現のために子どもの権利の発揮を支え，伸ばすことです。子どもは未熟だから大人が支配してよいとならない最大の理由は，子どもが自らの権利を発揮していく大人になる機会とは，部分的であれ，その権利を発揮する活動を繰り返し行う中で，困難に出会い，それを超えてゆきつつ，世界の多くの他者・生物・物へと共感性を広げていくことにあるからです。そこの途中にあって，すっきりとした一般論は成り立たず，その都度の折り合いと交渉を子どもと大人，子どもと子どもがやっていくことになります。子どもの最善の利益とは，現在と未来の双方を含めると理解してよいでしょう。それは時間の経過の中で権利の実現[*9]

＊9　厚生労働省「保育所保育指針」の「第1章　総則」の「1　保育所保育に関する基本原則」の「(2) 保育の目標」のア，2017年を参照。

の現実態（今実現されること）と可能態（将来実現されるであろう可能性）をつくり出す営みになることとです。

「主体的」というのは，プロセスの中で主体的な活動として成り立つということです。はじめに主体性があって，それが発揮される，あるいは発揮が妨害されるというのではありません。環境があり，その中に呼応する活動があり，そこに主体的なあり方が成り立ち，発揮され，プロセスとして持続します。共主体とは，そのようなプロセスに共に入ることによりつくられる関係的状態のことです。そう理論立てて初めて，乳幼児の主体的あり方は構想できます。小さな子どもは環境と共に動き出し，いろいろなやってみたい活動を試しつつ，面白くしていっています。環境にあるもの，その諸々が子ども自身に呼びかけてくる感覚が起き，そしてそれに応じると，さらなる呼びかけが広がり反響するのです。その呼応一つで子どもが感じる環境のあり方がどんどん変わっていきます。こういった経験が，園の活動となります。

関わりを誘うような環境のあり方をここでは環境からの「呼びかけ」としたいと思います。それに応じる子どもからの動きが「呼応」です。子どもと相手側の双方がエージェンシーとしてあり，相互に動きを呼びかけています。ほとんど無数にあれこれが呼びかけてくるので，その多くは注意を向けず呼応しないのですが，その中のあるものに呼応すると，そこから循環が起こり，面白さが続き，学びとしての経験が生じていくのです。

⑺ 主体的なあり方の実現への矛盾を循環的に乗り越えていく

主体的なあり方の実現は外からの働きかけによって可能となるというと，矛盾に感じるかもしれません。主体的とは子ども自らがその尊厳に基づき自由に振る舞うことを指すからで，外からの働きかけで指示されて動くことではありません。しかし，長い目で見ると子どもは環境そして他者からの助けを含む働きかけに応じていきながら，そこに自分なりの動きを開始し発展していく活動を広げていくのです。それが主体的なあり方が育つことなのです。それは，他からの働きかけにより全面的にどうにでもなるという意味ではないので，他からの働きかけでどうにでも変わることを主体的なあり方の実現といっているのではないのです。子どもが主体的に他者そして環境とやりとりして，主体的なあり方を発揮し拡大していくところに向けて，なんとか工夫してそこに少しでも近づけていくことを指しています。そのやり方を組織的に行う場としてつくられてきたのが環境による保育であり，そこでの活動のプロセスで発揮されていく資質・能力の考えなのです。

繰り返しを行うのにはもう一つの理由があります。子どもはたいていの場合，ある活動での一つの行為でその活動が発展していく可能性を汲み尽くせると感じるところに到達しないからなのです。そこで，何度も試みて，その都度変化が起こり，飽きないのです。

それは対象との関わりの可能性の広がりによっています。それとともに，子どもの動きのランダムさのために活動の中に揺らぎが組み込まれます。さらに，遊びという思いつきの試行はその揺らぎを大きく拡大し，時にそらし，時に戻し，時に先への試みが生まれるのです。

その過程で予期が生まれ，予想を行うようになることが非常に重要です。それはすでに乳児期に起きています。短い時間であれ記憶が続けば，それに沿って起こることは予期として生起可能な一つのルートとして見えてくるでしょう。

　そこにフィードバックがあることが決定的になります。例えば，積み木を積むとします。同じように積んで高くしたいと思います。ところが３つめで崩れました。再度やるが，崩れてしまいます。そこで手元をよく見て，さらに試みて，たまたまうまく成功するとします。失敗と成功と試行を比べてみることも起こるかもしれません。どうやら，真ん中を一致させる置き方が有効そうだと感じます。そこでそれを試します。それをさらに繰り返す……といった一連の過程で，フィードバックからの学習が起きています。

　それがどれほど自覚的かは分かりません。いわば手癖のようなことで，なんとなくうまくいき，それを目と手が覚えていて，繰り返すということでも成功していきそうです。パターンの認知がそこに働き，それに合わせて手を動かし，積み木を置くのです。たまたま起きたことを利用することも出てくるでしょう。例えば，積み木をちょっとだけななめに置いたら，崩れずに，けれども螺旋風にななめに高くなっていました。そこでさらに少しずらして置くと，螺旋がもっとはっきりとしてきます。それをさらにやったら，崩れてしまいましたが，やり直して，わずかにずらすやり方を工夫するかもしれません。

　もちろん，他者による活動の行為を手本としてまねすることも起こるでしょう。時にどうすればよいかの教示がなされることもあります。

　このような活動の主たる流れは循環的な拡大によっています。好きだから繰り返す。そこでの揺らぎや工夫を利用し，時々改善を試みる。すると，より「素敵な」イメージの形が実現してきて，それを再度つくり出そうと，イメージ的な目標が生まれていきます。それに添いつつ，揺らぎと遊びが起きて，また失敗もして，他の可能性もつくり出します。

　こう見ていくと，この一連の過程は，他者に学びつつも，当人のまさに主体的な活動が実施されていっているのです。万全の主体性の発揮ということではありません。その過程が主体的に進み，そこに種々の外からの手本や指示や助言が入りえます。循環的な拡大が好循環として起きていきます。すぐに途絶すれば，それはむしろ悪循環かもしれませんが，そこにも別の面白さを見つければ，素敵さの持続する循環として実現することになります。

　これが幼児の遊びの自己循環的・自己組織化的な発展の中核なのだといえるでしょう。ただし，それは自動的過程ではありません。どのようによりよき循環にしていくか，そこに心を配るのが幼児教育・保育の活動なのです。

執筆者紹介

● **古賀松香**（こが・まつか）·············· 序章，第13章

監修者・編著者紹介参照

松嵜洋子（まつざき・ようこ），砂上史子（すながみ・ふみこ），掘越紀香（ほりこし・のりか），横山真貴子（よこやま・まきこ），吉永早苗（よしなが・さなえ），佐々木晃（ささき・あきら）·············· 序章

● **内田千春**（うちだ・ちはる）·············· 第1章

現在　東洋大学教授

主著　『外国につながる子どもの保育とクラスづくり──心と言葉を育む多文化保育』（単著）中央法規出版，2024年。
『教育原理（最新　保育士養成講座第2巻）』（共編著）全国社会福祉協議会，2019年。

● **岩田恵子**（いわた・けいこ）·············· 第2章，TOPICS 1

現在　玉川大学教授

主著　『子どもの遊びを考える──「いいこと思いついた！」から見えてくること』（共著）北大路書房，2023年。
『教えと学びを考える　学習・発達論』（編著）玉川大学出版部，2022年。

● **阿部仁美**（あべ・ひとみ）·············· 第2章，TOPICS 1

現在　上町しぜんの国保育園保育士

● **松井愛奈**（まつい・まな）·············· 第3章

現在　甲南女子大学教授

主著　『世界の保育の質評価──制度に学び，対話をひらく』（共著）明石書店，2022年。
『子ども学がひらく子どもの未来──子どもを学び，子どもに学び，子どもと学ぶ』（共著）北大路書房，2019年。

● **伊藤理絵**（いとう・りえ）·············· 第4章，TOPICS 2

現在　常葉大学准教授

主著　『子ども家庭支援の心理学（新　保育ライブラリ）』（共著）北大路書房，2021年。
『笑いの攻撃性と社会的笑いの発達』（単著）渓水社，2017年。

● **石井章仁**（いしい・あきひと）·············· 第5章

現在　大妻女子大学准教授

主著　『見直そう！　保育現場の「なぞルール」──「あたりまえ」から抜け出せば，子どもはもっとのびのび育つ』（単著）中央法規出版，2023年。
『子ども家庭福祉の新展開（保育・教育ネオシリーズ6）』（共著）同文書院，2019年。

● 平野麻衣子（ひらの・まいこ）............ 第6章

　現在　東京学芸大学准教授

　主著　『生活習慣形成における幼児の社会情動的発達過程』（単著）風間書房，2018年。

　　　　『テーマでみる保育実践の中にある保育者の専門性へのアプローチ』（共著）ミネルヴァ書房，
2018年。

● 髙嶋景子（たかしま・けいこ）............ TOPICS 3

　現在　聖心女子大学教授

　主著　『子ども理解と援助（新しい保育講座3）』（共編著）ミネルヴァ書房，2019年。

　　　　『子どもを「人間としてみる」ということ――子どもとともにある保育の原点』（共著）ミネ
ルヴァ書房，2013年。

● 平塚幸子（ひらつか・さちこ）............ 第7章

　現在　大谷大学講師

● 松本信吾（まつもと・しんご）............ 第8章

　現在　岐阜聖徳学園大学教授

　主著　『保育内容「環境」（新しい保育講座9）』（共著）ミネルヴァ書房，2021年。

　　　　『身近な自然を活かした保育実践とカリキュラム――環境・人とつながって育つ子どもたち』
（単著）中央法規出版，2018年。

● 佐藤寛子（さとう・ひろこ）............ 第9章

　現在　お茶の水女子大学附属幼稚園教諭

　主著　『どう変わる？　何が課題？　現場の視点で新要領・指針を考えあう』（共著）ひとなる書房，
2017年。

　　　　『子どもの学びをつなぐ――幼稚園・小学校の教師で作った接続期カリキュラム』（共著）東
洋館出版社，2006年。

● 水津幸恵（すいづ・さちえ）............ 第10章

　現在　三重大学准教授

　主著　『保育内容「人間関係」（アクティベート保育学8）』（共著）ミネルヴァ書房，2022年。

　　　　『保育の場における子どもの対人葛藤――人間理解の共感的まなざしの中で』（単著）ミネル
ヴァ書房，2020年。

● 奥　景子（おく・けいこ）............ 第11章

　現在　京都市教育委員会学校指導課参与

● 外薗知子（ほかぞの・ともこ）............ 第12章，TOPICS 4

　現在　京都市立楊梅幼稚園園長

　主著　『社会情動的スキルを育む「保育内容　人間関係」』（共著）北大路書房，2016年。

● 無藤　隆（むとう・たかし）............ 終章

　監修者・編著者紹介参照

監修者・編著者紹介

【監修者】

無藤　隆（むとう・たかし）

　　現在　白梅学園大学名誉教授

　　主著　『保育内容　子どもと環境　第三版——基本と実践事例』（共編著）同文書院，2023年。
　　　　　『保育原理（アクティベート保育学1）』（共編著）ミネルヴァ書房，2019年。

【編著者】

古賀松香（こが・まつか）

　　現在　京都教育大学教授

　　主著　『保育者の身体的・状況的専門性——保育実践のダイナミック・プロセスの中で発現する
　　　　　専門性とは』（単著）萌文書林，2023年。
　　　　　『世界の保育の質評価——制度に学び，対話をひらく』（共編著）明石書店，2022年。

主体としての子どもが育つ
保育内容「人間関係」

2024年5月20日　初版第1刷発行

監 修 者	無 藤 　 隆	
編 著 者	古 賀 松 香	
発 行 所	㈱北大路書房	

〒603-8303　京都市北区紫野十二坊町12-8
　　　　　　電話代表　　（075）431-0361
　　　　　　ＦＡＸ　　　（075）431-9393
　　　　　　振替口座　　01050-4-2083

ⓒ 2024
ブックデザイン／吉野綾
印刷・製本／共同印刷工業㈱

Printed in Japan
ISBN978-4-7628-3248-2